INDUSTRIAL
UPGRADING
THEORY

# 产业升级论

王国平◎著

上海人民出版社

# 序　言

产业升级是经济发展中的一种普遍现象。它既是一个历史过程，又是各国及其区域走向现代化的呼唤。打造中国经济升级版也是当下中国经济发展的必然选择。稳增长、调结构、提质增效，从根本上看依赖于产业升级。有一种观点认为，对于企业发展、政府管理而言，其核心能力就是变风险、挑战为机遇的能力，不过，归根结底还是植根于产业升级。实际上，产业升级不能仅仅视为经济现象，它也是人类文明的重要组成部分。不但产业升级背后有文化支撑，产业升级的本身也是文明的递进，这其中包含着技术进步、管理优化以及人的本身现代化等等。

然而，产业升级是一项极其复杂的系统工程。这一巨型系统至少包含5个子系统，即产业系统、资源系统、管理系统、人文系统和环境系统。产业系统涉及三次产业结构布局、变动，其中农业、制造业和现代服务业自身演进及其相互关联性运作是其主体内容；在产业互动中，业态和商业模式随之演变并呈现不断丰富、多样化状态。不过，这些又往往与不同的国情以及同一国家发展的不同阶段紧密相连。资源系统是产业升级的重要影响、制约条件。丰富的自然资源，特别是劳动力资源可支撑加工业成为优势产业，但各类资源承载极限又时常发出警示信号，要求告别劳动和资源密集型产业，促进产业升级的力度提升。管理系统指向政府、企业、消费者等各主体行为结构的调节和完善。如在资源配置过程中，究竟怎样才能真正做到使市场起决定性作用，政府更好地发挥作用等等，这些都关系到管理目标的设计、运行机制的培育以及各种手段的配合使用。人文系统不仅牵涉制度，特别是法制、人才以及诚信、工作态度等等，而且文化渗透不断产生叠加效应。这既包含产业背后的文化元素，即产业文化，也体现为文化产业(以文化为内容的产业)和受文化整体体系影响的产业结构和形态。环境系统中既有中国初级阶段的基本国情,更有国际经济社会发展的大背景。经济全球化、国际产业转移、第三次工业革命、TPP、TTIP、互联网+等等,无一不影响产业活动。因此,开放性和国际视野必然成为一国产业升级战略实施的新要求。

5大系统既独立运行又相互关联,构成一幅产业升级波澜壮阔的画面,其中必有内在规律。人们对产业升级规律认识得越充分,越深刻,制定促进产业升级的方略就会越具有科学性和应用价值。正如市场经济中的资源配置由市场起决定性作用一样,产业升级中的决定性要素也是市场,因而应避免过度人为干预。然而,在产业升级中若完全排除人的主观能动性,即完全自由放任,就不可能有战后日本、“亚洲四小龙”等发展格局的形成,更谈不上改革开放后中国举世瞩目的发展业绩。就上述5大系统,分立20章进行研究,旨在对产业独立运行的内在规律做一个较为全面的阐述,以抛砖引玉,促进学界同行们今后更多地关注,同时也力求为政府更好地发挥作用做点咨询参考。

王国平

# 目　录

# 第一章　产业升级战略

**内容提要：**人们熟知的产业政策及其应用发源于战后新兴国家，对其功效虽褒贬不一，但在发展中国家不同程度地实施已成为客观现实。然而，产业政策的真正价值还在于促进产业升级，而产业升级又不仅仅局限于产业政策。与国家创新战略相比，产业升级战略更具有"总揽全局"之效，因为科技创新只是产业升级的基础。尽快形成国家产业升级战略则是促进中国经济"又好又快"发展的当务之急。

## 一、产业升级战略形成的历史与现实依据

对于战后新兴国家的"经济起飞"，学界往往单纯从产业政策的角度去审视，实际上产业政策只是公共政策工具，本质上服从于国家产业发展战略。这些国家虽然从未明确国家产业升级战略范畴，但从战后产业政策实施的功效看，实质上也起到了产业升级战略的作用。

当年作为因发动侵略战争而使经济崩溃并处于发展中国家的日本，20 世纪 50 至 80 年代，经济连续 10 年的倍增，从战后的废墟上跃为世界第二经济大国，其中，政府的产业调节具有特殊的杠杆功能。"在日本，就连自由主义学派也不得不承认，在改变日本落后状态的过程中，政府的干预对产业界是非常有用的"，"至少在过去，由于政府和企业同处一个共同体，使日本的产业发展取得了十分理想的成果"。[①] 日本产业调节对于促进产业升级的作用主要体现在以下 3 个方面：

---

① 中国经济体制改革研究所赴日本考察团：《日本模式的启示》，四川人民出版社 1988 年版，第 153 页。

一是扶持基础性产业。第二次世界大战后的复兴期，政府通过倾斜生产方式等结构性政策，充实钢铁、煤炭、电力等基础产业的实力，为日本的经济自立奠定了基础。二是高速增长阶段，政府通过“产业合理化”、“重化工业的保护和培育指导”、“新产业培育指导”等政策，达到了振兴主导产业、促进出口的目的。三是在产业组织方面，通过修改“禁止垄断法”，明确规定中小企业在必要时可形成卡特尔，从而鼓励其竞争。同时，明确提出“双重化”政策，即一方面鼓励大型企业合并，形成具有国际竞争力的集团，另一方面又要求大企业与中小企业建立多方面的协作关系。“日本的产业政策目标每一阶段产生于一种不断更新的赶超压力。作为一个战败的后进国家，在经济复兴时期迅速摆脱战争阴影的耻辱感，在高速增长时期力图成为世界经济大国的使命感，对政策目标的更新起了极大的推动作用。”①

同样，从发展中迅速崛起的新加坡，1960—1983年，国内生产总值年平均增长9%，成为当时世界经济增长率最高的国家之一。人均国民生产总值，以当时的物价为基准，1960年为1 215新元，到了1983年为12 890新元，增加了10倍。其中，政府经济行为的贡献非常直接。在各类经济调节中，促进外资引进，优化产业结构是重中之重（外商独资、合资企业所创造的价值约占工业总值70%以上）。一是创造安全、有序的社会发展环境，稳定成为一项重大国策。除1977年全国发生过一次罢工外，基本上没有工潮，让投资者不必担心利益和人身安全。为消除投资者的顾虑，保障投资者权益，新加坡政府与加拿大、法国、联邦德国、荷兰、瑞士、美国、英国、比利时、卢森堡等国签订了投资保证协定，缔约双方的公民或公司在另一方的国家投资一定时期内（通常为15年）应受到保护，不蒙受战争和非商业风险。如遭遇以上风险，新加坡政府将按市场价赔偿。二是投资公共设施，创造基础配套条件。为此，政府设立了若干部门，专门负责从事各种基础设施的投资、建设和经营，形成国家资本。政府侧重投资资本数

---

① 中国经济体制改革研究所赴日本考察团:《日本模式的启示》，四川人民出版社1988年版，第148页。

量大、时间长、周转慢的基础建设项目，如水、电、煤的供应，修造港口、码头、公路、机场和电讯设施等。三是制定鼓励政策和措施。为吸引外商投资新兴工业，给予相应的税收优惠政策。投资者可申请“新兴工业地位”，经济发展局根据其产品类型、投资水平、技术工艺先进程度等进行审核，一经批准，该投资企业在投资的5—10年内免征所得税。为鼓励投资者扩建企业，给予扩建免税待遇。规定企业建成后增购设备超过1 000万新元的，发扩建企业证书，新增产品所得可以享受为期5年免征所得税优惠。另外，对外国投资者更具吸引力的，还是产品出口优惠待遇。按新加坡《经济发展奖励法》的规定：凡产品出口值10万新元以上且占销售额20%以上的企业，可以享受15年的减税待遇，从40%减免到4%。《经济扩展法》又规定：凡投资在1.5亿新元以上的企业，除享受免税待遇外，还可从利润中扣除一部分作为固定资产折旧费用。甚至明确：凡外国投资者在投资项目中，所出资本占总金额50%以上，可获10年低息贷款。不过，政府利用外资总体上也有基本要求：不污染环境；能引进先进适用的技术；在世界市场上有销路。

韩国在20世纪60年代以后能从一个贫穷的农业地区变成新兴工业国，政府从本国国情出发，发挥能动的经济调节作用也功不可没。首先，韩国经济60年代第一次起飞与政府确定的“输出立国”，促进产业升级战略是分不开的。自1964年起，韩国制定了一整套经济调节政策，以贯彻“出口主导型”的开发战略：第一，建立计划经济结构，把计划指导作为干预经济的重要手段。政府内设经济计划委员会、经济计划署和工作委员会，吸引一批精干的经济专家，参加计划的制定工作，由经济计委员会掌管发展计划。从1962年起，连续制定了5个“经济开发五年计划”。第二，制定法令，并采取以财政金融为核心的出口援助政策。主要措施有：(1)实行出口奖励补助金制度以鼓励多出口。如黑白电视机、电冰箱和轿车的出口价格只占成本50%—70%，由国家给予补贴。(2)建立出口金融优惠制，向出口企业提供低利贷款，利率从9%下降到7%，延长借款期限。(3)大的出口企业需要利用国外商业贷款时，政府优先给予支付保证。(4)不断降低韩元对外比值。(5)对出口企业减免法人税、所得税和关税等,增加企业效益。第三,建立出口工业基地和自由贸易区,促进出口工业的发展。根据"出口产业开发建设法",从1964—1977年共建立了27个工业区。其次,面对1979—1980年的经济危机,政府又适时调整了经济政策。发展战略虽然依然是"出口主导型",但改变以往片面追求速度的状态,逐渐走向平稳。并且,在管理方式上更多地依赖市场机制,注重增强企业活力。1984年制定的《政府投资机关管理基本法》,规定国营企业普遍实行最高经营者负责的经营责任制,大幅度减少政府的行政干预,扩大了企业在计划、物资、销售、管理及人事方面的自主权。在逐步实行金融自由化的过程中,调整利率、汇率政策。与此同时,提出"技术立国"的方针,对产业升级产生更直接的作用。所采取的方法有:(1)制定科技优先发展的政策。在宪法中新增补有关科学技术条款,规定了振兴科学技术的任务,并组成了由总统直接掌握的技术开发最高审议机构振兴扩大会议,由官方和科技、社会科学、产业等各界代表组成。它作为科学技术发展的决策机构,每年召开若干次会议,审议和调整科学技术方面的政策和法规,解决有关的重大问题。(2)运用财政、税收、信贷等一系列经济措施吸引科技开发投资,并为科技成果企业化创造良好的投资环境和条件。如对科研机构的设备、仪器实行特别折旧制度;对科研机构免征一切税收;鼓励企业的技术开发,凡经济效益优异的产业技术开发项目可纳入国家计划,并获得技术开发补助金;设立开发基金等。(3)通过私人部门加速与国外企业联系转让技术。如半导体行业的技术开发就是靠私人商业部门与国外企业直接联系而逐步开办的。第二次经济政策的调整同样带来了经济的迅速增长和产业升级。

就后起的发展中国家而言,其产业升级战略的制定与遵循经济发展规律具有内在的统一性。世界经济发展不平衡以及一定时期的市场机制缺陷为政府直接参与经济过程,发挥积极推动作用提供了舞台。

世界经济发展不平衡表现为发达国家、欠发达国家和发展中国家在经济发展水平、产业结构、企业组织等方面存在明显差异。其中，发达国家产业及其企业组织发展的轨迹无疑对发展中国家是值得借鉴或参照的。同时，历史发展的规律也给人们如下的启迪：螺旋式上升的进程虽不能总体被打断，但局部性的跨越式发展则是常有的。只要具备两个条件，即发达国家的经历或经验和能集中一定资源并善于立足国情、借“他山之石”的政府组织，二者的结合就可以减少弯路，缩短发展的距离。如前所述，战后亚洲的日本、韩国、新加坡等一些新兴国家的奋起直追均得益于政府对经济运行过程的积极参与和推动。

一定时期市场机制的缺陷又为特定阶段政府参与经济过程，提供了合理干预的直接依据。任何一个后起国家，尤其是发展中国家，市场机制的缺陷总是体现在两个方面：一是市场机制调节的功能局限。即在一些经济社会发展的重要领域，市场机制无能为力。即使不谈某些公共领域，仅就经济运行自身过程而言，自由的市场竞争也难以全面发挥作用，而与此同时，政府只要给予一定的政策扶持，就能产生“四两拨千斤”的效果。这涉及的主要产业及其组织结构是：第一，影响全局的一些基础产业和弱质产业，如交通、能源、农业等。第二，风险大的高科技新兴产业，它是未来的主导产业，但起步时期只是具有潜力的弱势产业。第三，支撑全局，影响国际竞争力的主导性产业。第四，有益于促进竞争并具有优化组织潜力的大中小企业类型。政府可通过政策导向促使其向两极方向发展：一是规模化、集约化、国际化；二是保护中小企业，鼓励小型化、专业化、特色化。二是市场机制内在的病理缺陷。发展中国家的市场机制往往是缺损或不够完善的。无论是市场主体的素质，还是市场的内在体系（包括各类市场的结构和中介性的组织）及其功能与发达国家市场机制的成熟程度是无法比较的。这就给政府培育市场提供了机遇。政府通过直接或间接的方式，如参与对企业领导人的培训、为有形和无形市场的建设提供支持、对市场运行进行有序监管和提供服务等，这都意味着通过发育市场机制而推动经济发展的贡献。

当然，政府的参与、推动作用必须限制在合理的区间，做到适时、适度和规范。否则，同样会带来不良后果。所谓适时、适度，就是要求弥补市场不足,在市场机制难以发挥作用的时期和领域及时调节,体现催化、扶持优势。一旦市场机制能够运作,就应及时退出,或呈现由强到弱的过程。所谓规范,必须将政府干预置于法律法规约束之中,避免滥用权力,导致腐败。如果从总结教训的角度来剖析战后日本和"四小龙"政府干预经济的过程,问题并非出在合理干预的本身(日本即使在经过10年衰退的今天,目前依然是世界第二强国,国民富裕的程度依然世界领先),而是在一些方面未做到适时、适度和规范。

中国"Made In China"(中国制造)模式派生的日益严重的负效应更警示我们:必须尽快形成国家产业升级战略。

从"Made In China"的负面影响看,集中体现为发展中的"落后"。落后之一:全部经济活动被置于产业链的中低端。1990—2003年期间中国最具国际竞争力的产业是纺织、服装业,其平均显示性比较优势指数(RCA)分别达到293和294。工业制成品的RCA指数在此期间的平均值仅为114。后期虽有提升之势,但均未摆脱相对偏低状态。其中的重要原因就是一定程度上出现了非正常工业化现象。正常的工业化升级过程应该是随着工业化水平和社会化程度的提高,企业内部服务的分工需求日益强烈、不断专业化,并形成新的生产性服务企业。如企业的研发设计、需求调查、市场营销、售后服务可以不断地从原属于企业的一个部门独立出来,形成专业化的生产性服务企业。而在Made In China背景下,中国工业企业实质上成为单纯的"制造车间",其结果必然是:国内企业在制造环节过度竞争,而高附加值的研究开发、产品设计、市场营销由外资垄断,除直接导致生产性服务业发展滞后外,还严重阻碍着产业升级。这种落后十分理性地告诉国人:对Made In China引发的招商引资活动评价不宜太高,虽然它对目前的经济发展具有不可替代的作用,特别是经济落后的中西部地区今后一段时间依然对其有很强的依赖性。为此,对于这一过程中取得业绩的官员和民众应该给予必要的肯定和鼓励,但客观地评价,我们是在世界产业末端从事着"落后"的产业活动,是无奈的选择!若不惜代价,一味地争项目,那就昭示:在"落后"中走向愚昧!落后之二:污染的集聚。全国各地同时进行着Made In

China,必然出现在特定时间内将工业化流程中的污染集聚起来,集中排放,这是以往工业化国家不曾发生的社会现象。若作进一步深层思索,就会发现污染集聚其实是增长模式的必然产物。Made In China 意味着世界产业的转移,同时亦即全球范围内污染排放量的转移,即今日中国的污染排放量就是以往众多发达国家的污染排放量。尽管政府竭尽全力并动员全民族参与治理(也许经历一段艰苦考验,中国治污技术世界一流),但其效果只能相对减缓,根本出路只能期待于 Made In China 的未来转型。落后之三:资源的过度消耗。用30%—40%资源生产出不到 5%的 GDP,这一人们熟知的在世界范围内中国资源使用与 GDP 的投入产出比例足以说明 Made In China 现状的负面效应。一般而言,愈是处于生产链低端,单位价值资源耗量也愈高,同样类型生产量愈多,资源消耗总量也愈多。因此,Made In China 实质上就意味着资源消耗型生产方式。落后之四:在国际市场上受制于人并低价竞争。由于 Made In China 产品是国际分工体系中的组成部分,回归国际市场类似于“生物链”。然而,发达国家往往以“顺差”为由,推出种种常规性甚至“创造性”的贸易壁垒方式。此外,处于产业链低端的 Made In China 产品在国际市场上的竞争状态往往表现为低价竞争。低价竞争的背后常常是低成本竞争,而这种低成本获得相当程度上依靠于掠夺资源和侵害劳动者利益。

很显然,Made In China 作为双刃剑,成为中国经济发展的必经阶段,这是无可争议的。问题在于作为发展阶段必须包含着发展中的产业提升,因而从发展趋势看,两种结果均有可能:一是始终处于加工国状态,随着加工优势逐渐丧失(如劳动力成本上升、资源耗竭等),已有的国际地位也不复存在。更为严重的是,国民经济发展的基本领域均为国际资本所控制,整个经济运行随着国际风险的加大而显得十分脆弱。二是“现代”的起点,即成为在产业向现代提升的过程中的一个台阶,并且最终走出这一台阶,跨入中等发达,乃至发达国家的行列。而这必然依赖于国家产业升级战略的实施。

## 二、 产业升级战略体系

由于产业升级支撑全社会多重要素，牵制经济社会发展的方方面面，因而产业升级战略必然是系统设计的工程，是体系化的能动形态，至少包含 5 大体系：战略目标体系、技术创新体系、品牌支撑体系、文化塑造体系和教育保障体系。

1. 战略目标体系。产业升级涉及三种涵义的产业结构变动：一是三次产业结构中，第一、第二产业比重的下降，服务业产值比重上升（已实现工业化国家更为典型），目前发达国家和地区第三产业普遍占 80%以上；二是在三次产业内部，尤其是制造业，研发、设计、品牌营销等高端环节所带来的产值比重上升；三是在各类产业形态中，高新技术（信息技术、材料技术、生物技术、能源技术、空间技术、海洋技术和环保技术等）产业所占比重上升（传统产业所占比重下降）。以产业升级最具代表性的美国为例①：

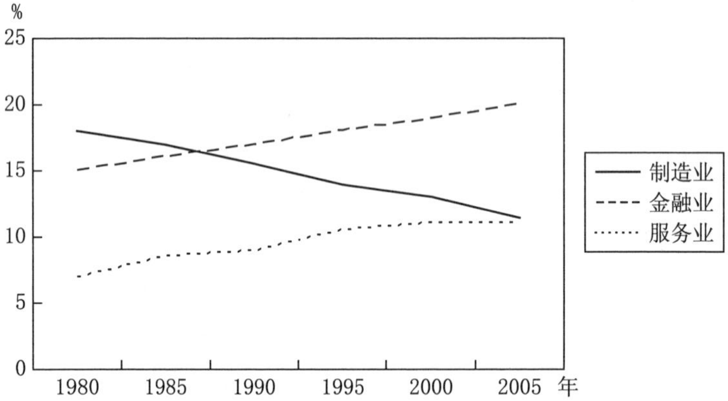


**图 1-1 美国主要产业在产业结构中的比重变化**

因此，产业升级战略目标必须围绕三大结构变动而构筑体系。

① 《美国引领全球产业升级意味着什么》，《上海证券报》2006 年 7 月 17 日。

首先，对于三次产业比例，尤其是第三产业比重的提升须作战略安排，每个五年规划应提出明确要求。“十一五”规划制订时，国务院对某些城市提出：“有条件的地方可建立服务经济为主的产业结构”，这至少表明决策层对此开始关注。当然，明确提出三次产业结构变动的指标存在难以实现的风险。以上海为例，“十五”规划编制时就要求第三产业比例提升到55%，然而，实施结果至今未达到52%(2007年底为51.9%)。这样，“十一五”规划就表述为“服务经济为主”。规划的指标更多应体现指导性、前瞻性，其意义在于促使政府通过产业调研、政策实施、公共服务、文化塑造等产生推动效果，若过程中出现某类不确定因素导致目标实现的偏差；应予以宽容(只要能够澄清，如上述上海产业结构变动实际受到两大因素影响：一是第二产业正值前期投入的高增长期；二是股市等金融服务业处于低谷)。因为一定程度上体现科学性的指标导航，不仅产生动力，而且伴随着责任与压力，使政府的使命感体现得更为充分。其次，在规划三大结构变动中，必须凸显高新技术产业比重提升的引擎作用，以恰当的增长比例导航。这不仅因为它制约上升中的第三产业质量，而且对于每一产业走向高端产生推动功能。就发展中国家而言，第三产业比重上升常有两种类型：一是在第二产业增速趋缓、停滞甚至下降的基础上，这时的第三产业往往以传统的商业形态或者以低层次时尚消费形态(如按摩、足疗等)出现，它与真正涵义的现代服务业发展无缘(服务主体的层次总是决定于服务对象的层次)。二是在制造业增长基础上提升，此时的第三产业必然依托生产性服务业展开，并且延伸出以金融服务为核心的种种类型的现代服务业(现代服务业实质上是伴随现代制造业增长而发展的)。由于现代社会制造业发展无法离开现代制造业，而现代制造业又总支撑于高新技术产业发展，如信息产业(中国就明确提出以信息化带动工业化战略)等，这就决定了高新技术产业引领服务业发展的走势。此外，对于各类产业走向高端，高新技术产业发展也起决定性作用。20世纪90年代以来，世界范围内的产业升级美国始终处于领头地位，这是不争的事实。然而，在此之前，面对产业升级，美国遇到的最大挑战国是日本、联邦德国等，尤其是在传统制造业强势时代，日本更是咄咄逼人。当时随处可见这样的画面：美国上空被扔下“原子弹”——日本制造的汽车、冰箱、洗衣机等等。之所以 90 年代后会发生根本性变化，奥秘就在于高新技术产业崛起。20 世纪 90 年代以后，美国商务部确定了 10 大类高新技术作为国家重点支持对象并在全球形成优势，包括生物技术、生命科学、光电技术、计算机及通信技术、电子技术、计算机集成制造技术、材料设计技术、航天技术、武器技术以及核技术。90 年代下半叶起，美国信息技术产业化开创了全球新经济时代。各产业在软件及信息技术设备上大量投资，使整个 90 年代投资增长率高达 10%左右，到 1999 年软件及信息技术设备投资对总投资的贡献率超过 75%。与此同时，在生物技术方面，如克隆与转基因技术、生物医药技术以及生物信息技术等领域产业化加快。1999 年美国生物技术产业为美国增收了 465 亿美元，为个人带来的总收入为 288 亿美元，1 300 家美国生物技术企业中上市的有近 400 家，1993—1999 年间该产业规模翻了一番，成为推动美国乃至全球新经济发展的重要代表。①可见，20 世纪 70—90 年代以来，美日产业升级在全球范围内展开竞争的生动画面实为高新技术具有“领头羊”作用的经典案例。最后，由于产业升级与产业创新、结构优化具有内在统一性，必须关注和推动创意与虚拟经营产业增长。拥有以创意带动的创新产业必然占领产业高端，故 20 世纪 90 年代以来，一些发达国家开始将创意产业纳入产业升级规划。从全球创意产业发展状态看，英国、美国、澳大利亚、韩国、丹麦、荷兰、新加坡等国具有明显优势。在英国，2000 年创意产业增加值超过 500 亿英镑，占国内生产总值的 7.9%，年增长率是其他产业的 3 倍，达到 9%。2003 年，英国首相战略小组指出，用就业和产出衡量，伦敦创意产业对经济发展的重要性已经超过了金融业。在美国，创意经济成为新经济的核心内容。阿特金森和科特于 1998 年就明确提出，美国新经济的本质，就是以创意为本的经济。同时，虚拟经营或称外包经营可从两个方向促进产业升级。一是接

① 《美国引领全球产业升级意味着什么》，《上海证券报》2006 年 7 月 17 日。

受虚拟，即在国际产业转移过程中淘汰落后产业，即使继续从事加工制造也要处于更高层次；二是虚拟他人，将自身非优势产业转移出去，增强产业升级的核心竞争力。实际上，从一定意义上看，产业转移的过程就是产业升级的过程。

2. 技术创新体系。战略的主要目标与重点问题，如何实现？必然涉及直接推动力，这就要求构建已被国际经验反复证明为行之有效的技术创新体系。目前，国家创新体系的范畴已被广泛认同，来源于20世纪90年代弗里德曼对日本成功经验的总结，其核心内涵是实现国家对提高全社会技术创新能力与效率的有效调控和推动并取得竞争优势。结合中国实际，通常表述为：以国家为主导的，政府科研机构、大学、企业直接参与的，全社会广泛支持的组织运行系统。这实质上是“1—5架构”的系统工程。所谓“1”是指政府视科技创新为推动国家产业升级的唯一道路（如前所述，韩国就曾提出科技立国战略），中国目前也提出由三种自主创新（原始创新、二次创新和集成创新）构成的促进国家经济社会发展的唯一根本路径。“2”为研发和应用。也可将此比作增强科技国际竞争力这一战车上的两个轮子。科技研发是前提，研发中才有创新。无论是原始创新、集成创新，还是在引进基础上再创新，均为研发过程的具体展开。与此同时，应用则是研发成果的最终实现。只有应用，才能真正体现其价值，才能鉴别真伪，转化为产品和产业的升级。研发和应用至少应在三个方面展开，即“3”：加强基础科学研究、促进高科技创新和推动科技成果产业化。以基础科学研究为例，在世界范围内，反映科研成果的一项重要指标是科学论文在国际三大权威索引——科学引文索引（SCI）、工程文献索引（EI）和国际科技会议论文索引（ISTP）上的数量与排序。到目前为止，从占世界SCI论文数量的比例看，美国基本稳定在30%左右，英国、日本也都在8%左右（中国约占3%）。再如高科技产业化，中国科学院院长路甬祥院士曾作出富有启迪的判断：“不同的战略高技术、不同的技术发展阶段拟采取不同的发展战略。比如，对于信息技术，我们采取开发扩散战略，以信息化带动工业化；在涉及国家可持续发展的战略能源、海洋等领域，在生物、材料、纳米等高技领域，我们采取跨越发展的战略，培育具有国际竞争力的高技术产业新增长点；在既关系产业竞争力又关系国家安全的航天、激光等战略高科技领域，采用自主创新战略，加速形成中国自主技术创新能力；选择有相对优势的战略高技术方向，采取优势集成战略，组成重大项目，集中力量取得突破。”“4”主要体现为政府通常采用的四大战略举措：构建服务平台；形成相适应的体制与机制；选择关键的扶持项目和广泛集聚人才。构建服务平台既是政府行为，也是社会行为。就政府而言，所能提供的服务，大到持之以恒地营造氛围，小到每一机构能及时为市民或组织参与科技活动提供便捷服务。就服务内容而言，既可以是技术层面的，也可以是以市场为中心，提供法律尤其是体制、机制方面的配套条件。政府选择关键项目予以扶持具有直接推动之效。值得一提的是，以色列政府的孵化产业办法。首先，选择项目在市场中招标，并由全国权威专家进行论证、鉴别，以体现公开、公正和追求科学的精神。其次，政府借助于孵化器，或与该产业关联的投资公司合作进行孵化活动，即为项目承担组织提供扶持资金，甚至帮助选择经理人，塑造经营组织、培训人才等，将项目孵化与企业孵化结合起来，实实在在地推动科技成果产业化进程。最后，按股权运作方式回收孵化利润，集聚孵化资金，为下一次孵化活动的展开奠定基础，从而做到孵化基金来源于企业，又服务于企业。集聚人才的必要性是不言而喻的。创新的背后其实是人才，特别是群体领军人才作用的发挥。不过，四项举措均离不开强有力的投资，与国际社会比较，中国需要做更大的努力。从研究开发(R&D)投入规模看，中国属于中等偏下水平。中国研究开发经费投入在国际上的地位低于其经济产出的地位。以 21 世纪第一年为例，研究开发经费投入总额为 125.6 亿美元，不及韩国的一半，是美国的二十五分之一。此外，中央财政在科技投入方面缺乏稳定的增长机制，20 世纪 90 年代中后期以来支出比例呈下降趋势，国家财政科技拨款占国家财政支出比例从 1996 年的 4.3%降到 2001 的 3.72%。当然，通过政策措施促使企业投入成为科技开发资金的重要来源，固然是有效方式，但从当前的现实出发，现阶段加大政府投入力度更显必要，以发挥牵引、带动功能。以上论及唯一道路、两大领域、三方面重点、四项举措，其实，这些均离不开“5”要素的完整调控体系。包括确定科技发展方向、作出重点选择、形成创新网络、培育运行机制和集聚领军人才。

3. 品牌支撑体系。科技创新作为第一推动力，必须聚焦于品牌，即以品牌为依托和载体促进产业升级，否则，产业无法在世界范围内真正走向高端，高质量的科技成果也无法得到国际社会的检验和应用，甚至仅能产生展示效应。从这个意义上看，技术创新只是起步推动，唯有品牌诞生才真正意味着产业升级。那么，处于 Made In China 阶段，是否具有打造国际品牌的可能性？其实，当年日、韩的松下、日立、丰田、三星、现代等世界品牌无一不是在日本制造、韩国制造基础上逐渐诞生的。曾由上海市生产力经济学会举办、在上海日立公司召开的“海立创新力”研讨会，更是增加了对这一问题思索的底气。以下是上海生产力经济学会对“海立股份”从自主创新到品牌创造成就的客观描述和评价：

上海海立集团股份有限公司，依靠下属的上海日立电器有限公司，通过企业创新力的不断培育，成为拥有空调压缩机领域自主知识产权、自主品牌和相应市场份额的世界第三大空调压缩机企业，全方位地实现了空调压缩机产业从发达国家到中国的大转移，提供了国内产业升级的一个成功范例。2005 年，公司年产空调压缩机超过 1 000 万台，连续 12 年位于国内第一，目前居全球第三。更为重要的是：成功培育了该领域第一个中国驰名、世界具有一定影响、具有自主知识产权的空调压缩机品牌——“海立”。并且，在 2005 年销售总量中，“海立”占 86%……

“海立股份”从海立制造到海立创造的成功实践表明：中国制造企业创新力培育的一条现实路径是从技术创新力培育出发，通过系统创新力的全面打造，最后实现产业创新力的不断提升。“海立”的创新结构可用三个同心圆表示：核心是技术创新力；第二层是系统创新力；最外层是产业创新力……

如果说在 1997 以前，上海日立电器有限公司还仅仅是一个以跨国公司的技术和品牌为基础的空调压缩机的加工制造基地，那么随着国家级压缩机研发基地和“海立”品牌的确立，他就开始成为中国空调压缩机产业的技术研发基地、海立品牌打造基地和世界市场营销基地。从中不难发现，要尽快改变当前中国大部分工业开发区还是停留在国际跨国公司加工基地的现状，必须强调引进外资过程中的自主知识产权和自主国际品牌的打造，逐渐停止单纯作为外资加工基地的合资企业建立，这应该成为中国工业化进程中的一项重要的国家战略……

从最后的评述中可以感悟出一条 Made In China 的转型之路，这就是在自主创新的征途上追求和打造世界品牌。所谓高端产业、高技术含量、先进的制造业和现代服务业，其支撑形态——世界品牌，如我们熟知的美国有通用、花旗、微软；德国有西门子、宝马、奔驰；英国有维珍；法国有系列香水。显然，自主创新是一条漫长的路，只有在这条路上诞生了世界品牌，它对产业的贡献价值才能真正显现。过程中的每一项创新、每一项专利的获得只能视为自我积累，视为涓涓细流，唯有系列的世界品牌才能成为影响全球的浩瀚潮流。

4. 文化塑造体系。产业升级、品牌带动是否需要特定的文化生态？这往往是经济学人所忽略的。其实，人类活动的背后无一例外地受文化根基支撑，经济活动无法另类。支撑产业升级的文化生态至少涉及民族精神、知识产权观念、品牌意识等。这里仅就促进品牌诞生的民族精神做些探讨。上面已就个案“海立”的成功阐述了打造品牌的追求，但理性判断，众多品牌在世界范围内的出现离不开民族精神的支撑。

对于与产业升级、打造品牌紧密相连的民族精神，目前存在两种截然不同的看法。持否定观点的主要理由是：含民族主义色彩，阻碍市场机制的正常运行，具有不利于长远发展的负面影响。以韩国为例，“韩国人强烈的民族情绪，在我看来，是日本留给它最恶劣的一种影响。人人坚决抵制洋货。遇到金融危机，人人争相献金，这是很多中国人高度赞赏的韩国人的民族精神。而我觉得，韩国人身上可学的东西很多，但这种民族精神恰恰是不能学的。”原因是：“经济发展，遵循的是市场规则和资本意志，如果被为民族争光的强烈意志支配，那就是不和谐的指令，它的经济成就就是不健康的。”赞成者则认为，民族精神与民族产业可以互动。一些学者通过网络辩论，发表如下见解：“在汉城街头奔驰的不是现代，就是大宇。同样的，从手机到各种电器，完全也是三星、LG的天下。在汉城，类似土壤出产的韩国米，价格是泰国米等进口米的数倍，还供不应求，不知是民族精神推动了民族产业，还是民族产业的发展造就了强势的民族精神”，“中日韩文化本是同根，今天中国也进入一个物质财富迅速增长的时代，但是，中国人似乎却找不到主张，乃至敌对，商人之间互相欺诈毫无诚信——中国人的精神重建乃是当代中国所面临的一项重大课题”。

其实，与产业支撑相联系的民族精神应具有时代的特质。这种特质主要包含理性激情、群体意识和时代性等特征。民族情结、国家意识，这是目前世界各国普遍具有的精神现象，对于无国家意识或相反者至少被认为是另类。当然，极端的民族主义从本质上看也是对理性国家意识和民族精神的背叛。因此，这里存在着介于两种极端意识(国家、民族冷漠主义和极端民族主义)之间的理性国家与民族精神。这种精神至少包括以下特征：其一，具有爱国主义的激情。说到底，激情来自于发自内心深处的“爱”，它警示劣根，但包容不足；它期盼国家、民族能融入世界文明，能在世界文明前进的进程中步步赶上甚至走向前列，并能为此而牺牲自我。与此相反，则以所谓“极端民族主义”为挡箭牌，将自身置于“脱离”状态，体现出所谓的“冷静”，实质为“冷血”，或者“爱”在嘴上，从无行为展示。其二，在以国家利益为最高利益的前提下，选择符合法制、有利于促进经济社会发展的价值判断和行为举措。相反则是在情绪自发波动中产生行为，容易失去理智，非理性举措常常发生。如前一时期，在涉日游行中针对所有日商进行“打、砸、抢”袭击。所谓群体意识，即指对于某种行为的判断并非是个别现象，而是被多数人甚至是绝大多数认同。认为某种行为方式发生对于维护国家、民族利益总体上是有益的、必须的，即使在特定时期民众付出了一定的代价也值得。因此，就爱国主义、民族精神而言，判断是否属于肯定的领域，有无群体意识特征是重要的标志。时代性往往与国家意识、民族精神表现形式相联系，如封建社会的时代性通常表现为反抗帝国主义的入侵和农民起义反抗封建统治。当资本主义的列强逐渐退出历史舞台，通过经济行为表现爱国主义、民族精神成为主要状态，如贸易保护、国内主要产业和市场保护等。与此同时，民众自发地通过消费选择来维护国家经济安全逐渐成为重要的形式，尤其在经济全球化过程中，一些发展中国家由于在国际竞争中常常居于弱势，爱国的民族情结与经济活动、产业发展更加紧密地相联也在情理之中。

相对于市场自身的内在机制，以扶持民族产业、塑造民族品牌为特征的精神支撑行为也可称为“外部性”，这种“外部性”的正负效应获取依赖于“度”的把握。一般而言，在不破坏正常的竞争机制前提下，民众“自发的”（即使有某些组织进行暗示或引导，进入市场的主体必然是消费者自身，因而消费选择行为始终具有自主性，只有在高度集中的计划体制下才能出现强制性消费现象）对其需要的消费品作选择以推动本国打造品牌、战略产业升级，促进国际竞争力的提高，进而在扩大国际市场份额过程中，通过以税收及增加员工收入等多种形式回报国民应毫无争议地界定为“正效应”。相反，若一味追求降低成本，要求百姓长期勒紧裤带，大幅降低生活水准，即通过保护落后，破坏市场竞争机制来获得企业成长条件，最后必然导致得不偿失的“负效应”。然而，这种情况在正常市场经济运行的状态中是很难发生的，韩国的民族精神所支撑的产业发展状态也绝非如此。“三星”“现代”等国际品牌的诞生不仅意味着企业在国际产业竞争中的地位，而且也带来了不俗的经营业绩。以三星集团为例，该企业是韩国最大的企业集团，包括 26 个下属公司及若干其他法人机构，在近 70 个国家和地区建立了近 300 个法人及办事处，业务涉及电子、金融、机械、化学等众多领域。集团旗下 3 家企业进入美国《财富》500 强，有近 20 种产品的世界市场占有率居全球企业之首。2003 年，“三星”在美国取得的专利高达 1 313 项，在世界所有企业中排名第九。实际上，韩国企业在经济全球化竞争中的表现折射出文化对产业升级的特有贡献。

从发展中国家产业升级的紧迫要求看，民族精神和品牌意识更具有先导意义，而知识产权观念则是基础性、持久的文化配套元素。在产业升级这一关乎中华民族前途和命运的重大历史课题面前，唤起民族精神是一种最具可行性的重大举措，而这一举措实施的集中体现就是在整个国家范围内形成全民族的自主品牌意识及其人人支持与奉献的精神状态。

5. 教育保障体系。这不仅仅因为文化来源于教育，即使从产业升级所需的人才供给来看，教育的配套也是当务之急。实践反复证明：已经处于产业高端的国家得益于教育贡献，后起的产业升级迅速的亚洲新兴国家更是在教育结构变革中获益良多。

如果说蒸汽机诞生标志着第一次工业革命，因而没有瓦特发明就没有真正意义上的人类工业的兴起以及称雄 2 个世纪的“日不落”英帝国，那么，同样可以认为，没有爱迪生的电灯发明，就没有以电气化为标志的第二次工业革命，美国也不可能成为继英国之后的世界第一强国。然而，科技创新的基础是人才，爱迪生的发明工厂实质上是人才集散地。在这一发明创新过程中，人才的供应源源不断，其中的教育，特别是高等教育功不可没。“发明工厂中毕业于高等院校的大学生比例高达 30%以上，甚至其中不少还是各大学的教师。难以想象如果没有这些高素质的人才，爱迪生的天才火花能够燃烧多久？没有分布在各个行业的高素质的人才，美国又怎能迎头赶上欧洲发达国家？”①今天的美国已有 4 000 多所大学，各洲财富的 40%以上用于教育开支，这在世界上居绝对优势。众所周知，美国很多知名的常青藤学校都是由私人创立的，私人的资助几乎遍及美国教育的各个角落并成为美国独特的传统。目前在世界排名前 20 名的大学中，三分之二以上在美国。根据美国卡内基小组的一项研究显示，美国当今的经济实力有一半来自教育的贡献。

新加坡前常任秘书严崇涛在自己最新撰写的《新加坡发展的经验与教训》一书中对新加坡产业升级中的教育作用作如下评价：“像

---

① 中央电视台《大国崛起》栏目组编：《大国崛起——美国》，中国民主法制出版社 2006 年版，第 162 页。

新加坡这样的小国出路在哪里？实际上，世界经济的竞争已经从以土地、人口、资本等资源为基础的竞争转移为以教育、科学、技术、管理为动力的知识领域的竞争。人口数量已经不再是决定因素，即使它过去曾经起到一定作用。现在起决定作用的就是人民平均的受教育水平。""只要新加坡拥有优秀的工程师和科学家，我们就可以吸引到那些高科技的跨国公司到新加坡投资建厂。所以，经济发展局就开始要求国立大学扩大在工程专业的招生，同时还积极协助原来的南洋大学转变为南洋理工大学。我们的三所大学，新加坡国立大学、南洋理工大学和新加坡管理大学都增加了信息技术和其他软技术的专业，为新加坡在金融、银行、出版、广告还有其他传媒行业培养更多具有竞争力的人才。"①若用我们的话语来表达，新加坡教育尤其是大学教育在产业升级过程中扮演着积极并具有根基性的角色。

总之，发展中国家产业升级是全球范围内解决二元问题的主要途径，战后亚洲新兴国家的崛起实质上得益于国家产业升级战略的实施。在借鉴国际经验的基础上，明确构建国家产业升级战略，这是中国发展方式得以转变的根本出路，为此，必须尽快形成由战略目标体系、技术创新体系、品牌支撑体系、文化塑造体系和教育保障体系所组成的梯次战略体系，以真正完成由"中国制造"向"中国创造"转型。

---

①　严崇涛：《新加坡发展的经验与教训》，汤姆森学习出版集团2007年版。

# 第二章　产业升级中的现代农业成长规律

**内容提要：**农村改革、农业发展必须遵循产业升级中现代农业成长规律。走中国特色农业现代化道路应区分两种类型的现代农业，即物质技术形态的现代农业和社会结构中的现代农业。在追求消除二元结构中的现代农业过程中，可走出探索性的"321之路"。

现代农业既是产业升级中的一种形态，也是农业现代化过程中的必然选择。中国特色的农业现代化道路与现代农业究竟存在怎样的内在联系？在走向现代农业的征程中，如何从中国实际出发既形成明确的奋斗目标，又有分阶段的推进战略，这些均离不开对现代农业成长规律的研究。

## 一、从农业现代化到现代农业

农业现代化是一个历史的、动态的范畴。任何产业现代化过程其实就是经济发展的历史过程。2008年中共十七届三中全会通过的《中共中央关于推进农村改革发展若干重大问题的决定》(以下简称《决定》)，"把走中国特色农业现代化道路作为基本方向"，把现代农业建设作为目标要求，即到2020年，"现代农业建设取得显著进展"，这实际上已将两个范畴有联系地区别开来。一方面，由于现代农业内含着动态的国际标准，因而就一国而言，在其农业现代化进程中往往表现为接近或落后；另一方面，在世界农业现代化进程中，不断诞生着"与时俱进"的现代农业，因而农业现代化又永远包含着现代农业。

从历史上看，现代农业始终是发达国家的产业概念，而且是在相关产业尤其是在工业发展进程中不断提高其现代水准。相反，单一地就农业而发展农业，即使以往，“现代”也会走向反面，这早已被中国农业发展史证实。

中华民族经过两千多年的发展，至康乾盛世，其经济发展盛况空前，占主导地位的产业始终是农业。应当说，当时的中国农业实际上已成为世界范围内现代农业的标志。据统计，康熙二十四年（1685年）全国共有耕地 6 亿亩，到乾隆皇帝终年（1799 年），全国耕地约为 10.5 亿亩，粮食产量增至 2 040 亿斤。[①]曾经随马戛尔尼使团来中国的巴罗估计，中国的粮食收获率高于英国。“麦子的收获率为 15∶1，而在居首位的英国为 10∶1。”中国农作物的总产量占世界第一位。人口从 1700 年前后的约 1.5 亿增加到 1794 年（乾隆五十九年）的约 3.13 亿，占全世界 9 亿人口的三分之一。然而，正是在同一时期，尤其是乾隆以后的 150 余年，世界文明发生了根本性变化，工业文明悄然替代了农业文明。从 18 世纪 60 年代起，英国率先开始了工业革命。“在变化了的世界面前，康、雍、乾三代英明君主表现出惊人的麻木和极度的愚昧：妄自尊大、拒绝开放、囿于传统、反对变革、满足现状、固步自封，特别是限制工商业、蔑视科学技术、闭关锁国、加强集权、禁锢思想的做法，愈加严重地制约着社会的进步。”[②]自我思想束缚的集中体现是：依然就农业而关注农业，依然视农业为本业，其余为末业，追求本业土地上的劳动力的绝对数量。以下雍正皇帝的名言既是封建王朝关于产业思想的典型写照，又是中国丢失现代农业地位、造成二元经济结构历史延续以至今日农业落后的思想渊源：“农为天下之本务，而工贾皆其末也。今若欲于器用服玩之物，争尚华巧，必将多用工匠。市肆之中多一工作之人，即田亩之中少一耕稼之人。且愚民见工匠之利，多于力田，必群趋而为工，则物之制造者必多，物多则售卖不易，必至壅滞而价贱。是逐末之人多，不但有害

① 戴逸：《乾隆帝及其时代》，中国人民大学出版社 1992 年版，第 286—296 页。
② 《学习时报》编辑部：《落日的辉煌》，中共中央党校出版社 2001 年版，第 11 页。

于农，而并有害于工也。小民舍轻利而逐重利，故逐末易而务本难。苟遽然绳之以法，必非其情之所愿，而势所难行。惟在平日留心劝导，使民知本业之为贵，崇尚朴实，不为华巧。如此日积月累，遂成风尚。虽不必使为工者尽归于农，然可免为农者相率而趋于工矣。”[①]有些官吏曾主张在广东招商开矿，雍正表示坚决发对：“今若举开采之事，聚集多人，其中良顽不一，难以稽查约束，恐为闾阎之扰累。况本地有司，现在劝民开垦，彼谋生务本之良民，正可用力于南亩，何必为此侥幸贪得之计，以长喧嚣争竞之风。”[②]此后，城市的工商业一直处于排斥、压抑状态，曾经排列在世界前 10 中的 6 个“世界城市”(到 19 世纪初，全世界有 10 个拥有 50 万以上居民的城市，中国就有 6 个，即北京、南京、扬州、苏州、杭州、广州[③])也伴随着国家的落后、衰败、挨打而名落孙山，与此相联系的所谓农业本业始终处于“天仙配”式的封建耕织状态。相反，则是工业发达国家由于将工业装备、技术移植于农业而使传统农业真正进入现代农业前沿。

新中国成立后，虽然开始重视工业化，但直至改革开放前，将劳动力束缚于土地的思想依然未根本改变，户籍制管理实际上阻断了农民进入城市，转变二元经济结构之路。“知识青年到农村去”并扎根于农村固然有减缓城市人口压力的缘故，但依然烙有农业为唯一本业的传统文化的影子。然而，由于长期的计划经济体制对城市发展的制约，导致农业落后并未十分突出。改革开放后，随着城市化进程的推进，特别是伴随世界产业转移，现代工业在招商引资的过程中快速进入城市，带来了城市形态的巨变、生活水准的提高和产业的升级，这样，“三农”的矛盾显得异常突出。“农民工”的转移虽然可视为一种自发而有效的调节，但作为国家战略，探索解决千年遗留的历史问题已到了刻不容缓的时候，否则，由于农业现代化和现代农业的课题不能得到破解而导致二元结构的深度持续，就必然没有中华民族的真正崛起，没有 21 世纪中国的真正现代化。

---

① 《学习时报》编辑部：《落日的辉煌》，中共中央党校出版社 2001 年版，第 12 页。

② 《东华录》雍正朝，卷二六，十三年四月。

③ [美]罗兹曼：《中国的现代化》，江苏人民出版社 2010 年版，第 205 页。

农业现代化过程中的现代农业，其实存在两种类型：物质技术形态的现代农业；社会结构形态的现代农业。就物质技术形态的现代农业而言，《决定》在汲取国际经验的基础上已作精辟概括，即："发展现代农业，必须按照高产、优质、高效、生态、安全的要求，加快转变农业发展方式，推进农业科技进步和创新，加强农业物质技术装备，健全农业产业体系，提高土地产出率、资源利用率、劳动生产率，增强农业抗风险能力、国际竞争力、可持续发展能力"。这里实际上揭示了物质技术形态的现代农业精髓所包含的三个要点：体现科学技术进步的技术应用与物质技术装备（机械化、信息化、自动化）；形成规模经营和社会化服务的产业体系；具有良好效率和可持续发展的竞争能力。所谓社会结构形态的现代农业是指引入社会形态的现代农业，既可以是后工业社会的现代农业，也可以是二元结构中的现代农业。如当今发达国家，不仅农业产值低于 2%，而且农业就业人口普遍低于 5%。以美国为例：

**表 2-1 1920—1991 年美国就业结构的长周期变化**

| | 1920 | 1930 | 1950 | 1960 | 1970 | 1980 | 1985 | 1991 |
|---|---|---|---|---|---|---|---|---|
| 农业在就业中比重 | 26.3% | 25.4% | 14.4% | 8.1% | 4.6% | 4.5% | 4.0% | 3.5% |
| 非农产业中： | | | | | | | | |
| 工业 | 48.0% | 43.3% | 39.2% | 38.2% | 34.0% | 30.5% | 27.7% | 24.9% |
| 服务业 | 52.0% | 56.7% | 60.8% | 61.8% | 66.0% | 69.5% | 72.3% | 75.1% |
| 非农产业中： | | | | | | | | |
| 物品处理业 | 73.3% | 69.0% | 69.4% | 65.8% | 61.0% | 57.3% | 54.7% | 51.7% |
| 信息处理业 | 26.7% | 31.0% | 30.6% | 34.2% | 39.0% | 42.7% | 45.3% | 48.3% |
| 服务业/工业比率 | 1.1 | 1.3 | 1.6 | 1.6 | 1.9 | 2.3 | 2.9 | 3.0 |
| 信息业/物品业比率 | 0.4 | 0.5 | 0.4 | 0.5 | 0.6 | 0.7 | 0.8 | 0.9 |

注：此表中的工业＝矿产业、建筑业和制造业；服务业＝工业以外的其他非农产业；物品处理业＝矿产业、建筑业、制造业、交通运输业、商品批发零售业；信息处理业＝通讯业、金融保险业、房地产交易业、服务和咨询业、政府管理业。

资料来源：M. Castells, *The Rise of Network Society*, Massachusetts: Blackwell, 1996, pp.282—296。

因此，在美国，物质技术形态的现代农业基本覆盖了全部农业，其发展方式为工厂化经营（或称公司农场）和家庭农场。与之不同的是，处于二元结构中的现代农业，从物质技术形态看，现代农业特征同样能出现（如中国很多地区），但只是局部现象，而非整体格局，在更大的范围内依然是采用传统的农业生产方式。因此，从发展目标看，中国农业现代化的过程不仅是局部的物质技术形态的现代农业实现过程，也是消除二元结构的现代农业过程。

从单一的物质技术形态的现代农业到消除二元结构的现代农业，这是历史性跨越（其中涉及技术二元背后的产业二元、制度二元、文化二元等）。前者固然是后者的基础，但离开目标意义上的后者，片面地在局部性的前者上做文章，并且不切实际地进行资源集中投放，尽管能出现观光性亮点，若对整体二元结构的消除忽略并产生不利的影响，这样作秀式的现代农业其实不应提倡。当务之急是，对消除二元结构的现代农业实现过程进行整体谋划，既有远景目标，又从实际出发，将中国特色的农业现代化战略真正融入到完整意义的现代农业建设之中。

## 二、 中国走向现代农业的必由之路

汲取国际经验，又不脱离中国国情的走向现代农业之路尽管漫长、艰难，但又客观存在。笔者以为，这条道路可表述为“321 之路”。

所谓“3”，就是从现实起步的 3 大举措：一是加大力度地进行财政补贴，使工业反哺农业，城市带动农村，在效果直接明显的财政转移支付上得以体现。目前中国政府每年对农业实际补贴率为财政支出的 2%—3%，大大低于对世贸组织 8%的承诺。与发达国家相比，中国目前的农业补贴明显不足，存在着较大的提升空间。一是总体水平偏低；二是补贴的范围过窄、措施少。其他国家采用的保险补贴、休耕等资源停用补贴、农业结构调整补贴等在中国还是空白。这次《决定》提出“健全农业补贴制度，扩大范围，提高标准，完善办法”的要求可在两个领域进行拓展。其一，从补贴方法完善看，包括直接补贴(进入农户)和间接补贴(如建立与农业生产资料价格上涨挂钩的农资综合补贴动态调整机制;健全农产品价格保护制度等)。其二,从补贴范围看,应从单一的种粮补贴逐步扩大到大宗农产品补贴、各类保险补贴(例如美国某农场主的保险涉及农业总收入保险、房屋保险、人寿保险、健康保险、事故保险和牲畜保险等)以及生态环境补偿等。二是推进基础设施建设(含农业经营的基础设施,并尽可能与规划相结合),不仅创造必要的交通、通信、供电等条件(如村村、乡乡、镇镇形成公路网、电网、通信网),而且在居、水、厨、圈、厕以及能源等方面改善人居环境。公共政策覆盖农村,这是"十一五"规划纲要的浓墨重彩。"加大农村基础设施建设投入,加快乡村道路建设,发展农村通信,继续完善农村电网,逐步解决农村饮水的困难和安全问题,大力普及农村沼气,积极发展适合农村特点的清洁能源,"①已成为建设社会主义新农村的宣言之举。如果说新农村建设迫切需要人的素质提高等各类软件配套,那么,这项举措则是当务之急,也是必需的"形象工程"建设。然而,与城市的豪华广场建设不同,农村的形象建设是摆脱贫困的起步之策。众所周知,农村的贫困首先是交通、通信的贫困。尽管"要想富,先修路"的理念早已为人们高度认同,但全国农村范围内的实施过于迟缓,至今使人感到,一些贫困地区的基础设施在近 30 年里"山河依旧"。基础设施状态的改变不仅是农民的普遍期待,为有识之士高度关注,也是中国迈向现代化整体建设之追求。否则,国内消费需求的扩大,长期增长的支撑均陷入僵局。三是发展基本的社会事业(教育、医疗、文化事业等)。如彻底实施农村义务教育。"十一五"建议已明确指出:"重点普及和巩固农村九年义务教育,对农村学生免收杂费,对贫困家庭学生提供免费课本和寄宿生活费补贴",②这是一项前所未有的重大决策。然而,若在实施过程中具备条件可再推进一步,即明确 9 年制全免学杂费及课本费。困难之处无非是财政负担,若设立财政专项,分级摊

①② 《中共中央关于制定国民经济和社会发展第十一个五年规划的建议》,人民出版社 2005 年版,第 10 页。

负，即县市财政难以支付部分由省财政支付；省财政难以支付部分由中央转移支付。事实上，现在一些贫困地区，在财政支出结构调节上依然具有较大的空间。即使不说办公、用车等超规格的费用让人难以判断地区发展差异，仅就招待标准特别是用餐方式看，使人难以感觉此处为贫困并接受全国援助的地区，其酒宴水平较之发达地区不仅毫不逊色，甚至更为慷慨，以至于一些发达地区由于管理严格而被视为“小气”或“精明”，难及该类地区人的“豪爽”和“大方”。论及于此，旨在说明，只要中央与地方共同努力，视农村教育为中国现代化、中华民族振兴、中国结束二元结构的奠基之策，全免费的农村 9 年制义务教育一定能够实现。此举一旦成功，加之，若进一步将《决定》发展农村教育的整体部署予以扎实实施，不仅能赢得数亿农民共同赞誉，而且也是走向现代农业并取得基础性成就的鲜明展示。此外，创建和完善新型农村合作医疗制度，其价值也难以估量。相对于因教育致贫、返贫，因病致贫、返贫的情形更为严重。因此，从一定意义上看，最直接、见效最快的扶贫之策是通过创建新型合作医疗制度，将广大农民从因病陷入困境中解脱出来。从现行试点情况看，效果欠佳的根源是资金筹集方式和资金来源。目前试点方案视农民人均缴费为医疗合作的体现，因此，贫困家庭每年也必须按平均数缴纳，这样，本来就无资金来源的贫困农民必然放弃合作机会，因而作为主要扶助对象也就相应失去，与此同时，合作医疗自然就失去了根本的意义。有两种办法可以补救：一是由政府补贴的方式将贫困家庭应缴数填平（政府在原有支付基础上附加一部分）；二是象征性地对贫困家庭收费，底线是贫困农民自愿接受的标准，不足部分由政府列支。此外，扩大资金来源是巩固合作医疗制度的根本。除了财政列入专项加大投入外，可以基金的形式向社会广泛筹集，使之成为整个社会慈善、捐赠的重点，以改变目前社会赞助、捐赠、慈善接济过于分散、无目标选择的状态，力求在整个社会造成支撑农村合作医疗是构建和谐社会的重大义举的良好氛围。

如果把以上 3 策视为第一步，在战略定位中主要体现为“依托农村”，那么，第二步中的“2”则意味着跨越农村的开端，其内涵可表述为农业产业化和农村城镇化，因而是走向现代农业的两个轮子。

农业产业化一是要求形成与市场相联结的产业链，使农产品进入订单交易、期货交易；二是能充分运用机械化、信息化、自动化生产设备和不断进步的农业新技术；三是具有既专业又广泛的社会服务体系。目前，过于分散的土地分割状态严重阻滞了产业化进程。因此，适度规模经营就成了推进农业产业化的基本条件。《决定》提出的“加强土地承包经营权流转管理和服务，建立健全土地承包经营权流转市场，按照依法自愿有偿原则，允许农民以转包、出租、互换、转让、股份合作等形式流转土地承包经营权，发展多种形式的适度规模经营”，既是方向性引导，又是考虑到在确保社会稳定条件下，从全国总体布局设定的战略。这并不排除经济相对发达地区，特别是长期以来土地抛耕、荒耕严重的地区（将大面积的土地交于戏称为“386170 部队”，38 即妇女、61 为儿童，70 为老人），合作经济组织在政府帮助下主动积极设计有偿转让机制尤其是卓有成效地推进承包经营权流转市场的建设，加快规模经营的步伐。不在产权经营上进行力度较大的改革，规模经营、产业化就无法呈现新局面，进入发展新阶段。

农村城镇化是跨越农村战略的基本体现。促进规模经营，推动农业产业化，提高城市化水平均离不开走城镇化发展道路。很显然，就中国目前农村人口结构现状而言，变绝大多数农民为市民无疑是消除二元经济结构的根本发展方向。因此，问题不在于是否要走城镇化道路，或者是否要变农民为市民，而在于能否走出一条在迈向城镇化过程中，农民依然可就业的新路。

就业离不开产业，农业之外的产业不发展，转移出去的农民必然重新陷入贫困。结合城镇化建设，积极发展非农产业固然是重要的战略选择，但对于落后地区，往往感到受资金、技术、人才等限制而力不从心。然而，若抓住 21 世纪前二十年的战略机遇期，顺应国际产业转移之势，将招商引资与城镇化紧密结合起来不失为一项根本之策。改革开放三十多年来，中国引进的外资，无论是资金总量，还是实际项目，在世界上均居前列（2007 年，中国实际利用外资达 740 亿美元），但遗憾的是在绝大部分地区并未形成以国际国内产业转移带动城镇化建设的战略，只是着眼于 GDP 和财税的增长，甚至在优惠竞争中置经济效益于不顾，最终使招商引资行为走向片面追求 GDP 或为了引资而引资的歧途。从经济学角度分析，做任何事都应进行投入产出比较研究，若投入为常项，产出愈大，效益则愈高。如果在招商引资的效益列项中加入推进城镇化的贡献值，即使单个项目不是最佳，也应予以最大限度的肯定，因为这是为解决当今中国最大课题——消除二元经济结构——作出历史性贡献。更应指责的是，不少地区将城镇化建设抛在一边，舍近求远地盲目设立开发区，不仅使大量土地资源浪费，而且由于离开城市依托，同时又缺乏产业集聚条件，使引进企业陷入孤岛，最后被迫撤离。可见，尽快形成招商引资、促进城镇化的全国指导性战略和规划，应成为下一步利用国际资源、提高引进外资水平的重要举措。

在产业化、城镇化基础上实现现代农业，这才是符合中国国情的农业现代化道路。当它（消除二元结构中的现代农业）成为农村改革、农业发展的唯一奋斗目标时，"321 之路"中的"1"就显得既具有探索性、挑战性，又具有可望而可及的务实、可行的特色。

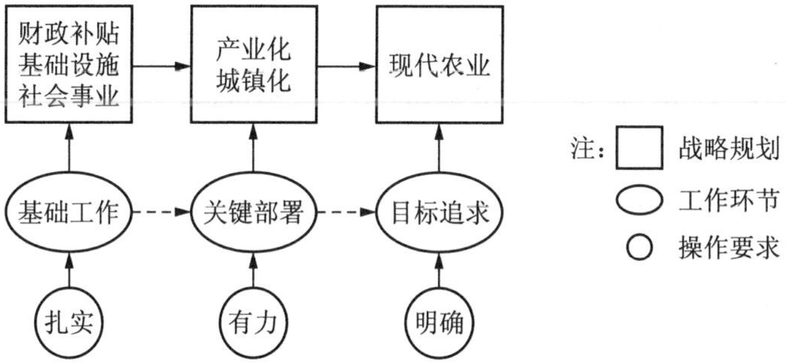


**图 2-1　"321 之路"示意图**

总之，农村改革、农业发展必须遵循产业升级中现代农业成长规律。走中国特色农业现代化道路应区分两种类型的现代农业。在追求消除二元结构中的现代农业过程中，可走出探索性的"321 之路"。

# 第三章　产业升级中的先进制造业成长规律

**内容提要**：先进制造业作为一种适应时代变迁的产业，具有双重结构、梯度演进和差异性状态等丰富内涵，因而必须进行差异性选择。由于先进制造业升级过程中离不开4要素互动，政府必须构建适应结构调节、技术创新、产业集聚和品牌营造等服务的体系，并以品牌营造为根本战略。上海制造业发展中，4要素运作十分典型，但存在“5高5低”特征，其未来升级必须体现在“三聚焦”过程之中。

当今世界，制造业对于所有国家依然是支撑性产业。在经济全球化进程中，受资源和环保的双重制约，发展具有适应性的先进制造业已成为全球关注的重大课题。对于发展中国家而言，由于实现工业化是必由之路，若能走上借鉴国际经验、利用国际资源并与自身条件相适应的先进制造业发展道路，更具特殊价值。其实，从20世纪开始，伴随经济全球化演进，不少发展中国家（中国、印度等）已经在实践中展开探索（如中国提出走新型工业化道路）。本书正是以此为背景，并以其中具有典型意义的城市——上海——为实证依据，就产业升级中先进制造业成长规律作一次尝试性探讨。

## 一、先进制造业体系及其差异性选择

先进制造业作为一种适应时代变迁的产业形态，具有丰富的内涵。首先，双重结构。包括由信息技术等所代表的高新技术制造业（以下简称第一类型制造业）和用先进技术改造的传统制造业（第二类型制造业)。一般而言,先进制造业愈发达,第一类型所占比例愈高,集中型的开发区可达60%以上,因而第一类型的比例往往成为先进制造业发展水平的标志。但就一个国家或城市而言,以往的工业基础愈雄厚,第二类型的比重就愈高,第一类型比例提升呈现渐进性。如上海目前高新技术制造业产值仅占工业产值25.6%[①]。然而,需要关注的是,当前融入高新技术的传统制造业正在焕发新的竞争力:钢铁领域不断增加高级钢材比重[②];化学化工正向石化下游的高附加值领域拓宽;发电设备已采用IGCC系统(整体煤气化联合循环)[③];机床数控化使其功能向高精度、复合型、智能化方向发展等等,从而推动先进制造业走向技术融合集成创新的道路。其次,梯度演进。即制造业发展的历史梯度并未改变,依然是延续4个阶段梯式推进路线,所改变的只是质量与形态。这4个阶段依次是:第一阶段,轻纺制造业。主要提供日用生活消费品,包括食品业、纺织业等。伴随先进制造业发展,更多体现为高新技术的应用。如食品更加精美、服装更加高档、时尚,纳米技术几乎全覆盖。第二阶段,重化制造业。以耐用消费品、生产资料和部分设备为产品。第三阶段,高技术含量的装备制造业。这既是当前世界先进制造业水平最完整、典型的反映标志,也是各国制造业水平落差的参照系。通常我们所说的中国制造业落后,主要就体现为装备制造业落后上。如半导体设备行业,虽然已具备6英寸设备整线生产能力,部分设备具有8英寸工艺水平,但整体技术表现为产品质量不稳定、一致性差,短期内难以缩短与发达国家的距离。第四阶段,后工业社会智能化制造业。目前其整体形态主要存在于少数发达国家,所产生的产值在本国总值比例中往往低于20%,但在全球制造业中又占有较大比重,并处于引领地位。如美国2006年,制造业增加值只占GDP的比重14%,但到

① 《经济循环融入世界,城市家底连攀台阶》,《解放日报》2008年12月13日。

② 米塔尔已将控制汽车板视同控制未来钢铁战略。日本四大钢厂计划在未来3年将海外汽车板的产量提高一倍。见《2008年版:世界制造业重点行业发展动态》,上海科学技术文献出版社2008年版,第13页。

③ 同上书,第17页。

2005年底，其制造业依然达1 662.8亿美元，占全球制造业22.3%，即接近四分之一①。更为重要的是，这一阶段，信息化已彻底改变了制造业传统的业务流程和工作方式。开发应用体现在数字化、虚拟化的设计制造平台上；生产过程充分体现世界自动化控制水准；高性能的电子商务使营销全球化更加简捷与快速。从发展状态和趋势看，体现智能化、服务化②、环保化的“三化”特征。最后，差异性状态。由于先进制造业存在双重结构，又处在第四阶段之中，就必然带来一国或地区（尤其是发展中国家）多元并存的差异性。即使不谈传统制造业（大部分发展中国家依然居于主体地位），仅就先进制造业分布格局而言，至少呈现4种状态：高端的高新技术制造业；高端先进技术改造的制造业；低端高新技术制造业；低端先进技术改造的传统制造业。

所谓发展先进制造业的差异性选择，就是要求在形成国家或区域性先进制造业推进战略时，必须从实际出发。具体而言：第一，承认差别的合理性，避免脱离国情，千篇一律地追求“高端”。中国地域辽阔、人口众多，又处于亟待发展的阶段，全力推进工业化无可非议。然而，这里也有实现方式和实现程度体现地方特征的问题。例如，在中西部特别是贫穷落后的地区，温饱问题还未根本解决（按照恩格尔系数，食品消费占80%—90%以上），通过招商引资，广泛吸纳工业项目而不受制于高端或低端，完全符合地方实际，只不过要求其关注并严格遵守资源消耗、环境保护的“底线”。第二，差异性体制、政策选择的背后应有共性和未来发展趋势的参照系。差异具有客观性，但

---

① 资料来源：World Bank, World Development Indicators Online。

② 跨国公司中，业务重点开始向服务领域转移，目前GE服务业收入已占总收入三分之二。其缘故是：制造业链、制造活动、制造企业过去融为一体，随着技术应用以及服务业日益专业化、社会化，制造业的“三合一”走向了相对分离。首先，制造业链的实现形态发生了变化，制造活动可以移植异地、异国（通过外包），在全球范围内进行重新布局，体现空间分割。其次，从事制造业的企业行为也发生了分离，其中的一部分，甚至是主要业务走向了研发、营销，并且不局限于服务某一企业，形成既立足于制造业，又跨越制造业的“两栖”特点。最后，制造活动往往与资源禀赋相联系，成为发展中国家争夺国际产业转移的重点对象，进而推动跨国制造公司行为更加服务化。

差异又是动态的。如果差异的体现者、实践者，没有前进的思维和努力进取的眼光，表面上看很“务实”，实际上最后坑害的还是老百姓，因为伴随他们的永远是落后，永远只能通过“血汗工厂”挣一点“血汗工资”①。第三，体现差异性同样应把握科学尺度和避免超越可承受能力。以招商引资为例，下达指标进行推动（仅仅鼓励“规模企业”，即以销售量为标准，产业升级只是一般性号召），这在发达地区尤其是城市难以理解。然而对于落后地区，不仅由于缺乏配套的政策举措，同时，受干部素质的局限，没有强制性的紧逼指令，下面无法呼应和行动，因而，指标推动作为适应特定地区的特殊杠杆具有合理性。但不论何种对象一律接受指标，而且指标数量又随意确定就有失偏颇了。这样的指标常常会不切实际，而且积累怨气，破坏情绪，损害政府形象。第四，适时否定、动态调整。一旦发现以往适应性政策举措无法再起到当年的作用，这时就应义无反顾地进行变革，在推进制造业走向高端的征途上前进一步或几步。这也许就是历史发展的轨迹，更是先进制造业不断升级的最为基本的内在规律。

其实，就一个城市而言，上述差异性选择同样客观存在，只不过升级的轨迹更加清晰，升级的速度更为明显。以上海为例，20 世纪 50—80 年代以轻纺工业为主（当时上海的轻工产品，如上海牌的手表、自行车以及食品在全国居绝对优势）；90 年代开始由机电产品为重逐步转向重化工业并走向 21 世纪；目前以核电、轨道交通和海洋工程为需求的装备业正呈现良好势头，并且某些后工业社会的制造项目也投入实施。但从总体上看，图 3-2 中的 4 个阶段也许是必然趋势：

---

① 目前中国平均土地成本是日本的 1/10，韩国的 1/5；平均劳动力成本是韩国的 1/13 和日本的 1/22。实际上，这里包含着对工人合法权益的剥夺。《中国经济时报》2006 年 6 月 26 日披露，河北省总工会对全省 1 021 家企业 2005 年执行最低工资标准情况进行的专项调查显示：42%的企业未执行最低工资标准，76%的职工在节假日加班未享受国家规定的加班工资。非公有制企业中 51%的日工作时间超过 8 小时，有的企业职工甚至每天工作 12 小时，每月工作 26 天以上。

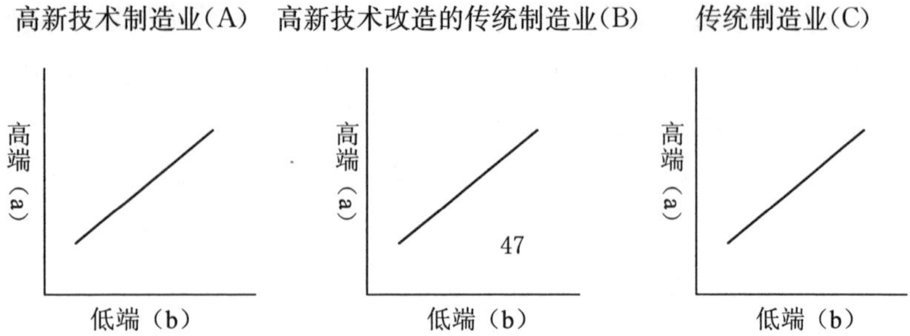


**图 3-1　上海制造业结构**

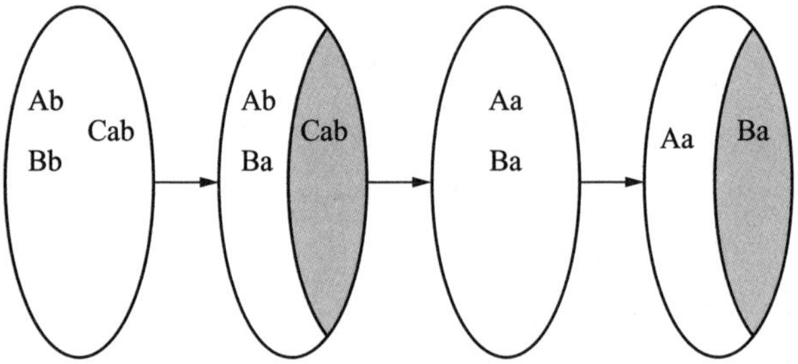


注：Ab 表示高新技术制造业的低端；Bb 表示高新技术改造的传统制造业低端；Cab 表示传统制造业高端和低端；深色表示逐渐缩小的趋势。

**图 3-2　上海制造业阶段性趋势**

这里的关键是，探明先进制造业在全球、本国和本地的成长规律，循序渐进，引领产业活动不断走向高端。

## 二、 先进制造业运行要素与结构功能

先进制造业的运行是体系性的运作过程，其内在要素的结构与功能是展示运行规律的重点。影响现代制造业运行的基本要素是：结构调整；产业集聚；技术创新；品牌营造。

1. 结构调整。任何国家的先进制造业总是在已有产业基础上发展起来的。这种产业发展史决定了结构调整是发展的起步阶段或者前提。没有旧产业的淘汰就没有新产业的发展空间。因此，产业结

构的重新布局实际上成为先进制造业形成和发展的基础。重新布局包括“进”与“出”两个方面。

所谓“进”，即顺应经济全球化进程，果断接受国际先进制造业的转移。如上海制造业目前之所以形成支柱产业、高技术产业、都市型工业共同发展的新格局，并且电子信息产品制造、汽车制造、石油化工和精细化工品制造、精品钢材制造、成套设备制造和生物医药制造等 6 个重点行业实现的工业总产值已占到全市生产总值 65%以上①，这在相当程度上归功于国际产业转移。上海吸收和利用外资的历程大致可分为三个阶段，即 1978 年至 1990 年(浦东开发开放之前)，吸收外资规模十分有限；1990 年至 2000 年为快速增长期，此时实际外商直接投资额增长近 16 倍；2000 年后，进入平稳增长阶段。如表 3-1 所示，2007 年上海全年批准外商投资合同项目 4 206 项，为 1990 年水平的 20 倍；吸收外资合同金额 148.69 亿美元，为 1990 年水平的 68 倍；实际到位金额 79.2 亿美元，为 1990 年水平的 44 倍。

**表 3-1　上海主要年份吸收外商直接投资情况**

单位：亿美元

| 年　份 | 1990 | 1999 | 2000 | 2001 | 2002 | 2003 | 2004 | 2005 | 2006 |
|---|---|---|---|---|---|---|---|---|---|
| 实际吸收外资金额 | 1.77 | 30.48 | 31.60 | 43.91 | 47.65 | 58.45 | 65.28 | 68.50 | 71.07 |
| 经营方式： | | | | | | | | | |
| 合资经营 | 1.08 | 15.17 | 12.94 | 17.41 | 11.90 | 18.42 | 17.70 | 14.25 | 15.84 |
| 合作经营 | 0.67 | 3.49 | 2.99 | 5.16 | 5.10 | 2.82 | 3.41 | 1.62 | 1.86 |
| 独资经营 | 0.02 | 11.32 | 15.67 | 21.34 | 30.65 | 37.21 | 44.17 | 45.87 | 53.30 |

资料来源：《2007 年上海国民经济与社会发展公报》。

1984—2005 年制造业外资一直占绝对比重，尤其是重点进入先进制造业。2007 年，制造业批准外资项目 790 个，合同外资 51.36 亿美元。其中，仅通信设备、计算机及电子设备、化学原料及化学制品、

① 《经济循环融入世界，城市家底连攀台阶》，《解放日报》2008 年 12 月 13 日。

电器机械及器材分别吸收外资12.9亿美元、4.5亿美元、4.25亿美元、3.9亿美元，占制造业吸收外资的比例为25.1%、8.8%、8.7%、7.6%，总计50.2%①。值得肯定的是，先进制造业比例的上升是在制造业比重总体下降过程中实现的（符合上海形成服务业为主的产业结构优化方向）。

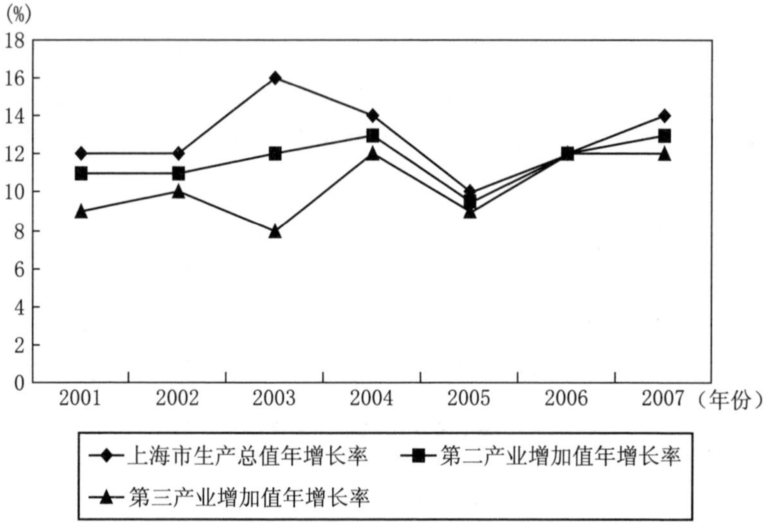


**图3-3 2001—2007年上海市生产总值、第二产业和第三产业增加值年增长率比较**

数据来源：《上海统计年鉴2007》和《2007年上海国民经济与社会发展统计公报》。

上海制造业的"出"，最为典型是20世纪90年代压缩和改造纺织行业，呈现"壮士断臂"之势，30万职工实现岗位转移。此后动态调整支柱产业。进入21世纪后，"淘汰落后"几乎年年列入政府工作重点。如2008年，调整淘汰了522项落后生产能力②，2009年计划淘汰530项。

结构调整其实是资源优化配置的动态过程，对于经济比较发达

① 《上海30年：改革开放与经济发展》，上海财经大学出版社，2008年12月。

② 《2008年上海市政府工作报告》，载中华人民共和国中央人民政府门户网站，http://www.gov.cn/test/2008-02/18/content_892073.htm。

如沿海地区而言，最困难的是衰退产业迁出所引发的人员失业及诸多民生问题。上海 20 世纪 90 年代纺织行业调整的重要启迪是：其一，科学规划、果断决策。劳动密集型又处于低端的纺织业在上海既无原材料优势，又无成本竞争力，整体性迁移是必然的选择。然而，这毕竟影响 50 余万纺织职工的切身利益，因而必须形成循序渐进的周密规划。"无情调整，有情操作"是对这一决策的经典概括。其二，系统设计，社会互动。退出性结构调整，至少涉及职工培训、再就业、失业及养老保障、资源转移等方方面面，因而是一项系统工程。当年 55 万纺织职工剩下不足 10 万，若无全社会的支持互动，结果不可想象。从"空嫂"到"地嫂"[①]实质上成为产业结构调整中全社会联动的缩影。其三，结构调整中的文化重塑。在困难中能顺利实现的结构调整实际上也是一种优秀的文化过程，其中包含着接受产业转移职工的牺牲、奉献精神；原企业组织、行业的文化凝聚力以及全社会的人文关怀等等。尤其是当事人能以冷静、理解、宽容的心态对待调整，甚至以个人及家庭的利益损失换来全社会的产业升级实乃可歌可泣(上海纺织业调整中无一上访事件)，这也佐证了笔者长期坚持的一个观点：产业升级过程中必须有文化重塑。[②]

2. 技术创新。结构调整，国际产业转移，所带来的产业升级、技术进步相对于原有产业无疑是一个新的高平台的迁移，而要在这个平台上形成具有自身特色的国际竞争能力，就必须依赖持续的产业再升级。为此，根本出路就是当下普遍认同的自主创新，20 世纪亚洲新兴国家尤其是日、韩崛起的历史已经作出了无可争议的例证。如果将推动制造业升级的自主创新作为一个系统来观察，并以上海为实证，就会发现这至少涉及 5 个强度体系：一是 R &D 投入强度。众所周知，这是国际通用的衡量各国和地区科技竞争力或潜力的重要指标。上海 2007 年 R &D 投入强度达到 2.52%，比 1978 年提高 2.04 个百分点。联合国《人类发展报告 2007》提供的各国 2005 年统

---

① "空嫂"即航空公司从纺织女工中所招的空姐；"地嫂"在地面上从事各种其他简单管理的纺织女工，如看管自行车等。

② 王国平：《论产业升级的文化重塑》，《北京行政学院学报》2009 年第 2 期。

计数据显示，上海 R &D 投入强度已经大幅度超过发展中国家平均水平，与世界经济合作与发展组织（以下简称“OECD”）国家平均水平基本持平，仅略低于美国、韩日及部分北欧国家。

**表 3-2　上海 1978—2007 年期间主要年份 R &D 变动**

| 年　份 | R &D 支出总额（亿元） | R &D 经费支出相当于 GDP 的比重 |
|---|---|---|
| 1978 | 1.32 | 0.48 |
| 1980 | 2.04 | 0.65 |
| 1985 | 4.62 | 0.99 |
| 1990 | 10.13 | 1.30 |
| 1995 | 32.60 | 1.30 |
| 2000 | 76.73 | 1.61 |
| 2005 | 213.77 | 2.33 |
| 2007 | 307.5 | 2.52 |

资料来源：《上海统计报告》2008 年第 73 号。

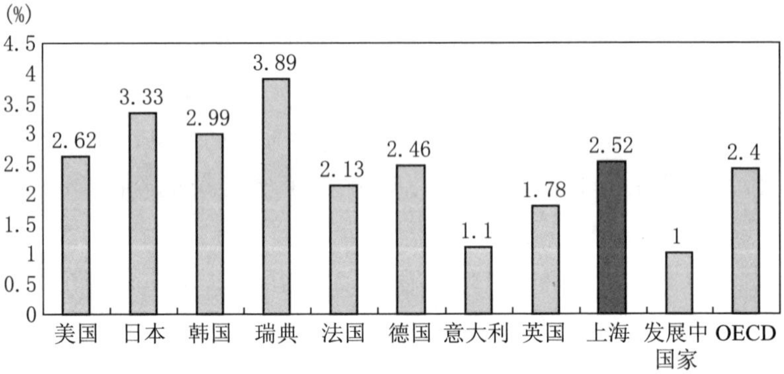


**图 3-4　上海与部分国家 R &D 投入强度比较（2005 年）**

二是企业投入强度。在 2007 年的 307.5 亿元 R &D 投入中，大中型工业企业投资 178.12 亿元，占 57.9%，比 1990 年增长 128 倍（1990 年为 1.38 亿元），显示企业投资主体地位迅速增强。三是政府支出强度。2007 年政府投入 112.42 亿元，占当年 R &D 的 36.5%，表明企业与政府反比例的合理变动，而改革开放初的 1980 年政府投入占 R &D 的 67%，但此间政府投入相对增长则达到 81 倍。四是产学研结合强度。近年来，上海产学研结合程度逐步深化，这是符合实际的判断。如结合的内容不断拓宽，从最初单一的项目成果交易向战略性合作发展转变，共建研发机构、培育高素质人才（2007 年，上海规模以上大中工业企业投向以高校研究机构为重的外部科研经费 46.6 亿元，比 2000 年增长 4.1 倍）；科研成果转化力度明显增强（2007 年，上海重大科技成果共计 2 396 项，推广应用 1 724 项，应用率达 72%）；成果交流市场规模不断扩大（2007 年，上海各类技术合同成交项目 2.77 万项，成交金额 430.64 亿元，分别比 1991 年增长 10.9%和 45.4 倍）等等。然而，从对先进制造业的技术水平提升，产业向高端转移的实际效果看，一体化运作机制未能真正形成，明显呈现弱点。五是核心技术创新强度。这是目前上海技术创新体系中的主要弱项。2007 年，上海外商投资高新技术企业工业总产值 5 231.62亿元，占高新技术工业总产值的比重高达 93.3%。调查中发现，外资高新技术企业出于垄断核心技术的目的，在沪研发活动往往处于"研发流水线"的环节，对核心技术基本不涉及，技术辐射效应甚微。

简言之，依据上海实例，从先进制造业升级对技术创新的依赖视角看，尽管近年来各方面均很努力，并取得实质性成效，支撑着先进制造业逐步升级，即 R &D 接近国际先进标准并且政府与企业投资结构正在优化以及产学研一体化水平日渐提升，但总体仍然远离核心技术层次。究其原因至少有三：第一，受制于经济发展总水平，人均 R &D 偏低。2007 年，上海 R &D 人员人均 4.45 万美元，虽居全国之首，但与 OECD 主要国家相比仍存在巨大差距。如 2005 年，美国 23.27 万美元、英国 22.46 万美元、法国 19.52 万美元、日本 18.6 万美元、韩国 17.89 万美元。这对积聚和流失研发中最稀缺的人才资源带来困难与风险。第二，由于体制机制的障碍，产学研一体化并未取得整体性、根本性突破，制约了科研成果开发、转化的程度①。第

① 2006 年，笔者在英国牛津大学所看到的产学研一体化运作：牛津大学全部科研成果的知识产权由学校垄断，学校聘请著名企业家组建公司 ISS 成为成果转化平台，通过牛津开发区吸引社会企业并将成果一一转化，由此产生了一系列著名的上市公司。

三，核心技术研发尽管不可能完全被垄断，上海已在一些领域有了突破或另辟蹊径①，但大面积跨越并非一日之功，需要艰苦的积累，加上众多国外跨国公司走上了“技术专利化—专利标准化—标准垄断化”的轨道，即通过建立知识产权体系，将私有协议提升为垄断性行业标准，一定程度上左右了行业科研方向，更增加了国内企业通过市场方式在产业核心技术上另辟蹊径的难度。但无论如何，核心技术的自主创新依然是今后打破国际垄断，推进先进制造业持续升级不可逾越的路径。

3. 产业集聚。这不仅表明处于产业链中的企业高度集中，而且昭示着关联产业中的企业通过空间的集聚相互交融、渗透，从而带来降低交易费用、高效率地创造公共服务平台、产生创新的文化环境等效应，甚至孕育出新的产业形态。先进制造业集聚的实现与城市发展具有密切的联系。一般而言，产业集聚的过程亦即城市发展的过程，城市从单体向城市群发展的轨迹也就是产业链向产业集聚转变的轨迹。因此，世界上任何先进制造业集聚成熟、发达的地区或国家也就是城市群典型的区域，并在国家经济中居举足轻重的地位。美国的三大城市群②虽然面积不到全国的 1.5%，但集中了 30%的制造业产值。

先进制造业的产业集聚贡献主要通过 3 种形态：一是空间集聚，表现为区域性主导产业布局以及多种类型的开发区等。如上海目前的东部微电子、西部汽车、北部钢铁、南部石化、临港装备、长兴岛船泊和以张江为代表的开发区等。二是行业集聚，这是产业集聚的典型效应，即通过空间集聚产生行业聚焦、放大效果，使主导产业凸显并带动相关产业配套发展。三是企业集聚。处于集聚区中的企业群尽管可大中小并举，但大型、巨型集团企业是标志。正是这些行业龙

---

① 2008 年，处于上海浦东的中微半导体公司成功研制出具有自主知识产权的 65 纳米工艺技术沏干法等离子刻蚀设备，打破了美欧日在这一前沿领域的垄断。

② 在波士顿—华盛顿城市群、芝加哥—底特律城市群和圣地亚哥—洛杉矶—旧金山城市群中，波士顿—华盛顿城市群，由 5 个大都市（波士顿、纽约、费城、巴尔的摩、华盛顿）、200 多个中心城市组成（城市群占地 13.8 万平方公里）。

头支撑着集聚产业群，并通过产业资源集聚滋养放大，引领制造业发展方向，产生国际竞争力。因此，产业集聚最佳状态是空间集聚、行业集聚和企业集聚三者统一。

上海制造业集聚成果除了上述支柱产业值达工业总值65％以外，能明显体现“三集聚”之效的是钢铁业和信息制造业。在钢铁业中，受世界500强之一、中国钢铁龙头的宝钢引领与带动，其行业优势通过空间集聚正向精品钢材、特种钢材方向发展；信息制造业集聚度提升具有超常规特征。2007年，上海电子计算机及办公设备制造业和电子与通信设备制造业产值占高新技术总产值高达88.9％，信息产品制造业占工业总值19.6％。①然而，从总体集聚状态判断，存在“五高五低”特点：一是在产业价值链中，中低端制造价值比重高（90％以上），高端价值比重低；二是在制造业结构中，传统制造业比重高（74.4％），高新技术制造业比重低；三是在高新技术制造业中，信息制造业比重高，其他制造业（生物医药、新材料、新能源等）比重低（不足15％）；②四是非装备业比重高，大型装备业比重低；五是在企业群体中，一般规模企业比重高，行业龙头、具有国际竞争力的大型企业比重低。因此，实施“三聚焦”战略，在高端产业、高新技术产业（尤其是未来战略性产业）、装备产业和具有国际竞争力的行业龙头企业上聚焦应成为上海今后先进制造业集聚的重点与方向。

4. 品牌营造。在先进制造业升级过程中，品牌牵引功能往往是关键，因为企业只有真正进入品牌追求，才有可能朝产业链高端方向逼近，才有希望使其产业活动伴随产业升级而展开。“三来一补”永远无法把握自身的命运，金融危机中多数沿海加工企业先后陷入困境，实质上是与品牌无缘的低端加工企业的必然悲剧。目前广东东莞鞋业制造主们纷纷开始追求品牌设计，这也展示着该产业活动提升的必由之路。此外，品牌营造与技术创新、产业集聚高度相关。技术创新是品牌的支撑，但品牌又是技术创新价值的依附和载体，技术创新只有通过品牌营造才能产生产业升级之效。同时，从品牌的角

①② 资料来源：《上海统计报告》2008年第73号。

度看产业集聚，产业集聚就成了营造品牌、放大品牌效应的平台，进而会感到，将产业集聚与营造品牌相融合，更能显现产业集聚的应有价值。

处于“中国制造”阶段，是否具有打造国际品牌的可能性？其实，当年日、韩的松下、日立、丰田、三星、现代等世界品牌无一不是在日本制造、韩国制造基础上逐渐诞生的。其实，“中国制造”的转型之路，就是在自主创新的征途上追求和打造世界品牌。

## 三、 制造业升级离不开服务化

制造业服务化主要体现为“四化”，即需求服务化、功能服务化、组织服务化和环境服务化。

需求服务化是指通过制造业项目引进及其发展带动着与之相配套的服务业迅速发展，并形成新的产业服务链诞生。以上海东昌企业集团为例，表明伴随汽车产业的振兴，带来了物料供应服务业链在全球诞生。该集团起源于汽车制造业，1998 年，购买“物料—设施一体化管理软件”，并组建东昌西泰克公司，从事汽车行业间接物料管理。物料管理由直接物料和间接物料两部分组成，直接物料即制造产品直接需要的原材料，间接物料主要指配件和辅料。直接物料需求一般相对稳定并随产量增长而增长。作为间接物料的备件和辅料具有不稳定性，若由主体制造商自我承担，不但成本无法控制，而且难免供应链断裂进而直接影响生产的可能。因此，这种由制造商需求而推动、以间接物料供应为产业链载体的服务系统应运而生。在汽车行业，发动车装配线是工作母机，装配线中的缸体压套机的关键件是丝杠，东昌间接物料供应系统，能确保在几十条装配线的某一根丝杠需要更换时随要随到。实际上，东昌的汽车间接物料服务网已从上海、内地扩展到全球，做到了运用现代信息技术，整合全球供应商和客户库存资源，所管理的间接物料达 20 万种、1 000 多万件。从上汽制造到东昌服务，再到全球备件、辅料供应链运行，所产生的服务价值可数倍于制造商。若加入上市运作、金融介入等放大元素更是不可想象。一个制造业产品如此,更多的制造业就意味着更加广阔的空间。

功能服务化即制造业产品成为服务经济的组成部分,具有整体融入第三产业的态势,甚至不排除其产值计入服务业的可能性。以设计、制造建筑模型的公司而言,其产业活动总体上处于服务性领域,所提供的产品既服务于设计部门工作的延伸,使设计图纸模型化,以便设计机构不断完善总体构思,又为应用部门(业主)服务,使之了解从图纸转化为现实的状态,从而作出基本判断或有益于调整、改进。不过,生产模型的行为又是制造业的活动,其产品功能是使制造业本身走向了服务领域。这样,从产业关联的角度看,制造业与服务业已高度融合。为此,上海市北工业区正在探索形成促进混合型产业发展的“2.5 产业区”(组织者将“2.5 产业”解释为介于第二、第三产业之间的新型产业)。

此外,一些制造业企业在发展过程中为使自身的功能服务化,将产业链上能拓展服务经济功能的部分相对独立化,使之在时空上进一步拓展,让服务对象从本企业游离出来,延伸到无边界的受体,从而为服务经济的发展“推波助澜”。最为典型的是,将研发和营销部分功能放大,完善组织,延展服务面,既为本企业创造价值,又为社会服务经济增添组织元素,美国通用电器的金融服务公司就是其中的代表(通用电气公司,通过 GE Capital 这一世界上最大的财务公司发展金融业,使服务业收入曾经占公司总收入三分之二以上)。

组织服务化即将制造业过程纳入服务型组织运行的轨道,以网络服务的途径使制造中的不同环节在交易中链接,最终以服务的方式到达消费终端。从制造业链全过程看,订单在网络服务中诞生、制造组装在交易中形成、销售在电子商务中实现。简言之,制造业内容采用了服务业外壳。如香港利丰公司,总部实质上是“网络协调员”,制造服装的全球产业链布局主要通过设在香港的公司总部网络协调。以生产一条短裤为例,纺纱在巴基斯坦,织布和纽扣制造在中国内地,拉链诞生于日本,制衣合成在孟加拉国,最后销售在美国,前后涉及 7 个国家或地区。可见,在利丰公司名下,没有一家工厂,没有一个制造业工人，而每年的服装出口值达100亿美元以上。若从产业形态判断，认定为非制造业，其理由是公司未拥有制造业要素，但作为纯服务业认定又否定了该产业链的制造业实质性存在。这就是当代制造业组织服务化的产物，即内容依然存在，实现形态则跨产业改变。

实际上，当今制造业服务外包（既将自身的经营外包出去，又成为他人的外包对象），或称虚拟经营就属于制造业组织服务化范畴。一些非制造业形态的企业通过控制全球制造业链，从而使产量脱离于自身拥有的要素资源的种种"不可思议"现象时时发生我们身边。正如人们熟知的情形：耐克，最大的运动鞋厂商，却没有生产过一双鞋；盖洛，最大的葡萄酒生产公司却没有种植过一粒葡萄；波音，顶尖的飞机制造公司，却只生产座舱和翼尖；全球拥有数万家标名麦当劳的营业店，每年完成数百亿美元的销售额，而其中的绝大部分是麦当劳公司并不拥有产权的特许店所完成的。然而，从精髓上去把握，这是一种借助外力，放大自我经营，增强核心竞争力的经营方式，是企业善于进行外部资源整合的优势竞争行为。"做自己最能做的"是服务外包的基本内涵，它所放弃的并非是无利的，而是做了不是最有利。

环境服务化意味着伴随制造业发展尤其是集聚型拓展而带动服务业因服务环境形态而快速提升（实质上也是服务业集聚发展）。先进制造业集聚的实现与城市（城市通常是服务业由单项服务向环境型、整体服务转变的一种形态或载体，甚至可以认为现代城市就是环境服务）发展具有密切的联系。一般而言，产业集聚的过程亦即城市发展的过程，城市从单体向城市群发展的轨迹也就是产业链向产业集聚转变的轨迹。因此，世界上任何先进制造业集聚成熟、发达的地区或国家也就是城市群典型的区域，并在国家经济中居举足轻重的地位。美国的三大城市群虽然面积不到全国的1.5%，但集中了30%的制造业产值。

适应上述"四化"要求选择制造业并在此基础上高度重视、扶持服务经济的延伸、拓展，这应成为当下政府产业政策设计和发挥调节功能的基本走势。

具体而言：第一，通过全面扶持服务业，为第三产业发展创造倾斜的政策环境，促进各类服务组织贴近制造业，主动挖掘制造业服务潜力，及时拓展制造业服务化功能。当前最重要的是全面推进营业税转增值税的改革，使服务企业的受益面不断扩大。

第二，在制造业选择上，服务经济的可塑空间是基本依据。所谓选择性招商、产业链招商，除了注重产业自身的质量要求外，必须增加服务经济的拓展功能，即由第二产业向第三产业延伸的产业链选择标准。对于需求服务型、功能融合型、虚拟经营型和环境服务型等项目置于优先决策地位。一旦制造业项目落地，就围绕其服务经济可延伸、拓展空间提供配套支持，包括财税、金融政策倾斜以及相应的公共服务。必要时，可对各区域服务经济增长指标进行适度分解，以增强制造业服务化的选择力度。改革开放以来“昆山奇迹”产生的主要原因就在于政府的招商引资政策，即产业链招商和保姆式服务（与同样处于全国发展前列的优秀县级市江阴相比，所不同的是，昆山主要不靠乡镇企业，而是通过“空降兵”即招商引资特别是台商，带来了始终是全国百强县之首的业绩，并且城乡协调发展，城乡居民收入比处于 1∶1.8 的目前全国最好状态）。如果将这种选择性招商和导向型精致服务的典型经验用于制造业服务化上，在发展制造业基础上以更快的速度带动服务业提升的经济现象必然会诞生于上海，成为新一轮“创新驱动，转型发展”的重要组成部分，甚至可视为一条发展上海服务经济的新型道路。

第三，加快产城融合的步伐，构建产业新城，提升制造业环境服务化水平。在产城融合中建设产业新城既可避免“空壳城市”，也能防止“产业孤岛”。所谓产业新城，即以制造业集聚为先导，带动城市建设、功能完善与生态环境改善，形成集生产、生活、生态于一体的新的城市形态，其实质是依托制造业集聚，形成环境服务化的新城市结构，因而可视为制造业环境服务化功能的拓展，并借此创造着一条适应中国国情的新型城镇化道路。河北省固安产业新城就是一个探索性案例，值得上海借鉴。“自 2002 年启动固安工业园区开发建设以来，园区坚持用建设城市的理念发展园区，即以‘城市规划高起点、产业促进新方法、城市建设高标准’来打造京南产业高地。经过10年开发建设，固安工业园区经济建设发展迅猛，重大项目纷至沓来；基础设施日新月异，产业承载力全面提升；环境建设成绩斐然，综合投资环境日益优化；民生建设硕果累累，人民幸福感明显增强。园区已占据了县城经济‘半壁江山’，‘产业新城正成为区域经济转型升级的强大引擎’。”①“在当前全球趋势及中国城市化背景下，固安工业园区坚持产业发展与城市发展双轮驱动，以产业价值最大化贯穿始终，推动了园区价值最大化、城市价值最大化。”②其实，上海“十二五”规划确定的7个新城，理应朝着“产业新城”方向推进。

第四，引进、培育人才，发展服务业教育培训机构，为制造业服务化奠定人力资源基础。服务业人才不足，特别是高端服务业人才缺乏已成为制造业服务业化的严重瓶颈。传统的产业人才队伍，无论是专业技术人才，还是领导人才，主要倚重于农业和制造业本身。走向以服务业为主的转型发展，包括制造业服务化拓展，人才跟不上已覆盖现代服务业全部领域，因而直接阻碍制造业服务化。当务之急，在人才队伍建设上至少应从以下四个方面着力展开：其一，高端人才引进。引进高端国际人才应成为重点。针对海外留学人才，构筑企业、社会组织、政府三方相互配合，从项目研发到住房、户籍、子女教育等一整套并具有吸引力的政策系统。为此，应力争做到障碍发生在哪里，工作突破就在哪里，使各类服务人才充分认同上海是最适宜就业和宜居的城市。其二，现有服务人才素质与能力提升。引进、规范各类培训机构，将高校输送人才（基于学科建设、专业调整等）与各类机构培训人才有机结合，通过国际认证标准的推动，使人才培训效果持续显现，做到人才培训组织既服务于第三产业，又成为服务经济本身的高端产业。其三，科学使用各类服务人才，在合理流动中壮大队伍，提高质量。通过制度、政策的设计，使服务人才的流动更为流畅，更加有利于调动其积极性、主动性和创造性。这样，制造业服务

①②　王小霞：《产业新城：县城经济发展新样本》，《中国经济时报》2012年7月3日。

化所需要的人才资源，可在全市服务人才流动中得以满足和可持续支撑。其四，高度重视和关怀服务业领域尤其是制造业服务化过程中涌现出来的青年优秀人才。从一定意义上看，他们代表着上海服务业发展的希望和未来。建设服务经济为主的产业结构，推动制造业服务化亟待青年服务人才的培养，应尽可能创造条件使之处于产业发展的明星地位，成为青年领袖人才的重要组成部分，以展示上海服务人才成长、发展的生命力与走势。

# 第四章　产业升级中的现代服务业成长规律

**内容提要：**产业升级既是世界性产业发展水平提升的标志，更是发展中国家（尤其是走向国际化进程中的城市）经济持续增长、抵制全球性周期波动冲击的根本之路。本章结合上海服务产业发展的实际，着力尝试对发展中国家产业升级过程中现代服务业成长规律的探索。

## 一、产业形态

探讨现代服务业成长规律必须起步于对产业形态的科学界定。产业形态涉及产业能级、结构及其表现形式。第三产业即服务业形态的演变实质上表明产业文明的演进以及对人类发展贡献率的提升。

人类产业进入工业社会后，随着分工深入，服务业开始发挥独立作用，并在商业、交通、银行等部分领域发展壮大，但总体并非居优势，依然表现为配角功能。自发达国家步入后工业社会，现代服务业则以称雄之势不断占领产业空间，无论是产值还是就业，均以强势增长格局出现。与此同时，各种服务业新业态持续丰富着产业表现方式，满足并引领各类需求的拓展，从而带动经济总量倍增。此时，人们往往将现代服务业发展视为人类产业文明的方向。

类似于中国作为新经济体的发展中国家，尤其是走向国际化进程中的城市，其产业升级的主要标志就是现代服务业比重上升、产业发展的整体带动功能增强并展示业态创新、引领的新空间。上海改革开放 30 多年，其经济总量增长 16 倍（1978 年 GDP 为 272.81 亿元,2007 年 12 188.85 亿元),第三产业比重及其贡献率提升的轨迹与增长轨迹高度相关。1978 年,上海第三产业对经济增长的贡献率仅为 11.6%,到 1990 年,贡献率达 40.4%, 2007 年进一步增长到 57.7%。并且,第三产业增加值增长 1%,全员劳动生产相应提高 1.536 5%,(而第二产业增加值增长 1%,全员劳动生产率则下降 1.002 5%)。这至少说明,上海现阶段对于全员劳动生产率的带动效应第三产业明显优于第二产业。①

若将服务业产值比重提升作为产业升级的战略追求,也会反映在对服务业内在结构的理性选择上。服务业结构实际上存在两个方面或两种类型:一是与第一、二产业相关联的广义结构,即第三产业比重;二是服务业自身的内部结构。从与广义结构衔接看,服务业内部结构表现为 3 个层次:一是产业服务业,即服务于第一、二产业并以独立产业形态出现,如金融、商贸、保险、房地产、科技、教育、卫生等;二是为各类产业配套服务的商务服务业(划为生产性服务业),包括法律服务、会计服务、信息咨询服务、人才服务、人际关系与公共管理等等;三是为全社会服务的生活服务业(含生产性与消费性服务)。在商务服务业中,为第一、二产业服务的业态存在于服务业发展的起始阶段,随着科技尤其是信息技术的应用也在拓展新的形式,如运输从传统主要依靠人扛车拉方式转向第三方物流,全国性乃至世界性的集中配送网络相继诞生。但从总体上看,服务于金融、贸易、保险等第三产业的商务服务业的迅速发展更是当下第三产业发达的标志。发展中国家产业升级中的服务业推进对此既应高度关注,又要从实际出发(尤其受人才制约)作出理性规划。

## 二、结构层次

在升级中优化结构与在优化结构中升级,这是两种不同的产业

---

① 《关键抉择:上海市纪念改革开放 30 周年理论研讨会文集》,人民出版社 2008 年版,第 750 页。

升级类型。前者一般发生在发展中国家，政府明显扮演了导向、推动的角色；后者通常为发达国家，产业升级基本依赖市场机制的调节。尽管经历了由“起飞”转变为进入发达国家行列的一些国家如日本、韩国等，在一些学者看来，应“痛定思痛”，反省干预弊症，但即使是这些国家信奉自由主义的经济学家，也认为这段产业调节的历史贡献不能否认。

其实，从经济发展内在规律的角度去寻思，也不难发现，通过提升产业层次来带动产业内部结构优化的可行性源于经济全球化。经济全球化为一国甚至为某一区域改变资源在国内外配置格局创造了前提条件，以至于人们将世界经济中心（含产业高端）的转移视为并非怪异的一种常态。从世界近代产业布局变动看，当年西班牙、葡萄牙、荷兰等国的世界航运中心地位之所以转移到英国，就是基于英国工业的崛起改变了世界资源配置的格局。同样，美国纽约国际金融中心地位的形成也依存于自 19 世纪末开始的世界工业中心地位的再次转移。与发展中国家的区别仅仅在于当年的产业转移主要基于经济调节的自然过程。然而，自亚洲新兴国家起飞后，政府的合理介入，就成为充分利用经济全球化效应、促进本国加快发展，改善资源国际配置格局的重要资源。实际上，正是在要素流动格局充满弹性的背景中，一国甚至某一区域通过实施要素流动环境再造战略（包括改善政府服务环境），可促使国际国内资源朝有利于自身发展的方向流动，从而提升产业层次，并重塑产业链，使产业内部结构在层次提升中得以优化。

在中国，通过 30 多年改革开放，无论是国家整体还是区域均能显示上述经济规律的作用。上海国际航运中心建设就是其中具有说服力的例证。1995 年 12 月，中央正式决定建立上海国际航运中心，并将处于浙江省的大小洋山作为建立深水港领域。伴随跨海大桥以及一、二、三期工程相继投入使用，标志着上海港基本完成由河口港向海港转变并在东北亚国际航运市场中的地位迅速上升。到 2007 年底，上海港货物吞吐量 5.6 亿吨，连续 3 年名列世界第一货运港；集装箱吞吐量 2 615 万标准箱，成为世界第二大集箱港。两个处于世界前列的吞吐量表明，世界航运产业中的货运量中心地位已在此形成，该产业服务要素集聚以及服务业结构重塑既是必然要求，也提供了迅速成长的动力、载体与平台。正是在这一过程中，1996 年 11 月 28 日，中国大陆唯一一家国家级航运交易所——上海航运交易所宣告建立。近年来，该所围绕“规范航运市场行为、调节航运市场价格、沟通航运市场信息”三大基本功能，在构建航运信息研究平台、航运资信评估体系、船舶交易鉴证中心、口岸航运服务中心以为会员服务等方面取得了显著进展。与此同时，现已有 1 000 多家国际性海上运输及辅助经营单位入户上海，其中有跻身世界 10 强的两家大型航运公司总部，有全球前 20 家班轮公司的分公司或办事处，有全球最大的 8 个船级社代表处，中国海事仲裁委员会也设立了上海海事调解中心。总之，随着货运量的带动，上海国际航运要素正在逐步集聚，构成了航运服务体系的初步框架。此外，航运服务集聚区也正在形成。以港口配套服务产业和航运教育科技为主的临港新城，重点拓展口岸物流、集散分拨中心、航运教育科技等功能。尤其值得称道的是，2008 年 12 月 4 日，国际组织专门委员会在上海通过中国提出的修订集装箱电子标签国际标准的议案，从此表明，集装箱国标有了“中国声音”。可以认为：尽管现在与建立航运强国、真正形成上海国际航中心的目标相比还存在较大距离（高端服务业如船舶融资、海事保险、海事仲裁、船舶注册等规模明显不足），但这客观上又成为中国航运服务体系进一步走向成熟和发达的动力；层次带动型结构优化模式效应已在上海航运中心建设过程中开始显现并不断得以强化。

## 三、集聚效应

目前，现代服务业高度发达的国家无一例外地均通过高端集聚区去展现，并依靠高新技术尤其是信息技术的应用影响甚至掌控着全球服务业，即不仅引领服务业产业链的发展走势，而且对实体产业发展进行制约（既能促进或推动，也能朝相反方向进行负面引领，当前的金融危机就是一个典型），如美国纽约曼哈顿、英国伦敦金融商务区等，即使是发展中国家也有类似于印度班加罗尔软件服务集聚地相继诞生。

从集聚规律看，世界范围内服务业集聚区的形成首先具有相对稳定性。一是由于在历史发展的进程中，伴随着全球产业的转移，在该领域出现了服务产业链的制高点，因而最具代表性的高端业务必然发生、集聚在此地。以伦敦为例，早在17世纪，当英国工业率先作为主导产业在世界范围初露端倪时，它就逐渐成为世界著名的城市商业中心。早期的金融业主要限于保险、股票经纪和投资等，但不断活跃的金融活动使其产生"话语权"、规则制定权，进而很快成为欧洲的国际金融中心（1870—1914年开始达到鼎盛）。这种历史性奠基、积累，加上实体产业持续性支撑以及高端服务业的相对独立性（高端服务业通常具有极强的专业性、技术性，缺乏配套条件的落后地区一时难以转移），使伦敦进入21世纪后依然以数一数二的地位在世界顶级类金融中心城市中称雄（目前伦敦在世界金融中心中排名第一）。二是由产业高端产生的品牌效应促进优秀人才集聚，并且，人才的高素质、高投入、高消费反过来又成为高端服务产业发展的支撑条件。在纽约曼哈顿的居民中，大多为经理人员和专业技术人员，一般均受过高等教育，因而他们既是金融业发展的人才主体，也是金融服务供求的主要客体。20世纪60年代，对当时服务业（主要是传统服务业）持悲观态度的鲍莫尔曾提出一个论断，即由于服务业本质上属于劳动密集型，因而其生产率提高比制造业更为困难（俗称鲍莫尔病"Baumol Disease"）。事实证明，这一误判的根源就在于未能发现现代服务业，尤其是类似于金融保险产业等朝着高技术、高知识含量方向发展，人力资本成为产业贡献的主要因素。三是各类配套设施先进，提供其他地区一时难以具备的便捷服务，加上制度、文化软环境派生出来的效应以及创新信息集中交流等，大大降低交易成本。完善的硬件设施，如发达的交通、通讯网络，绿色清洁的人居环境等都是服务企业、人才集聚的诱因，但制度、文化等软环境更是服务产业集聚的内生变量。如与经济全球化接轨的资源配置制度、监管制度；政府政策环境；诚信、法制文化等均能使市场交易成本降低，提高效率。正在发生的金融危机虽然暴露出一些金融集聚区在追求金融产品过度创新中监管制度的缺失、疏漏，因而提出矫正、完善的要求，但并不表明该区域已有软硬环境优势的丧失。此外，作为“冒险家的乐园”，成为资本经营中的风险投资者云集之处，这早已在世界范围内得到认同。如长期以来，曼哈顿一直享有投资家优先考虑的地位。此次金融危机虽然几乎所有“投资高地”受到重创，但只要存在发达的资本市场运作及其巨额利润产生的可能性，冒险家们就不会轻易放弃，“转头重来”就是必然趋势。

服务业集聚区的相对稳定性所产生的启迪是：一定时期世界范围内服务业资源配置格局尤其是居产业高端的集聚区具有抗波动性和“垄断性”，“替代性变动”一般不会发生，新兴国家所能争取的“转移”具有历史条件的局限性。

然而，历史画面变迁过程中同样展示了世界服务业集聚区变动的景象。一方面，现在发达的服务业集聚区也是在历史变迁中诞生的，另一方面，第二次世界大战后出现的新兴服务集聚区同样表明相对稳定性中伴随着变动性。这里的关键问题是如何判断和把握服务业集聚区稳定过程中的动态性并加以积极利用。

很显然，服务业集聚区相对稳定性决定于受历史条件制约在特定时期难以发生“替代性变动”，但又不排斥在这一过程中产生“增量变动”现象（交易总量增长过程中的分流，并随环境变化而改变所占比例），东京、新加坡、香港二战后作为金融区出现其实就是“增量变动”的伴生物。这种“增量变动”主要由三大因素所致：

一是主导产业局部转移。服务业集聚区形成的前提是服务产业活动的集聚，而该产业活动的大量出现则依存于其他产业发展所提供的需求，其中的制造业是产生服务业需求的主导产业。这不仅因为在产业升级过程中制造业所占比重大，而且由于制造业企业在激烈竞争中愈来愈多地运用非价格竞争手段，即更多的是通过扩大服务分量来赢得市场和利润优势。这样，在产业链中与市场调研、产品研发、营销、售后保障等相联系的服务需求日益趋于强烈。如果由于要素成本上升或贴近销售地可避免贸易壁垒、享受优惠政策而导致制造业(加工环节)转移,就必然使原有围绕制造业而形成的服务体系产生分裂,除部分高端服务业无法转移外,其余需求将产生于制造业加工所在地,从而促进和推动所在地服务业诞生、发展并走向集聚。战后日本、韩国、新加坡均成为这一产业类型转移的典型。中国改革开放30多年中,类似于上海等部分城市服务业较大幅度地提升同样得益于"增量转移"效应。香港之所以能在2008年世界金融中心排位中居第三,伴随制造业局部转移而产生的珠三角腹地贡献具有不可替代的作用。

二是交易活动的时空布局。在每日24小时中,世界范围内的交易活动虽然在同一国家受工作时间限制不可能持续展开,但在不同国家由于受时差影响可交替进行。依据时差分布,纽约比伦敦晚6小时,伦敦比香港晚7小时,因此,就香港而言,与美国时间日夜相反,即使与伦敦也有7小时之差,三地错时交易可给全球交易活动避免中断创造条件。有些品种一般不是全天8小时交易,如股票交易4小时,因而即使处于同一时区的香港、新加坡、上海(东京仅早1小时)也能进行错时交易。如香港股市交易时间为上午10:00—12:30;下午2:30—4:00,而上海则是上午9:30—11:30;下午1:00—3:00。总之,全球24小时作为开展服务业的时间资源也为新兴服务区诞生,即"增量变动"创造了时空平台。

三是政府杠杆效应。现有新兴服务业集聚区尤其是"亚洲现象"表明,"增量变动"过程中的政府杠杆效应主要体现在:通过产业政策扶持制造业带动服务业发展、集聚,日本、韩国、新加坡无一例外①;运用财政、金融等调控手段甚至直接运用政府财政资源,稳定集聚区产业,如1997年亚洲金融危机中,香港政府一度直接进入股市,产生了特有的稳定效果(其实,当前的世界金融危机中,介入资本市场的发达国家的政府行为尤为突出②);在城市规划、基础设施、人才引进

① 参见王国平:《发展方式转变的理性选择:构建国家产业升级战略》,《上海行政学院学报》2009年第1期。

② 参见王国平:《次贷危机:经济危机当代化》,载《上海市经济学会学术年刊·2008》,格致出版社、上海人民出版社2009年版。

等方面创造条件。

服务业集聚区的二重性即相对稳定性与变动性的统一，既告诫人们理智、客观，又给创造者们提供创新的梦想与空间。

## 四、政府服务

虽然世界范围内，第三产业发展均伴随着政府服务元素(尤其是提供硬软件市场环境服务)，但产业升级中后起国家的政府服务必然更为凸显。不过，这里同样存在着理性选择。笔者基于上海自 20 世纪 90 年代以来第三产业发展过程中政府服务状态，认为必须构筑包含 5 要素的完整服务体系。

1. 战略服务。产业升级战略对于发展中国家尤为迫切。[①]在形成产业升级战略过程中，第三产业比例提升必然成为发展规划的重要组成部分。以城市发展为例，现代服务业成长比例及其趋势的判断与界定、形态选择、集聚区布局等愈是在战略视野中清晰，第三产业发展就愈能进入理性的轨道。

2. 政策服务。运用政策资源促进产业升级，这是政府服务的基本方式。其中，财税政策、土地政策、户口与人才政策等已成为当前中国政府政策服务的主体部分。所得税、营业税的税前抵扣和减免、增值税转型(从生产型转向消费型试点)、出口退税等均是近年来政府调节产业结构的杠杆，特别是地方政府，其财力实际上决定着所得税、营业税变动幅度(即使要维持名义税率，“财政返还”同样能进行实质性操作)。土地政策中的用地指标、工业与商业用地属性界定以及地上建筑物结构、容积率等均已成为调节经济的稀有资源。户籍对于城市尤其是人口过密的特大城市、中心城市无疑是引导人才流动的重要抓手。愈是发达地区、城市，三大政策组合运用的效应就愈能显现。

---

① 参见王国平:《发展方式转变的理性选择:构建国家产业升级战略》,《上海行政学院学报》2009 年第 1 期。

3. 资金服务。即建立“财政专项基金”，通过财政投入直接扶持服务经济发展。设立“财政专项基金”促进产业升级，这在制造业领域早已成为惯例。如为促进科技进步，尤其是产学研一体化，设立专项基金创造“园区”环境、构建孵化项目等（对此，以色列的操作富有特色[①]）。实际上，这对于促进服务产业升级同样适应。一般而言，滥用“财政专项”固然偏离财政资金的公共属性，进而使纳税人的贡献成为平等竞争的障碍。然而，在产业升级中（发展中国家几乎没有例外），政府投资于工业化过程中的某些专项（包括竞争领域），或追求产业进步的科技含量，或体现产业关联带动的需求效应，或发挥基础工程的平衡作用，均已得到宏观调控的机制认同，那么，就不应该在服务业发展扶持中予以排斥，否则，客观上就不知不觉地陷入服务业传统观念的泥潭（服务业即落后产业，与高新技术、知识密集无缘）。

4. 制度服务。从一定意义上看，这是促进服务业发展的根本条件。较之其他产业，现代服务业更多地体为交易性、流动性和风险性。所谓国际金融和国际贸易，其内涵就意味着跨企业、跨产业、跨国界的产业流动与价值形态变化。这样，必然随着资本效率提升与风险加大而提出一系列制度设计需求。因此，至少应构建具有“三化”特征的制度体系，即多元化的产权制度、市场化的营运制度和规范化的监管制度。

5. 环境服务。这是指除以上之外极为重要的环境结构，主要由基础设施与文化建设两大要素构成。

① 参见王国平：《构筑上海城市创新体系的若干思考》，载《上海市经济学会2005年年会论文集》，上海人民出版社2006年版。

# 第五章　产业升级与产业形态

**内容提要：**产业形态是产业存在发展的外部形式，包括产业结构状态、产业链生态以及产业发展业态等等。产业中每一形态有其自身特征，在动态中调整、完善并作用于产业发展。因此，研究产业升级就必须深入探究产业形态的成长规律。从产业形态交互作用的体系功能看，主要体现为四性：整体布局的多样性、结构变动的依赖性、主体质量的基础性和持续升级的文化性。只有对产业形态进行科学选择，才能使产业升级真正进入理性、健康的轨道。

产业文明是人类文明的重要组成部分，其中，产业形态演进又是产业发展的基础。产业形态有着丰富的内涵，每一产业类型均存在特有的生成、发展规律。产业形态的丰富性，决定于多维存在的产业布局，包括产业结构状态、产业链生态、产业活动质态以及产业发展业态等等。从一定意义上看，把握产业发展特征，促进产业升级，就必须对产业形态进行深刻研究，并作出符合国情及其发展阶段的理性选择。

## 一、产业结构状态表明人类产业文明的总趋势

所谓三次产业，是指产业结构状态在宏观、整体上的表现方式，体现产业升级的基本轨迹（三次产业结构可通俗地表述为："一二三"；"二三一"；"三二一"，即依据各产业值占总值中的比重而排列其序）。

"一二三"表明在三次产业总值中，第一产业比重最高，其次为第

二产业、第三产业。这意味着农业社会转型任务未根本完成,即通过产业结构状态展示着产业发展水平乃至整个社会发展水平的总体落后。因此,“一二三”的产业结构,从现代社会的视角看,实质上是发展滞后的象征。也许由于这一时期没有太多的污染,人们过着田园式的生活,与自然界安然相处,并且病菌感染甚少,因而在一些人看来,此时的幸福指数更高,因而不赞成为落后状态。其实,这纯属具有个性的价值观使然。联合国将人类发展指数概括为三项,即人均寿命、收入水平和教育水平,极具真理性。人均寿命是最能反映生活质量的综合性指标,在人均寿命超过 70 岁甚至 80 岁的今天(目前上海市男女人均已超过 80 岁),一定认为其生活质量不及 40—50 岁时代,只能视为对现实社会某些不足进行提醒、批判的非理性判断。不过,由于产业结构演变是一个历史的过程,实事求是地对待“一二三”,既要看到作为整个国家产业状态的升级要求及其任务的艰巨性;也要看到在一国内部,作为某一区域的产业状态的客观存在(如中国目前整体上虽已跨越了农业社会,但依然存在一些落后地区至今仍处于“一二三”格局)。但无论如何,除特殊布局的需要(某些地区定位于现代农业区)改变“一二三”状态,是产业升级、人类文明水平提升的必然走势。

“二三一”是工业社会的典型表达,是人类产业走向文明必经时期,因而也可视为产业转型的过渡状态。从“二三一”的历史进程看,可区分为早期的“二三一”与现代的“二三一”两个阶段。第一阶段的主要特征是:先污染后治理,即当今的发达国家均已经历的产业状态。即使在当时,也存在三方面的贡献:一是提供第一产业所需要的机械化装备,为现代农业的诞生奠定物质基础;二是使工业尤其是制造业扩大规模,满足全社会对工业产品的广泛需求,并在技术进步的过程中使人类创造的财富以惊人的速度倍增;三是对社会的服务业提出需求和产业活动的支撑,因而客观上带动着第三产业的发展。现代社会的“二三一”正处于知识经济、高新技术产业化以及经济全球化过程之中,尽管仍难以全面克服以往工业社会的弊端,但具备了种种解决困难的条件,尤其是高新技术成果的有效利用,致使一些国家或地区纷纷展开了新时期工业化方式、途径的新探索，如中国2002年就明确提出走新型工业化道路。其内涵为：用信息化带动工业化；具有体现时代特征的综合性目标，至少包括除GDP之外的五类指标：科技含量、经济效益、资源消耗、生态环境、就业贡献；形成优化升级的高新技术产业为先导、先进制造业为支撑和促进现代服务业全面发展的产业新布局；走大中小并举的城市化道路；区域间产业结构差异性推动；紧紧依靠科教兴国和可持续发展战略等等。可以设想，中国的新型工业化道路若能取得成功，必将成为世界范围内“二三一”的新类型。

“三二一”在国家整体领域内诞生，表明后工业社会正以主导的方式展示其形态。这是人类产业结构形态进入最高阶段的总趋势，不仅意味着第三产业比重具有绝对优势（目前发达国家第三产业达80%以上），也使其内含的第一、第二产业形态与功能产生根本性变革。首先，比重较小的现代农业（一般占2%以下）呈现融为一体的双重状态：技术形态上的现代农业和社会形态上的现代农业。就技术形态的现代农业，2009年颁布的《中共中央关于推进农村改革发展若干重大问题的决定》在汲取国际经验的基础上已作了精辟概括，即：“发展现代农业，必须按照高产、优质、高效、生态、安全的要求，加快转变农业发展方式，推进农业科技进步和创新，加强农业物质技术装备，健全农业产业体系，提高土地产出率、资源利用率、劳动生产率，增强农业抗风险能力、国际竞争力、可持续发展能力”。这里实际上揭示了技术形态的现代农业精髓所包含的三个要点：体现科学技术进步的技术应用与物质技术装备（机械化、信息化、自动化）；形成规模经营和社会化服务的产业体系；具有良好效率和可持续发展的竞争能力。所谓社会形态的现代农业是指消除二元结构的现代农业。如当今发达国家，不仅农业产值低于2%，而且农业就业人口普遍低于5%。其次，“三二一”结构下的制造业具有“三化”（智能化、环保化和服务化）特征。以服务化为例，制造业中跨国企业的行为具有充分体现。公司业务重点开始向服务领域转移，如目前GE服务业收入已占总收入三分之二。其缘故是：制造业链、制造活动、制造企业过去融为一体，随着技术应用以及服务业日益专业化、社会化，制造业的“三合一”走向了相对分离。一是制造业链的实现形态发生了变化，制造活动可以移植异地、异国(通过外包)，在全球范围内进行重新布局，体现空间分割。二是从事制造业的企业行为也发生了分离，其中的一部分，甚至是主要业务走向了研发、营销，并且不局限于服务某一企业，形成既立足于制造业，又跨越制造业的“两栖”特点。三是制造活动往往与资源禀赋相联系，成为发展中国家争夺国际产业转移的重点对象，进而推动跨国制造公司行为更加服务化。最后，第三产业中为金融、贸易等产业服务业提供生产性服务的专业服务业(信息、人才、法律、财会、公共管理等服务)成为服务业走向发达的重要标志。

产业内部结构含技术结构、资金结构、劳动力结构等等(技术密集型、资金密集型、劳动密集型均为形象表达)。以制造业为例，就存在两类、四形态的结构。包括由信息技术等所代表的高新技术制造业(以下简称第一类型制造业)和用先进技术改造的传统制造业(第二类型制造业)。一般而言，先进制造业愈发达，第一类型所占比例愈高，集中型的开发区可达60％以上。但就一个国家或城市而言，以往的工业基础愈雄厚，第二类型的比重就愈高，第一类型比例提升呈现渐进性。如上海目前高新技术制造业产值仅占工业产值25.6％。①此外，上述技术、资金、劳动等结构通常通过制造业的四个形态去体现：一是轻纺制造业。主要提供日用生活消费品，包括食品业、纺织业等，劳动密集型偏重。二是重化制造业。以耐用消费品、生产资料和部分设备为产品，资金密集型偏重。三是具有高技术含量的装备制造业。这既是当前世界先进制造业水平最完整、典型的反映标志，也是各国制造业水平落差的参照系。通常我们所说的中国制造业落后，主要就体现为装备制造业落后上。如半导体设备行业，虽然已具备 6 英寸设备整线生产能力，部分设备具有 8 英寸工艺水平，但整体技术表现为产品质量不稳定、一致性差，短期内难以缩短与发达国家

---

① 《经济循环融入世界，城市家底连攀台阶》，《解放日报》2008 年 12 月 13 日。

的距离。四是后工业社会智能化制造业。目前其整体形态主要存在于少数发达国家,所产生的产值在本国总值比例中往往低于20%,但在全球制造业中又占有较大比重,并处于引领地位。

## 二、 产业链生态展现全球差异

在世界垂直化产业分工中,从研发、设计到贴牌加工,形成了遍布全球的产业链。这条链将发达国家和发展中国家紧紧地捆绑在一起,构成了产业生成、发展的协作画面,其间的差异主要在于发达国家的跨国公司一般居产业研发、设计、销售的高端,而发展中国家的企业更多地从事加工活动,相继诞生了著名的“中国制造”、“印度制造”、“越南制造”等等。

因此,上述产业链生态对于加工国预示着一方面在继续接受国际产业转移的同时,必须竭尽全力提升产业层次,在产业链上不断上移。“××制造”作为双刃剑,成为经济发展的必经阶段,这是无可争议的。问题在于作为发展阶段必须包含着发展中的产业提升,因而从发展趋势看,两种结果均有可能:一是始终处于加工国状态,随着加工优势逐渐丧失(如劳动力成本上升,资源耗竭等),已有的国际地位也不复存在。更为严重的是,国民经济发展的基本领域均为国际资本所控制,整个经济运行随着国际风险的加大而显得十分脆弱。二是“现代”的起点,即成为在产业向现代提升的过程中的一个台阶,并且最终走出这一台阶跨入中等发达,乃至发达国家的行列。其实,这种“跨越”的历史文明现象已经出现。日本、韩国、新加坡等“二战”以后崛起的新兴国家就是极好的佐证。实际上,从世界范围看,加工产业成为“现代”的起点早已成为一种重要的发展战略和路径选择,这也是世界整体摆脱贫困、走上富裕、文明的新特征。“中国制造”只有作这样的规划,并努力取得成功才真正使其成为最具有价值、对中华民族作出贡献的历史性的产业阶段。①

---

① 参见王国平:《“Made in China”的发展观思考》,《世界经济研究》2007年6月。

## 三、 作为产业活动载体的业态

业态实质为产业活动的整体表现形式，与产品和服务的某一品种既有区别又有联系，产品和服务的某一品种只有在全行业整体展现开来并产生持续稳定的影响才能成为业态的认定。

在产业演进史中，究竟是产业发展促进了业态变化，还是业态变革带动着产业发展实际上很难明晰判断，其中的“你中有我，我中有你”就是人们常说的互动关系。如日用百货销售形态，改革开放前，中国基本采用的是柜台交易(消费者面对隔柜而立的营业员，指点架上百货只能远距离“选菜”，由于常常遭冷遇，改进服务态度成了长时期艰难课题，并且百货行业涌现出很多全国劳动模范)。当我们出国时目视发达国家消费者可以在宽大商场进行自选并配置休闲、餐饮、娱乐等设施，深为世界上竟然有如此方便、人性化的交易方式而惊讶，甚至震撼！此后，伴随该类商业大量引进，如今的销售业态以“超市”、“广场”等令人目眩的格局广泛出现，因而可以表述为：对外开放促进了商业发展，带来了商业形式的千姿百态。然而，当一种新业态的创造使原有产业焕然一新并以倍增速度扩张时，就充分释放出业态推动产业发展的巨大能量！

现代农业业态中“大棚农业”的诞生避免了非适宜气候或恶劣自然环境的侵害，使农产品可在反季节过程中持续增长，以满足消费者不受时间、地域限制的广泛需求。今日农业的产品丰富、抵抗自然灾害的能力增强、适应市场竞争并参与国际贸易水平的提升均得益于“大棚农业”的特有贡献。同时，“公司加农户”一条龙式的农业生产经营业态，不仅促进了农业规模经济的发展，也使产销更紧密地衔接，形成以销促产的发展态势。

近代工业的飞速发展，“流水线”生产业态以及适时生产的“零库存”、“零时间”等运行业态的出现同样功不可没。以汽车生产经营为例，虽然1886年1月29日被认为是世界汽车诞生日(卡尔·本茨制造的世界第一部三轮汽车向德国皇家专利局申报专利获得批准)，但随后的 1894 年第一款奔驰“维络”在 7 年中仅生产 1 200 辆，以至于多数人认为亨利·福特才真正是世界汽车之父，其根源就在于福特汽车公司发明的 T 型车依托大规模“流水线”作业仅第 1 年的产量就达到 10 660 辆，打破了汽车业有史以来的所有纪录，并由于成本下降使汽车在人类历史上真正走进了普通人的家庭。所谓从“零库存”到“零时间”，这是日本丰田公司发明的汽车产业从制造到销售的充分竞争业态。依据顾客需要确定产量，即先订单后产量已经使库存趋于零状态，这从成本下降的角度看，空间似乎已十分有限，但“零时间”提速既能再降成本，又能获得加速流程，抢占商机以及创新之效。对此，丰田生产方式创始人大野耐一认为：“我们所做的，其实就是注意从接到订单到向顾客收账这期间的作业时间，由此剔除不能创造价值的浪费。”①可见，“零时间”即非创造价值的时间。很显然，正是由于“流水线”、“零库存”、“零时间”等生产经营业态的创造，才有当今全球日新月异的汽车时代。需要说明的是，直接采用高新技术的先进制造业发展同样也离不开业态的变革。最为典型的是，列为高新技术之首的信息制造业，因互联网业态的出现，才将其推至全球第一产业平台，为此人类才有信息时代之称。

业态辐射直接、广泛更多体现在服务业尤其是现代服务业之中。即使不论如前所述的商业业态的持续创新及其全球性影响，仅就现代物流、现代金融业态的演变而言，所带来的产业冲击力更是令人震撼。集中型的全国乃至全球配送业态使商业连锁成为现实。集装箱运输业态成为传统水运向现代航运根本转型的重要标志，而伴随着集装箱的全球航运，航运金融、航运保险、航运船舶交易等与航运相联的现代服务要素相继注入，反过来又使现代航运业态不断丰富，并愈来愈具有专业化、现代化特征，强有力地推动着现代物流业发展。同样，现代虚拟经济的发达与金融业态的创新具有不解之缘。此次金融危机固然暴露出在虚拟与实体过于失衡（杠杆比例过高）并监管不力的状态下所产生的对产业冲击的负面效应，但不能以此为由，根

① 韩晋：《名车的历史》，哈尔滨出版社 2007 年版，第 155 页。

本否定金融业态创新的历史性贡献，尤其是类似于金融业态单一的中国，更不能“吃错药”，在丰富金融业态上畏缩不前。以上海建立国际金融中心为例，拓展金融业态是当前的主要任务。从实施战略看，引进与创新须齐头并进。在监管同步的前提下，诸如优质资产证券化、规模化的企业债券发行与交易、各类金融期货交易均属于引进业态及其适应性再造。所谓金融业态创新并非一定是全球规范性原始创新，也应包括在特定国情制约下的一些适应性、创造性的新业态诞生。如金融控股公司的“混业”经营、银行信贷市场、人民币外贸结算及境外交易等等。

当金融“混业”业态受种种条件制约而无法形成时，通过建立由金融控股的企业进行跨业运作，可在很大程度上弥补分割金融的不足，这时就呈现出一种过渡型以企业壳形式展开可控的金融“混业”经营的新业态。与此同时，银行信贷市场若能构建，也意味着一种过渡型并富有创造性的信贷新业态的来临。众所周知，间接融资依然是中国金融结构的主体并且还将持续很长时间。面对广大中小企业的融资需求，银行和各地政府尽管也在努力进行“解放思想”、“开拓创新”，但金融风险防范的底线要求与小企业诚信度低的矛盾始终困惑着相应的管理者。若允许授信较高的企业将其贷款按照标准合约的方式进行交易，即形成信贷交易市场业态，上述难题就会迎刃而解。此外，人民币外贸结算客观上已推动着一些周边国家金融机构以外币抵押贷款的方式取得人民币，并通过与本国企业融资使人民币实际上已在这些国家流通起来，推动着双边贸易的发展，因而出现了目前还不能自由汇兑的人民币可在局部国家有序自由流动的新金融业态。

## 四、 优化产业整体形态，促进产业升级

上述产业形态的三大类型或俗称“三态”，使人类产业形态展示出丰富多彩的画卷。其实，这里同样存在如何整体优化，促进产业升级的问题。尽管每一形态发展均有其内在规律，各形态完善并不存

在同一模式,如结构状态中的三次产业,属性各异,业态无法雷同。然而,若对“三态”作整体观察,形态优化至少要体现以下四性:

一是整体布局的多样性。作为一个大国,尤其是类似于中国存在发展极其不平衡性的内陆大国,“三态”的同时并存是必不可少的。即使就产业链生态而言,在研发、营销上的高端提升固然是产业升级的当务之急,但不等于完全放弃制造加工业。从一定意义上看,提高加工链中的技术含量也应视为当前发展中国制造业不可或缺的组成部分,这不仅关系到中国人力资源相对优势的发挥,而且关系到就业等一系列社会问题。此次金融危机对英国的打击,使人产生一个重要启迪:即使是发达国家也不能轻言放弃任何一个产业。英国曾经是世界上最大的制造国,但今日制造产业绝大部分已转移到其他发展中国家。金融危机以来,英国经济表现出极其脆弱性,在其产业结构中人们能观察到的主要是金融、教育等服务业和少量的技术产业,而这样的服务是需要全球性顾客支撑的。可以说,高度依存于海外的英国产业,目前已显现出依赖性经济体的特质。相反,即使是西方国家如德国、意大利和法国等,由于具有良好制造业基础,一定程度上相对减轻了负面影响。

二是结构变动的依赖性。由于产业升级是系统工程,产业结构的任何变动所受到的制约也同样具有系统性,这种系统依赖至少包括:时间依赖;区域依赖;技术依赖;管理依赖。时间依赖实质上是阶段性依赖。改革开放后,人们的国情意识不断增强,但需要进一步强化的是,国情中的阶段性选择。离开了阶段性判断和与之相适应的决策选择,就会陷入国情空泛。如中国三次产业结构状态在较长时期离不开工业化阶段制约,结构升级只能在此空间中变动,一些学者对第三产业比例较低的严厉批判,虽然包含某种警示性的合理因素,但实质上离开了阶段理性。区域依赖影响和决定着产业形态中“三态”的任何一态。这不仅由于全部资源尤其是人力资源禀赋差异,而且包含制度乃至文化差异,因而整体性模仿、照搬必然走向失败。未来中国东中西部经济整体持续发展,其生命力就在于展示各自特色产业。技术与管理依赖也是根本性依赖。核心和关键技术买不来已成为当下人们的普遍共识，故自主创新是唯一出路，而这必然经历独辟蹊径的长周期。管理不仅是知识与技巧问题，其背后实际上是人才、制度和文化。管理体系、格局的基本变动同样是一个历史过程。总之，依赖性产生过程理念，它不抵制创造的激情，而是提示人们尽可能避免急于求成的非理性。

三是主体质量的基础性。产业升级的基础在于产业活动质态改善，归根到底是企业素质的提升。因此，培育企业的创新行为应成为政府对产业升级扶持的重点。百年未遇的金融海啸，从思想积累的层面看，也是一笔财富，很多长期困惑人们的问题如阴霾散尽，不言而喻地有了答案。如就现代市场经济中资源配置方式而言，单纯的市场配置或单纯的政府配置都意味着走上了死路。企业只依赖市场而不依赖政府不仅在发展中国家难以成为现实，即使是发达国家也无法例外。然而，真理迈出半步就会变成谬误。政府扶持企业就是救企业（言曰：保企业就是保民生），并且不作选择地全面救，这种判断及其操作思路即使视为经济危机时期的特殊做法，也会产生负面效应，因为错过市场机制帮助淘汰落后的机遇，导致救企业等于救落后。如果跳出特定阶段的特殊思维，持续、稳定地扶持企业的创新行为才是科学选择。目前企业以及社会建设的各方面要求政府给予扶持的呼声愈来愈高，并且政府拥有的资源又极其有限，因而政府扶持资源也存在一个如何科学配置问题。从经济系统运行中的政府扶持看，可以依据资源投入方式的差异分为两大类，一类是政策资源，另一类是资金资源。对于政策资源（包括财税、土地、户籍等）虽然可以相对在促进经济发展的广泛意义上使用，但扶持的重中之重应是企业的创新行为。对于资金资源，虽不能完全排除竞争领域中的必要投入，但应避免“天女散花”（这是目前地方政府，尤其是发达地区普遍存在的现象。须知，它毕竟是通过财政支出消耗来自于纳税人的稀缺资源），可明确限定于扶持企业创新行为。即建立“财政专项基金”，通过财政投入直接扶持企业及其相关联的重大创新活动。

四是持续升级的文化性。产业形态升级是否需要特定的文化生态？这往往是经济学人忽略的。其实，人类活动的背后无一例外地受文化根基支撑，经济活动无法另类。现在中国经济发展中的很多问题难以作深入研究或实践活动见效甚微，障碍之一就是研究视野局限于经济领域，脱离于文化环境。支撑产业形态升级的文化生态至少涉及民族精神、知识产权观念、品牌意识等。如果对持续升级的文化性作总体判断，那么，民族精神和品牌意识更具有先导意义，而知识产权观念则是基础性、持久的文化配套元素。在产业形态升级这一关乎中华民族前途和命运的重大历史课题面前，唤起民族精神是一种最具可行性的发展战略（尽管同样存在某些人文艰难），而这一战略实施的集中体现就是在整个国家范围内形成全民族的自主品牌意识及其人人支持与奉献的精神状态。

# 第六章　产业在升级中的现代—虚拟—融合趋势

**内容提要**：产业运行有其自身特征，把握产业升级态势，遵循产业活动内在规律，制定相应的扶持政策，这是促进经济发展的必要前提。从世界范围看，产业升级趋势可概括为：现代、虚拟、融合。如果说“现代”表明技术的开发与应用，“虚拟”展示核心竞争力，“融合”体现产业的渗透力，那么，把握现代产业升级的走势，其精髓就在于：发展高新技术、促进自主创新、扶持产业集成。

从本源上看，产业乃人类之创造，掌握其变动、升级规律、把握其发展趋势并加以有效利用，人们该有所为。然而，人类整体一般无法操作，其产业活动总是通过国家、群体和个人去实现的，因而就出现个人甚至群体难以驾驭的态势。但无论如何，研究产业发展趋势既是政府发挥合理的产业调控功能之必需，也是企业经营及个人择业顺应之势的要求。现代—虚拟—融合是当今产业变动的基本走势。

## 一、产业现代化

产业现代化是历史的范畴。当人类处于农业社会时，农业的文明和手工业的发展就是当时产业现代化的体现。四大文明古国的诞生实际上是当时处于现代化前沿国家的象征。今天，人们来到不同国度的历史博物馆，既可看成是接受人类古文明的教育，也可视为现代化历史的教育。以工业为例，其现代化演变历史可概括为四个阶段：第一为分散的手工业阶段。尽管这一时期多数集中于城市，但从生产经营的组织状况看，均以个体形式出现，所依赖的只是行会（行会的主要职能是，限制内外竞争，以求其成员经营稳定，为此制订各种规章，形成严密的检查、奖惩制度）。每个手工业者生产商品的数量受到严格的限制，规模十分狭小、品种单一（主要是纺织、陶瓷和冶铁等）。内部成员结构只是：行东（匠师）、帮工和学徒，不存在雇佣关系。中国的工业落后并不出现在早期手工业阶段，相反，恰恰是这种原始工业的辉煌，带来了骄奢、自负，闭关自守，乃至今日还未扭转根本落后的局面。第二为工场手工业阶段。从第一阶段进入第二阶段，劳动方式、生产规模和成员的身份结构都发生了显著变化。就劳动方式而言，区别于第一阶段的简单协作，这一时期，强调明确分工。一种方式是把不同工种或行业的独立手工业者联合在一个工场里，共同制造某种产品；另一种方式是，把从事同类或同一行业的并能独立制造某种产品的手工业者组织在一个工场里，将总产品分解为互相衔接的工序，使个体固定在工序上，共同完成一种产品。无论采用哪种联合的方式，都明显推进了分工的细化、生产规模的扩大和促进技术的应用。资本与雇佣关系的随之诞生也来源于两种途径：一是来自行会内部的分化，行东成为资本家，帮工与学徒成为雇佣工人；二是商人资本侵入手工业，一些商人、包卖主转化为手工场主。第三为机器大工业阶段。工场手工业长期发展，使分工日益发达，劳动工具不断改进和专门化，并培养了一批有熟练技巧的工人，这就为向大机器生产过渡准备了物质技术条件。最早进入机器生产并实施工厂制度的是英国。18 世纪 60 年代英国首先开始了工业革命。到 19 世纪 30 年代末、40 年代初，英国的基本工业部门中以机器为主体的工厂制度占据了显著的优势，工业革命基本完成，历时近 80 年；美国和法国在 19 世纪初叶，德国在 19 世纪 30 年代以后，也都先后进入了工业革命时期，美国、法国、德国分别在 50 年代末、60 年代、70 年代先后基本完成了工业革命。各国以机器生产为标志的工业革命大体上都从纺织工业开始，进而发展到轻工业，最后发展到重工业。第四为信息化、智能工业阶段。20 世纪 40 年代后，随着信息技术逐渐融入机器工业，设备自动化、产品智能化、工厂轻型化、管理网络化成为现代工业新特征、新趋势。“无人工厂”、“无人车间”成为现代工业的重要标志。

产业现代化演进的根本原因在于科技的推动，科技的特征实质上往往成为产业现代化的根本标志。产业现代化进程，固然包含诸多经济社会综合因素，但直接的推动力是一次又一次的科技革新和进步，最为突出的是众所周知的三次技术革命。

产业现代化和新兴产业是具有内在联系的两个不同范畴。任何新兴产业均依托于产业现代化，然而，新兴产业并不包括传统产业的现代形式。产业现代化，既凸显在新技术基础上诞生的新兴产业，也涵盖采用先进技术改造和武装的现存产业。因此，产业现代化的过程，实质上是伴随技术创新、应用的产业变革过程。由于任何产业均涉及产品、设备（工具）、生产方式和劳动方式等系统运行，因而产业现代化也是产业内在诸要素或主要要素显著变动，进而导致整个系统显著变动的过程。以纺织产业为例，最早是手工纺织，其产品是纱和布；劳动工具是手摇纺纱机和脚踩织布机；劳动方式是个体化或简单协作；经营规模小，劳动效率低。这种产业形态持续了数千年，直到 18 世纪 30 年代，机械纺织机最终诞生。特别是 1733 年英国的纺织工人约翰·凯伊发明了"飞梭"，使织布机效率成倍上升。瓦特蒸汽机发明并应用后，彻底解决了动力问题，于是，人类纺织产业真正进入机器生产阶段：产品高质量、高效率并大规模被生产；工厂作业成为基本的生产和劳动方式。可见，从狭义的视角看，引起产业现代化的变动要素主要有两类，即产品和生产工具（生产方式和劳动方式随之而变化）。传统农业现代化的核心是农业机械化，而农业机械化并不直接改变农业产品。然而，新兴产业往往是以新兴产品为标志的，如计算机、彩电等，即使是新兴农业，也是以农业产品新品种、新变种（转基因）而展现的。从广义上看，或从全社会的角度看，产业现代化集中体现在产品现代化上，因为生产工具也是产品，而且中间产品的变动终究还是传导在最终产品上，包括品种、数量和质量。总之，归结起来，产业现代化就是新技术在产品上的应用。

因此，对于当今社会产业现代化及其发展趋势的判断，必须基于高新技术应用和产品质态上，前者是标志，后者是结果，二者统一于产业体系之中，展示产业现代化的成效。适应产业现代化，走进现代产业，才有先进生产力。

## 二、虚拟经营

伴随产业现代化进程，经营方式现代化愈来愈引人注目。中国文化中“四两拨千斤”理念，在虚拟经营中展示得淋漓尽致。这里的“虚拟”是相对于经营者拥有的实际资源而言的，即以有限的资源创造出无限的经营规模。通俗地说，这是一种“外包”的经营方式，即生产外包、销售外包。

虚拟经营之所以方兴未艾，首先是其植根于生产经营社会化发展过程。社会化生产经营发展趋势表明：在分工发达的基础上走向融合。分工愈来愈细化、专业化固然是社会化生产经营的内在规律，因而人们有理由认为，社会化生产经营是科学、严密、精细的生产经营过程。但不可否认的事实是，分工愈细，愈是提出相互依存、支撑、甚至融合的需求。于是，出现了集成技术、集成效益的“人类新发明”。“靠集成赚钱”恰恰是虚拟经营的根本性追求。集成的基础是分工。虚拟经营者既注重自己的优势，发挥自身的核心竞争力，又尊重他人的优势。“外包”正是承认分工，又享受分工的经营行为。但同时应该看到，“外包”只是手段，并非目的，目的则是追求集成效益，即资源整合的放大效益。所以一些专家形象生动地说：波音集成了飞机，风神集成了汽车，凯迪集成了环保工程。可见，在“外包”基础上“集成”的虚拟经营方式顺应了生产经营社会化发展的趋势，具有难以估量的生命力。其次，虚拟经营也可视为当代高新技术发展及其经济全球化的产物。虚拟经营方法并非当今才有，列宁论及的托拉斯、康采恩多少都采用了类似的做法，但作为一种较为普遍的经营态势，尤其是在全球范围内辐射并正在作为高层次运作资源的路径则是前所未有的。这其中的重要背景就是信息技术＋经济全球化，前者构筑了经营网络，创造了虚拟管理的条件，使经营大大突破了时空的限制，后者则冲破了国界、制度及文化的制约。最后，虚拟经营与现代企业规模结构的演变轨迹也高度吻合。从现代企业规模结构变动趋势看，正朝着两极方向发展：一是愈来愈大，即自然人企业—法人企业—集团企业—跨国企业；二是愈来愈小，即小而专、小而特、小而灵、小而活。这种现代式大小结合的规模结构为虚拟经营提供极为有利的组织载体。大企业愈来愈成为虚拟经营的核心企业，小企业在虚拟市场中竞争、获益，充满生机和活力。

从虚拟经营特质看，至少具有以下 7 个特征：

第一，能力分工。传统经营由于更多地依赖对实物资源的支配，其分工更多地体现为专业分工，缺少通用性和弹性。如产品专业化、设备专业化、工艺专业化、人员专业化，因而调整经营方向十分困难，这表明实物、专业性分工对生产经营的刚性制约。虚拟经营并非完全离开实物资源配置（其核心经营部分依托有形生产要素），但由于与经营规模相联系的绝大部分生产要素处于体外循环，经营者掌控的是无形资产，是管理能力的输出。这充分体现传统专业分工向现代能力分工的根本性转变。

第二，合作竞争。毫不夸张地说，虚拟经营开辟了现代文明竞争的新境界。传统的竞争往往是抗争性的你死我活，甚至是两败俱伤的争夺。虚拟经营中的竞争可视为资源节约型的有效竞争，即合作竞争，其结果是互赢和多赢。这里的关键是使竞争领域“错位”，避免针锋相对。虚拟经营者选择了自身最具优势的经营领域，展示核心能力，而将本来处于争抢状态的其他领域让位于战略联盟者、合作者。这些联盟者、合作者都成了分工体系中的一员，其竞争实质上是自身盈利能力的竞争，是促进集团企业蓬勃发展的竞争，是贡献于社会，有益于社会的竞争。因此，这种合作竞争由于避免了传统竞争所带来的资源浪费，并且将过去的竞争者变成自我生存、发展，相互依赖的生物链，理应界定为资源节约型的有效竞争，是新型企业展开的现代文明竞争。

第三，联盟规模。虚拟经营的存在就是维系于战略联盟。前面已经谈及，所谓“虚拟”，就是经营者所实现的经营规模远远越过自身拥有生产要素的制约，显得令人难以置信。十几个员工竟然在全球接订单，在全球范围内组织生产经营活动。然而，从背后的战略联盟的角度去观察，规模的存在还是依赖于现实生产要素的贡献，只不过对于虚拟经营者而言，其智慧体现在运用有限的实物资源去调动数倍于自身的生产要素，运用无形资产调动具有极大潜力的有形资产，因而这种规模其实不是虚的，而是实实在在的要素发挥，是战略联盟者共同支撑的规模结构和范式。善于组织战略联盟者，放大经营规模，这是虚拟经营者魅力所在。

第四，让利获益。虚拟经营也是一种新型的利润文化，强调在让利中获益，将获益的程度构筑在让利于他人的基础之上。和以往的竞争利润观相比，其鲜明特点体现在：一是视互利为合作的目的，而不是损人利己；二是对于合作者获利并不“眼红”，而是注重自己的获益程度；三是将让利与自身发展视为同一命运体，甚至强调，发展就意味着让利，让利是发展的实现形式。

第五，网络市场。虚拟经营用企业间合作行为替代了自发的市场交易，因而也可视为有利于降低交易费用的一种经营方式。然而，虚拟经营中的企业合作又区别于企业集团内的关联经营，更不同于一般的电子商务，而是市场中的一种特殊形式，即有序的网络市场。这种网络市场实际上是虚拟经营赖以存在的新型市场形态。网络市场固然不能脱离现实市场，但其联结方式、交易过程、价格形成机制以及调控手段都有其特殊性，根本属性在于受虚拟经营者控制。如果说，今后的市场将是物理市场与网络市场并存，并且相互影响、制约，那么，要发挥政府调控市场的功能，就必须高度关注依托虚拟经营的网络市场。

第六，弹性组织。这是与管理的重点领域变化相联系的。由于在虚拟经营过程中，传统的专业性管理大部分转移于他人，作为核心经营部分的管理更有条件做到扁平、精干。这样，决策层可以将主要管理资源用于战略性、动态性管理模式选择上。因此，其管理组织自然具有动态、可塑的特性，即具有随机调整的空间。这种动态的弹性组织结构有其自身的规律：首先，组织的复合性。非专业性组织是虚拟经营的伴生物。着眼于综合性调控、战略性运筹、无边界配置资源是该组织的应有特点，因而所吸纳的人才也具有复合性，即具有创意的复合人才。所谓专业人才，是受该组织支配并充分利用市场机制运作的要素。其次，机构的变动性。随虚拟经营需要及时调整组织结构，这是弹性复合组织的内在属性，它要求全部组织内成员具有鲜明的变动和竞争意识，并具备知识重组、能力重塑的素质。最后，功能的高效性。以尽可能少的人员队伍，组织尽可能多的要素资源，放大经营规模，这是该组织的特有功能。

第七，虚拟管理。虚拟经营作为现代经营的新形态，其总体管理模式理应体现为新阶段的新特征。笔者以为，从近代企业管理的变迁史看，虚拟管理已经成为区别于科学管理、行为管理的新管理形态。科学管理和行为管理都是在企业自身展开的。虚拟管理阶段意味着管理的战略转移，即将管理的重点从内部转到外部。由于外部资源运行均以企业形态出现，从这个意义上看，虚拟管理实质上是对企业之间的系统管理，并且侧重于质量标准管理、品牌管理等。虚拟管理的结构包括：科学选择战略联盟者、优化标准考核体系、形成安全监控管理网络等等。总之，科学管理—行为管理—虚拟管理构筑了理性、开放的管理体系，展示了企业管理走向现代的文明进程。

可见，作为现代产业经营方式，虚拟经营具有广泛的辐射力和渗透力。企业既可以作为虚拟主体，也可以作为虚拟受体，甚至相互交错，并且同一企业兼有双重身份，其经营活动既有向他人虚拟的部分，也有接受他人虚拟的部分。因此，就企业而言，虚拟经营既是外在资源的组合方式，也是争取市场的机会，利用虚拟经营和享用虚拟经营同等重要。从发展趋势看，扩大虚拟产业，关键在于创造作为虚拟主体的条件：其一，掌握品牌和核心资源，具有核心竞争力。其二，具备充分信息化基础。其三，拥有虚拟管理能力。其四，形成让利经营的企业文化。

## 三、融合发展

如果说，以分工深化为基础的社会化生产发展促进了虚拟经营，那么，伴随着虚拟经营规模的扩大，产业融合又必将成为现代产业发展的新特征。分工、协作、虚拟使得企业内产业边界愈来愈模糊，不仅通过“外包”引入更具专业的他产业，而且通过发达分工、协作体系的运作，作为不同产业的载体在时空上更加相互依赖、支撑甚至走向一体化。

现代产业融合目前至少出现三种类型，即时空融合、企业内融合和一体化融合。

1. 时空融合。产业时空融合的典型状态或实现形式就是产业链和产业集群。

产业的上、中、下游以及配套服务的各环节客观上构成了一条产业链。然而，在市场体系和社会化分工合作体系落后的情形下，这只是散落于不同领域、不同空间的无形链，任何产品从设计到进入最终消费总是经历漫长的、盲目的组合过程，大大降低了产业内在的交融度。在产业链由隐性向显性转变并加以整合、凝聚的过程中，体现现代化发展要求的三种组织发挥了重要作用。一是中介服务机构。不仅运用信息传媒、传递，透明产业联系，具有发现功能，而且，通过参与运作，简便环节，提高运作效率。从这个角度看，培育中介服务机构，实质上就是培育产业链。一个国家或地区，中介服务机构发达，就意味着形成高效率的产业链，因而成为产业融合、发达的标志。二是企业。企业即使从事同一产业的生产经营活动，通过经营规模的合理放大，并且主动按产业链运行要求（如上游、中游、下游）进行整合，就可在一定范围内，变外在无形的市场产业链为企业内透明、可调控的产业链。这样，不仅起到提高产业链效率的作用，而且对于扩大规模具有降低风险和导航的功能。三是政府。政府发挥产业政策的调控作用，尤其是通过创造良好的投资环境招商引资，这是发展中国家的普遍做法。按产业链发展需要制定鼓励政策，提供服务，这是使招商引资取得实效，尽可能避免负效应的理性选择。

产业集群是更为典型的时空融合模式。产业集群的主要特征是产业的空间集聚。这不仅表明处于产业链中的企业高度集中，而且昭示不同产业中的企业通过空间的集聚相互交融、渗透，以致孕育出新的产业形态。产业集群的实现与城市发展具有密切的联系，一般而言，产业集聚的过程亦即城市发展的过程，城市从单体向城市群发展的轨迹也就是产业链向产业集群转变的轨迹。因此，世界上任何产业集群成熟、发达的地区或国家也就是城市群典型的区域，并在国家经济中居举足轻重的地位。

2. 企业内融合。如果说虚拟经营通过"外包"使生产经营活动内聚于核心竞争力，那么，多元经营则是依托核心竞争力将不同产业活动融合于企业内。后一条道路虽然充满着极大风险（在多元经营中走向没落的企业比比皆是，韩国大宇集团就是典型一例），而且要求的条件近乎苛刻（多元支撑于多重核心竞争力），但不乏优秀企业成就斐然。例如，美国通用电气公司，通过旗下 GE Capital 这一世界上最大的财务公司发展金融业，使服务业收入占公司总收入三分之二以上；中国联想集团的"技工贸"发展模式实际上就是 IT 制造业与服务业之间的融合发展。

3. 一体化融合。无论是时空融合，还是企业内融合，就产业活动自身而言，还是相对独立的，反映的是不同产业之间的关系。而一体化融合则意味着产业边界模糊，甚至消失，或者说是在前两种融合基础上派生出新产业形态，即新的混合型产业。如设计、制造建筑模型的公司，其产业活动总体上处于服务性领域，所提供的产品既服务于设计部门工作的延伸，使设计图纸模型化，以便设计机构不断完善总体构思，又为应用部门（业主）服务，使之了解从图纸转化为现实的状态，以便作出基本判断或有益于调整、改进。然而，生产模型的行为又是制造业的活动，其产品功能实际上是使制造业本身走向了服务领域。再如，众多信息产品，很难统计为是制造业产值，还是服务业产值。从硬件角度看，可视为制造业产值，从软件角度看，又体现为服务性成果，看来，随着产业的融合发展，这种混合型产品、产值所占比重会愈来愈高。

产业融合发展至少赋予人们两方面启迪：第一，由独立发展走向相互依赖、交融甚至一体化已成为现代产业发展的必然趋势。产业间的关联性和对效益最大化的追求，是产业融合发展的内在动力，而技术创新与应用则是当今产业融合发展的催化剂。追求产业活动效益的组织或自然人，更注重于产业融合效益，即生产型借助服务型放大效益，服务型又内含生产型稳定、提升价值。即使是追求虚拟经营，也敞开非核心竞争力的产业空间，让他组织、他企业融入母体，使主业效益倍增。第二，政府的产业政策必须有利于促进产业融合发展。应该看到，产业融合直接促进了产业创新。在产业融合基础上形成的新产业、新产品，成为经济发展的新增长点，加快了产业结构升级的步伐。政府若要为产业融合发展作出贡献，关键在于：培育产业链、促进产业集群、扶持一体化。如在招商引资过程中，以融合发展为导向，甚至作为设立开发区的基本依据，即进入开发区企业必须有利于形成产业链，有利于相近产业的集群。有条件的地区还可以考虑设立新型一体化的产业"特区"。上海市北工业区正在探索形成促进混合型产业发展的"2.5 产业区"。这表明实践已推动政府作超前研究，形成超前的扶持产业发展之策。

总之，如果说"现代"追求技术的开发与应用，"虚拟"追求核心竞争力，"融合"追求产业的渗透力，那么，把握现代产业发展的走势，其精髓就在于：发展高新技术、促进自主创新、扶持产业集成。

# 第七章　产业升级与现代产业体系的构建

**内容提要：**转变发展方式是中国“十二五”发展的主线，问题的关键是转变的有效推进，这其中就涉及产业体系的构建和完善。立足于国情，对产业体系内在结构和运行规律作深层次整体探索并提出发展、完善的建议是该章的特色所在。本章还就产业结构体系、产业组织体系和产业业态体系的关联、互动过程作了尝试性研究，认为将三大体系视为“三位一体”，作为产业政策制定的依据，必将有利于发展方式的实质性转变。

现代产业体系是涉及产业发展进而制约整体生产力发展的重大课题。就内涵而言，现代产业体系至少包括三大体系：现代产业结构体系、现代产业组织体系和现代产业业态体系。结构、组织、业态相互制约、相互推动，共同形成产业发展的轨迹。因此，研究经济增长与发展，尤其是中国如何转变发展方式，就必须对现代产业体系作深入探讨，在遵循内在规律的基础上真正构筑科学的产业发展战略。

## 一、 现代产业体系发展的内在逻辑

在经济思想发展史上，对于产业体系中三个组成部分，即结构、组织、业态的任一方面均有全面而精深的研究，并形成不同的经济学流派及其代表人物，但对于三者之间的关联度、影响度涉及甚少，这既是经济学的新课题、新领域，也是政府产业政策调整、完善的新空间。

构筑于各自完整体系基础之上的结构、组织、业态的内在联系至少可表述为:依存—互动—优化。

依存表现为互为载体或实现形态。首先,任何产业结构状态总是通过产业组织尤其是企业组织结构去实现的。从一定意义上看,产业结构实质上是产业主体即企业间的结构分布。与此同时,产业结构又是通过产业业态去承载。既不存在无业态的产业组织,也不存在无业态的产业结构。其次,从产业组织的视角观察,产业结构始终展示着产业组织,即各类产业组织都是有结构的,是产业结构变动中的组织,企业结构始终是产业组织的核心问题。并且,业态的变化一般为产业组织发展提供重要基础和有效途径。如集装箱运输业态成为传统水运向现代航运根本转型的重要标志,而伴随着集装箱的全球航运,航运金融、航运保险、航运船舶交易等与航运相联的现代服务组织要素相继注入,反过来又使现代航运业态不断丰富,并愈来愈具有专业化、现代化特征,强有力地推动着现代物流企业发展。最后,从业态的依存性作判断,一切业态均是处于产业结构中的产业组织发展手段和方式。以第三产业发展为例,任何高层次业态的诞生既不能脱离第三产业本身的发展规模扩大和层次提升,也必然借助于产业组织发展的成熟和能级的增强。

互动意味着在产业体系整体变动中,要么通过联动,即相互促进形成产业体系新格局,要么由某一因素牵动着整体变化,有时,甚至分不清孰先孰后,谁带动谁。仍以业态与产业结构、组织变动为例,人们常常难以判断是业态变化带动产业发展,还是产业发展促进了业态变化。很显然,当一种新业态的创造使原有产业焕然一新并以倍增速度扩张时,就充分释放出业态推动产业发展的巨大能量。

优化是产业体系内依存、互动的最佳结果。也正是由这些无数次的最佳结果才形成了人类产业持续发展的轨迹。其实,反向运动即相互毁损状态也时常发生,只不过未能从总体趋势上阻挡发展的进程。最为典型的是周期性的经济危机。历史上多数经济危机都发生着从产业运行状态的崩溃到微观企业破产、倒闭的情景。但仔细探究,产业链的中断往往又是由微观组织失常或业态变异引起的。此次金融危机,其引发的“基因”就是金融业态中的“次贷”。然而,正常发展时期，人们看到更多的则是精彩的良性优化互动。香港观塘地区的 Apm 商业业态诞生及其区域优化功能，更是提供了极其鲜活的案例诠释。

香港观塘地区原是集中的老工业区，从外形上看，新旧工厂夹杂、密集，与上海杨浦工业区、金桥出口加工区类似。香港鸿基产业集团正是在此创造了新型商业业态 Apm，不仅使该区域商业迅速崛起，而且根本性改变了区域性产业结构，甚至在全球领域展示着新业态的产业影响力和带动力。Apm 是由多业态组合、创造而成的，集购物、餐饮、娱乐为一体并周期性赋予活动主题，同时致力于引领新潮的深夜商业业态。据专家的观察、测算，目前每平方米的人流量及效益超越于上海繁华商业区任一区域。从 Apm 诞生的历程看，它经历了渐进的商业业态乃至产业组织、产业结构的创造过程：起步于在旧厂房区建立高档写字楼，将其他区域白领人群吸引至此（凭借价格优势，使外区域商务主体落户写字楼），积累后续商务需求群体——配置于必要的商业设施并适量服务于深夜——随着写字楼规模增大、消费群体增多，将大型娱乐设施置入，集购物、餐饮、娱乐为一体的雏形呈现——将建筑设施与主要交通工具地铁连接，使外区域人流进入处于"潮头"（以年轻人喜乐的时尚为主要标志，具体的商业业态也据此进行配置）的夜市——塑造周期性文化主题并引入著名的歌星、影星等，使深夜商业文化含量提升，最终结果是区域内产业结构发生根本性变化，传统工业区转为融入现代服务业的新型产业区。从这一案例可以看出，产业体系内部优化往往会带来区域性乃至国内整体发展的外部优化效应。

## 二、中国产业体系构建的理性选择

在任何国家，产业体系都是客观存在的现实。然而，各国政府总是要通过法律法规、政策甚至一些行政手段进行被认为是合理的干预，即使发达国家也不例外，只不过是干预的时机、程度和方式存在差异。中国作为发展中国家，合理调节产业体系无可置疑，关键在于既要立足于国情，又要遵循产业体系的内在规律。以下5个方面是完善中国产业体系理性选择的基本要求。

1. 坚定不移地走新型工业化道路，使第三产业比例提升具有扎实的制造业基础

党的十六大明确强调“实现工业化仍然是中国现代化进程中艰巨的历史性任务”①，并提出走新型工业化道路，将基本要求表述为：“以信息化带动工业化，以工业化促进信息化，走出一条科技含量高、经济效益好、环境污染少、人力资源优势得到充分发挥的新型工业化路子。”②这其中包含着5个“新型”的要求，既立足于国情，又充分体现时代特征，具体而言：一是功能新型。体现信息化特征是新型工业化的根本性标志，从一定意义上看，信息化水平决定现代工业的整体素质。展示信息化水准的工业特质是：产品智能化、设备自动化、管理网络化。二是质量新型。至少包括除GDP之外的5类指标，而非单纯的GDP：第一是科技含量，如高新技术在工业产值中的比例、工业产值的科技贡献率、出口产品中高新技术的比例等。第二是经济效益。同样的工业产值，其盈利程度存在较大差异。第三是资源消耗。在多数资源人均低于世界平均水平三分之一甚至四分之一的中国，将资源消耗系数作为重要检验、考核指标乃当务之急。第四是生态环境。以牺牲环境为代价的工业产值虽然也能增加GDP总量，但决不是国民真正的长远福利。第五是就业贡献。改变二元经济结构是工业化的重要目标，其标志是农业人口尤其是农村就业者比例的下降，而依托工业增长提供就业岗位则是相应的支撑条件。新型工业化尽管科技含量明显提升，但转移就业的历史性责任不应取消，所改变的只能是就业的形态和形式等。三是结构新型。以先进技术改造的传统制造业和高新技术制造业二者同时并存，前者是运行的基础，后者是升级的引擎。四是布局新型。即区域间产业结构差异性推动。东中西三大经济地带，工业化进程受发展不平衡制约不可能

①② 江泽民：《全面建设小康社会，开创中国特色社会主义事业新局面》，人民出版社2002年版，第21页。

整齐划一，其产业布局也具有明显差异。如在西部开发过程中，工业化只能是有序递进：首先是基础设施，尤其是交通建设，特别是西部边缘地区，不解决铁路、公路等交通问题，工业化只是幻想；其次是生态环境，再造美丽山川，展现西部风光，形成良好的投资生态区域；再次是科技教育，通过科技教育的发展使管理者、劳动者特别是后续劳动者开阔视野、注入新知识、全面提高素质；最后是特色产业，即形成适应本地的资源、环境、科教、文化等条件的产业布局，尤其是确立具有生命力的支柱产业。实际上，西部地区目前仅处于工业化奠基阶段。然而，与此不同的是，东部地区，尤其是东部发达地区已处于工业化中期或初中期阶段。高科技含量和高附加值的制造业、以“走出去”为标志的外向型发展理应成为该地区工业化推进的基本战略。在东部地区商务成本上升的过程中，利用地缘优势，吸引东部地区工业转移和积极引进外资，加速工业化进程，这既是中部地区发展的机遇，也是必选之策。五是目标新型。从总体上看，新型工业化将发展的目标从过去单一的经济增长追求上升到以人为本的经济社会发展相统一的全面追求。怎样判断工业发展的质量，以往局限于经济运行自身的质量，更多地强调速度、质量、效益相统一。即使是可持续发展范畴诞生后，人们的关注点也只是延伸到人口、资源、环境关系的处理上，并没有从发展的终极追求，即为什么发展的角度去思考质量问题。新型工业化着眼于就业是民生之本，将此纳入目标体系，因而第一次将经济发展提升到价值层面上去研究，回到人类发展本源诉求上。

伴随新型工业化进程，第三产业通过服务需求的扩张、服务手段的创新以及制造业本身的服务业转移共同推进服务业结构优化和层次提升，并逐渐进入后工业社会。

2. 坚持业态发展的二重性，不断拓展业态在产业体系中的功能空间

所谓业态发展的二重性，一是指适应性发展，二是探索性发展。前者承认阶段性制约，避免不切实际的非理性跨越。如当人民币自由流动条件不具备时，就无法使人民币在全球范围内成为国际货币

形态并据此设定货币政策。然而,随着国内货币利率市场化、金融监管规范化、产业发展国际化等条件逐步成立时,人民币自由兑换必然成为现实。后者则强调阶段性探索,使完整的新业态诞生前有尝试、积累的过程。上述人民币自由兑换前,通过贸易结算在边境国家流动、混业金融前通过金融控股公司经营跨行业业务、受诚信条件等制约适应小企业资金需求的金融组织网络健全前信贷市场建立等均属此类。其实,20 世纪 80 年代建立生产资料市场和 90 年代建立股票交易市场都是典型案例。生产资料交易市场建立之初出现的“双轨价”业态,由于后来产生了包括腐败在内的种种负面效应因而常常遭绝对否定,实际上,若没有它的尝试和经历就没有后来的单一市场价。股票交易的“半流通”是全流通之前极富探索性的过渡业态,由“半流通”到“股权置换”、“解禁”尽管经历了种种阵痛,但毕竟换来了今日的全流通市场。应该说,改革开放以来出现的多种过渡性业态,不仅丰富了中国产业业态发展的历史,而且对于整体市场经济体制的构建发挥了不可替代的推进功能,这依然是今后中国产业体系优化的重要方面。

3. 持续实施“三位一体”战略,在产业体系完善中实现发展方式的实质性转变

从推进发展方式转变到产业政策的制订与实施能始终按“三位一体”的总体要求去谋划、部署。事实上,发展方式转变不仅要求产业结构高度化,如第三产业比重提升,而且须相应提出产业组织集中度提升以及业态现代化与创新的目标。否则,也许第三产业比重上去了,但产业组织依然是小、散、乱,业态是传统和落后的复归,这样的“产业升级”根本偏离了发展方式实质性转变的追求。同样,企业、集团重组(目前,在国有经济领域是热门话题)也不能离开产业结构调整、升级,相反,企业倒是拼大了,但在产业结构优化中障碍或阻力更强,也根本谈不上业态创新与贡献。从发展方式转变的历史走势看,其转变的层次与效果相当程度上取决于产业体系优化的力度。

# 第八章　基于阶段性国情的产业升级战略选择

**内容提要：**产业升级目前是举国上下高度认同的经济发展战略，后金融危机阶段更是全球范围内的产业升级时代，但必须保持的清醒是：产业升级同样应尊重国情，防止"刮风"。为此，本章提出"阶段性国情"的范畴，强化"当下国情"的意识，并依据国情制约产业升级的理念，建议中国产业升级必须做到：在目标追求中，慎跨越，扶持拓展；在科技创新中，坚持二次创新带动原创；在产业形态选择中，既要注重整体优化，又要体现多样性；在政策实施中，从理性干预到"4个退出"。

产业形态与国情无法分割。如果说产业升级是一个客观、历史的演变过程，那么无论是其现状格局，还是其变动轨迹均源于国情的已有状态及其变动走势。因此，从政府调控的角度判断，选择产业升级战略，必须牢牢立足于国情，尤其尊重阶段性国情，而这恰恰是长期以来人们对于国情把握的缺失。

## 一、阶段性国情的价值判断

一部马克思主义中国化的历史充分验证着一个真理，一切战略选择只有符合于国情才能走向成功，反之则是挫折甚至是灾难。

当反复的"城市革命"付出沉重代价，被迫走向农村，建立"根据地"，并且充分吸纳农民武装，尔后进取城市，执政于共和国时，中国共产党人深刻地体悟："农村包围城市"的战略选择之所以被事实证明为正确，根源就在于马克思主义与中国国情结合得成功。同样，经过改革开放30余年，中国经济实力迅速提升为世界第2位，已经超过日本，而这一切背后的真谛依然是国情决定论。

正因为国情判断对于国家发展决策的科学性愈来愈显重要，所以邓小平同志在改革开放之初就反复强调："过去搞民主革命，要适合中国情况，走毛泽东同志开辟的农村包围城市的道路。现在搞建设，也要适合中国情况，走出一条中国式的现代化道路。""要使中国实现四个现代化，至少有两个重要特点是必须看到的：一个是底子薄；第二条是人口多，耕地少。我们地大物博，这是我们的优越条件。但有很多资源还没有勘探清楚，没有开采和使用，所以还不是现实的生产资料——中国式现代化，必须从中国的特点出发"。①1987年，中共十三大在总结历史经验的基础上提出中国国情总的基本判断——社会主义初级阶段："中国正处于社会主义的初级阶段。这个论断，包括两层含义。第一，中国社会已经是社会主义社会。我们必须坚持而不能离开社会主义。第二，中国的社会主义社会还处在初级阶段。我们必须从这个实际出发，而不能超越这个阶段。"②并且明确指出，这个初级阶段具有很长的历史时期："正因为我们的社会主义是脱胎于半殖民地半封建社会，生产力水平远远落后于发达的资本主义国家，这就决定了我们必须经历一个很长的初级阶段，去实现别的许多国家在资本主义条件下实现的工业化和生产的商品化、社会化、现代化。""中国从五十年代生产资料私有制的社会主义改造基本完成，到社会主义现代化的基本实现，至少需要上百年时间，都属于社会主义初级阶段。"③

其实，国情也是多层次的复合动态系统。一是具有恒定性、与地球结构同存亡，即"不可改变的国情"，如岛国缺乏内陆资源。二是长时期或处于较长历史阶段的国情。上述中国"人口多、耕地少"，"社会主义初级阶段"均属此类。三是阶段中的当前国情（或称"当下国情"），其中的"当前"是客观现实并且短期内（5年甚至10年、20年）

---

① 《邓小平经济理论》(摘编)，中国经济出版社1997年版，第7页、第12—14页。

②③ 《红色决策》，湖南人民出版社2006年版，第816页。

难以改变。因此，阶段性国情虽然包括较长时期和近期两个部分，但影响决策科学性的最直接因素是当前的阶段性国情（尤其是当长期阶段性国情明确之后）。正是如此，为保证国家宏观决策的理性、正确，在明确“社会主义初级阶段”后，必须进一步研究、明晰当下的国情，因而出现了党的十七大关于中国国情思想的新贡献。这就是：“进入新世纪新阶段，中国发展呈现一系列新的阶段性特征，主要是：经济实力显著增强，同时生产力水平还不高，自主创新能力还不强，长期形成的结构性矛盾和粗放型增长方式尚未改变；社会主义市场经济体制初步建立，同时影响发展的体制机制障碍依然存在，改革攻坚面临深层次矛盾和问题；人民生活总体上达到小康水平，同时收入分配差距拉大趋势还未根本扭转，城乡贫困人口和低收入人口还有相当数量，统筹兼顾各方面利益难度加大；协调发展取得显著成绩，同时农村基础薄弱、农村发展滞后的局面尚未改变，缩小城乡、区域发展差距和促进经济社会协调发展任务艰巨。”①

与影响决策最直接的同时，把握国情难度最高的也是阶段性国情中的当下国情。当下国情包含着确定性与不确定性的统一。所谓确定性，就是当下无法改变的制约条件，即制约刚性。这是任何决策的立足点，脱离它就是脱离国情。不确定性则是体现未来发展需求的演变因素，其积累的过程要求渐进性变革。不适应其积累性变革，甚至阻滞于该类因素的成长、发育就意味着保守、束缚，甚至为前进障碍。适合当下国情的经济社会发展决策必须受到以上两方面的制约：一方面严格在所给定的约束条件下选择，另一方面要能为适应未来发展提供空间，显现张力。

选择的艰难性恰恰是科学性形成的前提。以往过程中无数次艰难的“拍板”，形成的难以计量的“拍胸脯”、“拍脑袋”工程，其结果证明均是违反客观规律的非理性工程。事实上，在两难中进行艰辛选择，尽管很痛苦，甚至要承受阶段性否定的指责，但坚持下来也许就形成了科学发展的范例。江苏昆山、浙江安吉两个县市具有迥异发

---

① 《中国共产党第十七次全国代表大会文件汇编》，人民出版社 2007 年版，第 13 页。

展战略而同样取得惊人业绩就属此类。

昆山毗邻上海，从上海市区到达昆山市区所需时间甚至少于上海市内城区、郊区间隔的时间，得天独厚的地理优势让昆山人果断选择“四转”（农转非、内转外、散转集、低转高①）的新型工业化发展战略，使经济发展实力始终处于全国百强市县之首，并且城乡一体化协调运行（城乡居民人均收入差距1.8∶1）。而远离上海甚至远离杭州的安吉则处于山区，山水秀美才是其特有财富（安于现状曾使其成为浙江省20个贫困县之一）。由于工业化是当前中国产业发展的主旋律，并且从致富速度看，选择工业更有吸引力，由此20世纪八九十年代安吉也走上了工业化道路。然而，安吉的工业化无法有昆山的条件。无选择（囿于地理条件制约）的工业项目带来了社会无法忍耐的污染，1998年被国务院列为黄牌警告对象，成为太湖水污染治理重点领域。“痛定思痛”（任其发展，结果是贫困县；通过走工业化道路摘贫困县帽子，又陷入污染泥潭）最终将安吉推向“生态立县”发展战略的轨道。不过，起步之初同样是痛苦的：“顶着压力，安吉的生态立县在一片反对声中艰难起步。一场治污运动在上世纪末打响。当时的安吉财政收入只有4 000多万元，却先后投入8 000多万元，对全县74家污染企业进行了强制治理，关闭了33家，包括最大的纳税企业，这一关就关掉了全县三分之一税源，壮士断臂啊！”②然而，现在的安吉成为浙江省生态最好、环境最美的县。“一次，一位长三角地区发达县的领导来到安吉，100多亿元的财政收入使这位官员的腰更挺，气更盛。但是，当他听说财政收入不到15亿元的安吉，农民人均收入居然超过他这个财政收入百亿元大县时，不由得非常惊讶：这怎么可能？安吉农民是怎么致富的？”③从现有收入来源结构判断，山货（竹、白茶等）、“农家乐”旅游等生态经济收入成为安吉百姓收入的主要支撑。2008年，安吉农民人均收入达到10 343元，高出全省

---

①　以农业为主转向以工业为主；以内向经济为主转向外向型经济为主；以企业分散为主转向园区、集聚为主；以技术含量低、产业层次低为主转向提高产业层次，发展高新技术产业。

②③　《安吉的“中国美丽乡村”建设》，《光明日报》2009年7月22日。

农民收入 1 042 元(浙江省农民人均收入已连续 24 年保持全国省区市第一)。

实际上,昆山、安吉各自的成功均基于适合当下国情、当下县情的发展战略的科学选择,二者无法替代。前者是新型工业化的佼佼者,后者是现代农业、生态经济的楷模。从中能感悟到或可汲取思想营养的或许就是研究透并尊重阶段性国情尤其是当下国情的发展价值。

## 二、 基于阶段性国情的产业升级战略

走遵循国情的产业升级道路至少应体现在目标追求、科技创新和形态选择 3 个方面:

1. 目标追求:慎跨越,扶持拓展

人类社会产业结构从以农业为主到以制造业为主,再到以服务业为主是一个自然的历史过程。制造业为主是以改变农业为主结构为前提的,同样,服务业为主是以改变制造业为主结构为条件的。类似于人类不能跨越市场经济必经阶段,一个国家也无法跨越制造业为主即工业化阶段。从内在经济联系看,服务业发展对于制造业至少存在 3 个依赖:一是服务对象依赖。正是在制造业发展过程中产生了从研发到销售一系列服务需求,服务业才应运而生。从一定意义上看,绝大部分服务业是围绕工业产品而展开的,离开了工业品载体依托,单纯的自我循环服务必然趋于“空心化”,而走向崩塌。即使对第一产业展开服务,如作为旅游观光的现代农业,其根基也是先进制造业所提供现代化装备的支撑,体现为信息化、智能化农业、大棚农业等等。二是服务结构的依赖。以现代服务业中航运为例,集装箱运输是其发达的标志。而围绕集装箱运输的一系列载体,甚至包括电子标识也离不开制造业的供给。三是服务手段的依赖。可以说,现代服务业的一切交易活动均离不开信息制造业。当今社会,无论是金融交易,还是商务交易,发达的网络信息系统已成为不可分割的组成部分,网络瘫痪就意味着股票、债券、外汇、黄金、衍生品等金融交易的瘫痪。并且,随着电子商务比重提升,网络购销日渐普遍。

需要说明的是，制造业为主是相对于第一、第三产业所占比重而言的，并非要求必须在总产值50%以上。制造业从50%甚至更高降到30%、20%以下是一个较长、客观渐进的历史过程，人为加速缩短这一过程，所得到的回报必然是：经济增长的非理性波动以及由“空心化”所导致的持续低迷。

此次世界金融危机对中国经济运行的冲击给全球以负面相对较小的感觉，除金融开放度有限、政府及时干预的因素外，一个重要原因就在于产业结构的转型符合国情，即改革开放后在实现工业化的进程中接受国际制造业的转移，因而导致虽然无法拒绝转移中的一些冲击，但强化制造业本身就会派生出一种对虚拟经济的“抗体”。

实际上，即使是在整体工业化进程中出现的服务经济为主的地域（城市），囿于“市管县”的历史，放弃制造业也不能急于求成。2009年上半年，上海经济增长状态就是一个例证。明显低于全国增长速度3个百分点（全国6.1%，上海3.1%，低于“十一五规划”要求的6个百分点）的一季度业绩告诫人们：现阶段上海经济稳定增长还离不开工业的基本支撑。2009年一季度全国国内生产总值之所以增长6.1%，工业增长的贡献功不可没（1—2月3.8%；3月8.3%）。相反，上海一季度工业下降9.9%。借此，作出上海一季度国民生产总值增长不足的根源在于工业下滑的结论无可置疑。与此同时，理应形成如下判断：当优质的服务产业资源由于种种配套条件制约而不能弥补其他产业贡献时，现有时空的制造业只能在促进能级提升的基础上作结构性调整，而不能过大力度地选择产业替代。就上海目前制造业与服务业发展比例配置的战略选择而言，长期以来实质上存在“四种眼光看上海”状态：一是“城区看上海”，如杨浦区视角，由于30%依然是制造业（尽管近年来服务业发展迅速），并且深度地关联就业、收入等民生问题，不可能赞成短期放弃制造业。二是“中心城看上海”。这是从上海市中心区（600平方公里左右）与上海郊区（6 000平方公里左右）统筹布局的视角观察，自然会得出结论：“中心城”理应成为现代服务业集聚区，必须“退二进三”，即退出第二产业，发展第三产业。三是“上海市看上海”，即从上海市6 430平方公里的整体发展要求看上海，提出“双轮推进”、“二三产业融合发展”战略。由于6 000平方公里的郊区，尤其是远郊地域，不可能在短时期通过发展现代服务业而繁荣，允许和扶持先进制造业发展是其走向现代化的必由之路(即使为过渡)。四是“长三角乃至全国看上海”。由于长三角周边地区不仅具备了发展先进制造业的条件，而且具有商务成本较低的相对优势，因此，发挥上海的“龙头”作用显然应体现在现代服务业的带动、服务上，而不应围绕制造业展开竞争。客观而言，以上四种视角及其相应的结论均有其自身的合理性，差别仅仅在于视角相异。这次金融危机的冲击倒是具有均衡、拨正之效。既然3%的增长不仅不符合上海发展自身的客观要求，也偏离了长三角乃至国家整体发展的期待，并且根源于制造业短期内过度负增长，形成四种视角均能接受的结论只能是：服务经济为主，逐年提升比例，制造业在支撑产业转型过程中渐进退出。

2. 科技创新：二次创新带动原创

对于科技的自主创新，现在界定为三种类型，即原始创新、二次创新和集成创新。在三大创新中，作为发展中国家必须以二次创新为基础构筑创新体系。

理由之一：高端原创必须以前沿性科研积累为基础。所谓发展中国家实质上就是科技落后的国家，要想在当前科技主要领域走向前沿，进入创新高地，取得原创性成果，这是不切实际的。

理由之二：二次创新是在引进基础上的再创新，即通过学习借鉴先“追赶”(缩短距离)，尔后进入原创轨道，实现“超越”目标，具有符合创新规律的可行性。这种创新的可行性又可具体表述为“5个创新”：一是适应性创新(包括适应市场需求结构、自然环境、民族习惯等)。中国著名的技术引进后诞生的“海尔制造”，其销售的不可或缺部分是受环境影响的差异性再造品，如20世纪80年代为适应上海市民住房面积小并喜欢外观灵巧而创造了“小王子”电冰箱；为适应农村低电压，重新改造压缩机，迅速打开农村市场等等。有时，为了适应特殊的自然环境，可综合、差异性选择多国适应性技术，进行改造性创新，日本钢铁业战后迅速发展就属此典型。为适应日本频繁地震、软质地基和用海水冷却等自然环境，日本钢铁企业先后从美国和原联邦德国引进生产铸铁的高炉以及轧钢技术、从奥地利引进氧气顶吹转炉炼钢法、从瑞士和苏联引进连铸法，从而形成适应性创新的技术体系。二是完善性创新。当今世界高新技术产品特别是电子产品日新月异，在市场需求变化和企业竞争双重推动下，二次创新往往主要表现为款式、功能等完善性创新。以录像机为例，最早索尼引进后生产出 1 小时录像品种，尔后松下开发为 2 小时型号。在你追我赶过程中，3 年之内达到可摄录 6 小时，即满足顾客需要倍速增长。三是选择性创新。赋予消费者选择功能是现代产品创新的重要方面。当下消费环境中，商业购买类型选择、金融投资品种选择、各类服务形式选择。总之，这是一个朝着选择性社会演变的创新社会，因此，二次创新就离不开选择理念，从一定意义上看，选择性强就意味着生活质量。中国在引进基础上出现的电视机，一开始并不存在频道的同时选择性，后来出现了“画中画”，可随时变台选择，现在又出现了同频道下一时段的预告等等，让消费者更自主地在时空中选择自己的行为。四是兼容性创新。如果说增加消费者选择的空间有益于实现消费者主权，那么，兼容性创新则有利于增强消费者便利以及由一物多用所带来的降低成本的福利。对此，信息化产品中的“三网合一”，使一台电脑发挥了兼容电视、电话功能，这种兼容性创新模式必将更广泛地走出虚拟时空。五是替代性创新。既可以是原材料替代，也可以是产品内部零配件替代。中国汽车行业从原装进口到今日走上自主创新品牌的探索之路，期间的零配件替代创新功不可没。上汽集团有的车型，其国产化率达 90%以上。中国汽车工程学会专家对 2009 年初全国范围内汽车零配件主要系统（发动机、变速器、车桥、制动系统、转向系统）进行了问卷调查，得出的结论是：基本具备发动机整机局部技术升级和变型产品开发能力；发动机 5C 件中的缸体和缸盖以自制为主；机械变速器产品开发能力较强，总成及零部件开发均可由国内自主完成①。尽管替代的比例还不够高，尤其是涉

---

①　《中国关键零部件企业的自主发展能力分析》，《中国经济时报》2009 年 8 月 10 日。

及关键技术刚刚进入研发阶段，但毕竟已经开辟了这一领域替代创新的崭新道路。

理由之三：通过二次创新走上形成自主品牌的原创道路，从世界范围看，第二次世界大战后的日本、韩国已成为典范，即使在中国也不乏成功的范例。

3. 产业形态：整体优化中体现多样性

产业形态可概括为4种类型，即产业结构状态、产业链生态、产业活动质态和产业发展业态，从而使人类产业形态展示出丰富多彩的画卷。其实，这里同样存在如何整体优化，促进产业升级的问题。尽管每一形态发展均有其内在规律，各形态完善并不存在同一模式，如结构状态中的三次产业，属性各异，业态无法雷同。然而，若对"4态"作整体观察，基于阶段性国情的产业形态优化就必须充分体现科学布局的多样性，而不是片面地追求高端。

需要进一步说明的是，对于产业链的低端与产业升级的内在联系及其走势的判断必须基于对"3个低端"的比较。其一，不仅处于产业链末端，而且技术水平也较低，竞争优势仅仅在于能满足一定技术要求前提下的人力成本低廉或原材料低价收购。因此，低水平的"贴牌"只能带来"血汗工资"、微利以及低价竞争并受制于他人。其二，虽然处于产业链低端中的"贴牌"，但技术含量较高，甚至一些产品具有全面超越设计国制造优势，加上成本的合理差距，成为众多设计国追逐的加工集中地或称制造中心。其三，就一国而言，尽管处于产业链末端，但并非仅仅是"贴牌"，产品研发、设计均为国内公司，同时技术含量较高，因而成为完整产业链的组成部分。产业升级若体现在走向高端的战略追求上，尊重阶段性国情的具体部署理应为：对于第一种类型的低端，一定时期、一定范围内（如某些落后地区）容忍，但总体开始限制，至少不以此类招商引资活动为业绩推崇甚至作为奖励、晋升依据。对于第二种类型的低端，应在较长时期（至少是今后2至3个五年计划周期内）认可，并因时因地给予适度扶持。实施此战略不仅由于有利于发挥中国资源禀赋优势，尤其是有利于促进就业，而且应清醒地意识到，这一低端现象将是较长时期支撑中国制造业的“基本面”。对于第三种低端，虽然从理论上看，并不排斥局部性的类似于发达国家的“转移”做法，但从其在国内存在许可及扶持的视角判断，这是长期实施的战略，至少在可预见的将来根本不存在质疑问题。因此，产业升级中走向高端的战略并不能简单地表述为淘汰低端的战略，而是在相当程度上承认低端、优化低端的战略。

# 第九章　中国产业升级道路

**内容提要：**转变发展方式根本在于产业升级。如何在遵循产业发展规律的基础上走出一条具有中国特色的产业升级道路，这是中国经济发展理性、科学的真谛所在。为此，以产业链升级支撑产业结构升级，以新型工业化和制造业服务化促进产业升级，以优化产业体系带动产业升级，均可视为既吸纳人类文明，又立足于国情的产业升级的战略选择。

产业升级既要遵循一般规律，又要与国情相结合，走一条适应自身发展的产业升级道路。基于产业升级规律，研究具有中国特色的产业升级道路，既有益于对改革开放以来“中国经验”的科学总结，更是对今后中国产业的科学发展提供思路的需要。

## 一、以产业链升级支撑产业结构升级

产业结构升级往往是产业升级最宏观和外在的表现形态，如在三次产业结构变动的比例中，农业、制造业比重逐渐下降（西方7国一般分别在5%、20%以下），第三产业占比不断提升，发达国家通常超过70%以上等。然而，脱离了产业链升级（在价值链中，研发和营销占比上升，一般加工尤其是低端贴牌加工占比下降），第三产业比重愈提升，效率愈低。原因之一，第三产业的服务规模尽管有自身的循环，但第一、二产业的服务需求始终是其业务产生的根基或主体。将处于产业链低端的产业通过服务放大，结果是放大了低效率的经济值以及浪费了稀缺资源或降低了资源利用效率。原因之二，实体产业层次低，要求高层次的服务业尤其是现代专业服务业与之相匹配只是脱离实际的幻想。因此，在低层服务业增长过程中，其占比愈高，国民经济效率愈低。

作为定律性的产业结构变动现象，通过对比发达国家与发展中国家第三产业增长所带来的效率差，就会得到较为充分的实证。中国社科院陆家嘴研究基地课题组通过研究发现：在发达国家，从工业化转向后工业化、从主要依靠第二产业转向主要依靠第三产业支撑经济发展的过程中，第三产业劳动生产率通常高于或等于第二产业。相反，在发展中国家，尤其是“中等收入陷阱”国家，第三产业劳动生产率却低于第二产业，当产业结构向第三产业转移时，社会资源就流向了规模庞大、缺乏效率的第三产业。所谓“拉美现象”或“中等收入陷阱”现象，都同急于向低效率的第三产业转移有关。①

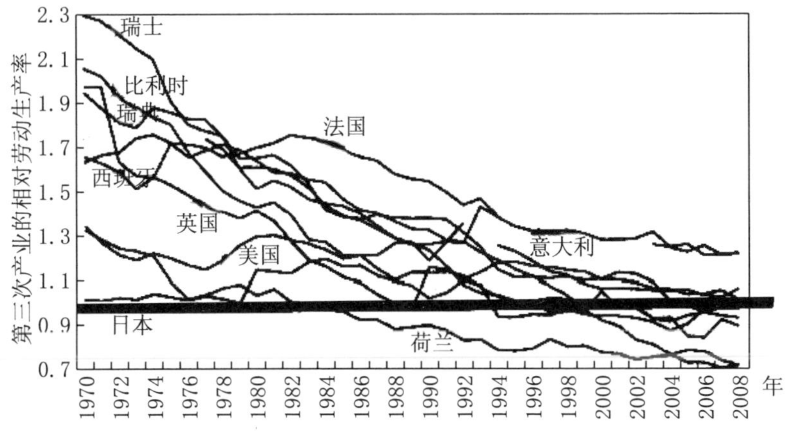


**图 9-1　发达国家的第三产业相对劳动生产率(第二产业劳动生产率＝1)**

拉美 7 国的第三产业效率均低于第二产业。巴西和墨西哥第三产业劳动生产率相对较高，而哥伦比亚、厄瓜多尔、智利、乌拉圭、委

① 拉美趋势：一个为人们广泛关注的现象是：自 20 世纪 70 年代以来，拉美国家产业结构服务化倾向比较显著。如智利、哥伦比亚、厄瓜多尔、乌拉圭、委内瑞拉等国，第三产业比重在 70 年代中期就处于较高水平，30 年来也一直在高水平上演化；相对于这些国家而言，80 年代以前，巴西、墨西哥的第三产业比重虽然较低，但其后却经历了较快上升的阶段。总体上看，现阶段拉美国家的第三产业比重已经接近或达到发达国家的水平了。

内瑞拉的指标状况比较糟糕，但是，这些国家的服务业比重却很高。

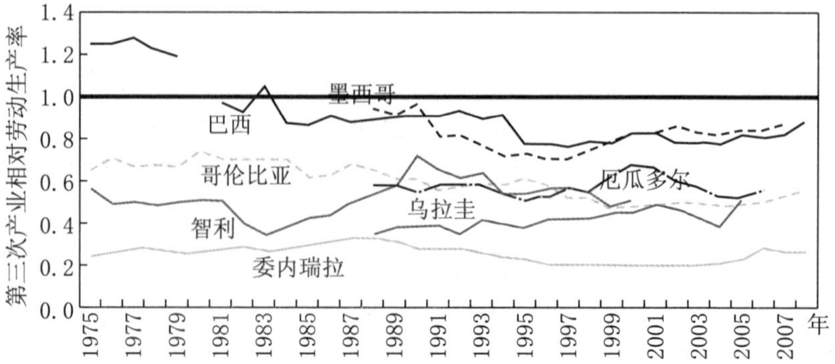


**图 9-2　拉美 7 国第三产业劳动生产率**

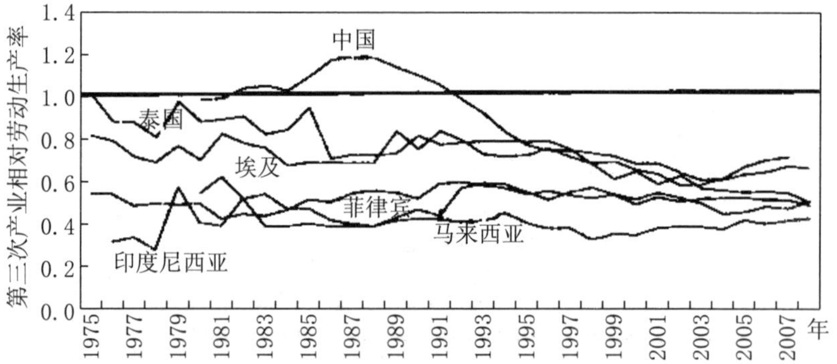


**图 9-3　亚非 6 国第三产业劳动生产率**

亚非 6 国表现出了相似的情景。90 年代以前，中国服务业相对劳动生产率稍大于 1，但是其后却出现了显著的下降，现阶段基本处于 0.7 的水平；泰国的这个指标值也是持续走低，80 年代之前稍好，但之后也是一路走低。其他四国的情景明显比中国和泰国要糟糕。

依据上述判断，产业链升级才是一国产业升级的根本。千方百计地拓展产业链升级的渠道则是促进产业升级最现实的途径。一般而言，产业链升级可有 3 种类型，即改造升级、创新升级和购并升级。改造升级是指在产业链原有环节上提升层次，实质上是现有技术应用，不涉及自主创新。如购买设备、改造工艺，以此提高劳动生产率和产品质量。所谓创新升级，主要是着眼于提升所处产业链环节中级别或称端次，促使企业经营由低端向中端、高端发展。购并升级则是在企业兼并中获得了核心技术、研发团队、品牌和销售渠道，从而提高了产品档次和产业升级能力。然而，从总体和趋势上看，走自主创新的道路才是根本出路，产业升级的核心是创新升级，而这又依赖于作为产业升级的主体——企业自主创新的力度和水平。

目前，中国已将促进产业链升级的决定性因素——自主创新表述为 3 种形式：原始创新、二次创新和集成创新。作为发展中国家，企业如何在尊重国情和符合自身实际的基础上重点选择创新方式直接关系到国家层面产业升级目标的实现。

依据企业创新史的国际比较以及中国改革开放 30 多年来的企业创新实践，把握以下 3 个要点是关键。

要点之一：以二次创新为基础，避免单纯引进或盲目追求原创而减缓创新进程。

盲目追求原创，由于实际上减缓创新进程，导致企业丧失尽快提升行为能力的机遇，最终因脱离国情而使国家整体竞争力下降。发生在 1995—2008 年间中国制造业企业创新能力提升的幅度及其稳定性案例对此提供了极有说服力的佐证：在主要依靠二次创新的中高技术产业，其创新能力增长最稳定，且增速最快，13 年间增长了 16 倍，2000 年以后增速保持在 6%—25%之间。与此形成鲜明对比的是，依靠原创才能提升创新能力的高技术企业，增幅小且波幅大。1997 年后增速持续下降，2001 年转入负增长，期间负增长存在 4 年，2008 年也仅1%。①

从理性角度观察，走二次创新为主的自主创新道路，并不排斥、放弃原始创新与集成创新。二次创新奠定了基础，积累了具有原始创新或集成创新所具备的创新能力，一旦出现后两种创新的机会，就容易被抓住，进而取得突破。

① 马名杰：《中国制造业创新能力提升的进展和前景》，《中国经济时报》2012 年 7 月 10 日。

要点之二:决不放弃任何一次原始创新机会。并且,在原始创新过程中,立足于优势,努力争取“人无我有”。

靠二次创新起家的日本松下公司,常常以自身的基础与突破有机结合的成功实践为榜样教育员工。松下幸之助亲自撰写的《一次放弃了的技术引进》的文章,实际上就是世界一流公司及其企业家长期在二次创新过程中,不放弃原创而走向跨越的精彩案例。当时,公司发展急需干电池技术,原本打算从美国引进,于是,社长松下幸之助亲自赴美考察准备提供技术的一家公司的新工厂(该企业当时是世界一流的电池生产厂)。然而,在进入最后的价格谈判时未能达成协议(因对方提出收取技术指导费过高,在2%的费用比例中包括与技术引进无关的包装箱费等)。这样,依赖原有基础,加上松下被逼后接受挑战的意识,公司走上了原创道路:“技术主管组织了研发人员,做了大量的研究工作,写出了一批相关论文,取得了可喜的成果。最后,我们制造出的产品超过了美国的同类产品。不仅如此,我们还陆续开发出了其他各种关联产品。我们一反当年,成了向世界输出技术的公司。现在再次回顾当时引进技术的那件事,可以说,若没有那个重要转折,我们是没有今天成就的。经营的迷人之处,就在于开发那无人涉足的领域。”①很显然,松下集团的后续发展乃至始终处于国际企业行列,与这次原创是分不开的。

原创也有两种类型,即“人有我有”和“人无我有”。前者更为普遍,如中国空间技术特别是载人航天技术,在原始性创新中通过“神九”发射已达到与天宫交会对接水平。对于发展中国家,后者虽然在产业链高端难以出现,但不排除在中端与末端诞生,即加工技术中也有人无我有的创造,同样需要抓住机遇。最近,上海普陀区一家名不见经传的小企业——上海华源热疗技术有限公司,在美国科学家的科研理论基础上,研制出肿瘤热疗设备,并稳步走向市场,为中国推进科技进步和产业化又添一则原始创新的成功案例。②北京的维信

---

① 松下幸之助:《经营沉思录》,南海出版公司2009年版,第110页。

② 杨群:《不是首创者,缘何也能一招鲜?》,《解放日报》2011年2月14日。

诺公司与清华大学紧密合作，系统掌握了 OLED 材料、器件和工艺的关键技术，成功开发了单色、多色和彩色 PMOLED 显示屏和彩色 AMOLED 显示器件，并在苏州昆山建立了 PMOLED 显示屏生产线。[①]这同样可视为“人无我有”。

要点之三：高度关注集成创新，在特色项目中，力求取得集成创新的历史性突破。

到目前为止，人类企业在发展创新中，依靠集成创新走向全球性企业甚至达到世界顶尖企业水平的也不为鲜见。当今的苹果公司就是典型代表。从苹果公司的各类产品看，所包含的技术，几乎无一单项或元素是原创。然而，乔布斯通过集成地完美创新，使它的产品持续居世界顶尖产品位置，并改变着全球消费者生活方式。更为奇怪的是，与其他企业相比，苹果公司每年投入研发经费占比并不高，即 R&D 每年只占销售收入 2%左右（多数企业却占 5%以上），说明集成创新的独特优点是具有性价比的充分弹性。

与原创类似，发展中国家，企业虽然难以在产业链高端作出集成创新的突破，但在中端和末端集成创新的潜力巨大，其中的优秀企业甚至可借此走向世界，成为全球性企业。中国华为公司也是一个杰出代表。1987 年诞生的华为公司（注册资金只有 2.1 万元），现已成为战略性新兴产业中的全球性公司。在 2011 年公布的中国民营企业 500 强中华为居第一，也是目前世界 500 强中唯一非上市公司。从行业地位看，它是全球最大的电信网络解决方案提供商，世界第二大电信基站设备供应商。总量规模排爱立信之后，其战略合作伙伴在覆盖全球（尤其是欧美市场）过程中几乎涉及发达国家的所有重量级企业，这样的全球市场地位及其影响力目前居中国企业群体第一。

然而，对华为的技术创新结构稍作分析就会发现，根本路径就是依赖集成创新。华为的集成创新包括企业间联合集成和企业内集成。通过构建企业战略联盟，实现产品集成创新，增强国际国内市场

① 吕薇：《传统产业改造升级的动力、模式与政策》，《中国发展评论：中文版》2012 年第 4 期。

竞争力,这是华为发展的重要方式。如在3G市场上,与NEC合作,建立WCDMA手机平台;TD-SCDMA则是与西门子合作的成果;3COM就是基于企业间合作优势而存在。所谓企业内集成,主要指通过自身力量整合各类创新元素,形成每年创新产品的主体部分。总裁任正非说:新开发量高于30%不叫创新,叫浪费。他要求研发人员研发一个新产品应该尽量减少自己的发明创造,而应着眼于继承以往产品的技术成果,以及对外进行合作或者购买。①这里的"合作"或"购买"一旦与自身的产品开发相结合就必然意味着集成创新。这样的创新由于不是原始创新也许不在产业链最高端上取得突破和领先,但在中末端上完全能立于全球潮头。正如华为常务副总裁洪天峰所言:"在应用层面,华为的技术不输给国际大公司。但对于基础科学的研究,华为相对于拥有贝尔实验室的朗讯这样的具备历史积累的巨头来说,差距非常大。"②在华为人看来,虽然他们的高端技术还称不上世界第一,但在相对成熟的中低端产品上,却敢于放言他们走在了世界的前列。实际上,华为用第二层、第三层次的优势弥补了第一层次的不足。③

总之,以企业为创新主体,通过3种创新方式的科学配置,使产业链升级带动产业升级,这才是发展中国家产业升级的必经之路,也可成为"中国经验"的重要组成部分。

## 二、在新型工业化过程中,实现制造业服务化

走一条以产业链升级支撑产业结构升级的道路,必须更完整地探索两个新课题:一是实体产业尤其是制造业在新阶段、新环境中应有新要求,如中国已经提出的新型工业化;二是伴随制造业升级,服务业同步甚至以更高速度提升比例,这就依赖于制造业服务化。因此,新型工业化和制造业服务化可成为发展中国家推动产业升级的

---

① 初笑钢:《任正非的七种武器》,机械工业出版社2011年版,第5页。

②③ 同上书,第12页。

两个轮子。

中国早在2002年,即在党的十六大报告中就明确提出走新型工业化道路,强调“实现工业化仍然是中国现代化进程中艰巨的历史性任务”[①],将基本要求表述为:“以信息化带动工业化,以工业化促进信息化,走出一条科技含量高、经济效益好、环境污染少、人力资源优势得到充分发挥的新型工业化路子。”[②]

制造业服务化是在产业链升级受到种种制约条件下提升服务业占比,促进产业结构升级的重要途径,对此,中国必须作出整体性部署并赋予有效实施。

## 三、构筑三位一体的新型产业体系

产业升级依赖于产业体系内部的结构、组织、业态的依存、互动和优化。

支撑产业升级的产业体系即结构、组织、业态始终是相互依存的。任何产业结构状态,总是通过产业组织去实现的。从一定意义上看,产业结构实质上是产业主体即企业间的结构分布。与此同时,产业结构又是通过产业业态去承载。既不存在无业态的产业组织,也不存在无业态的产业结构。此外,产业结构始终展示着产业组织,即各类产业组织都是有结构的,是产业结构变动中的组织,企业结构始终是产业组织的核心问题。并且,一切业态均是处于产业结构中的产业组织发展手段和方式。以第三产业发展为例,任何高层次业态的诞生既不能脱离第三产业本身的发展规模扩大和层次提升,也必然借助于产业组织发展的成熟和能级的增强。因此,尊重产业体系的内在规律并全方位地创造条件,这是产业升级的必要前提。

在产业体系整体变动中,要么通过联动,即相互促进形成产业体系新格局,带来产业升级,要么由某一因素牵动着整体变化,有时,甚

---

①② 江泽民:《全面建设小康社会,开创中国特色社会主义事业新局面》,人民出版社2002年版,第21页。

至分不清孰先孰后，谁带动谁。以业态与产业结构变动为例，人们常常难以判断是业态变化带动产业升级，还是产业升级促进了业态变化。

在任何国家，产业体系都是客观存在的现实。然而，各国政府总是要通过法律法规、政策甚至一些行政手段进行被认为是合理的干预，即使发达国家也不例外，只不过是干预的时机、程度和方式存在差异。中国作为发展中国家，合理调节产业体系，促进产业升级无可置疑，关键在于既要立足于国情，又要遵循产业体系发展的一般规律。以下三个方面是通过完善产业体系，促进产业升级的基本要求。

1. 培育市场机制，强化法制执行力，在提高产业集中度过程中促进产业升级

应该承认，在今后的相当长时期，中国产业组织集中度的提高不应成为争议的话题，关键在于提升集中度的路径安排。30余年的改革与提升集中度的实践已充分说明，走市场化的集中度提升道路是唯一正确的选择。其中，一是要求充分尊重市场竞争规律，基本依靠法制手段，促进优胜劣汰，使企业在市场机制调节的结构优化中做强做大；二是即使在产权许可的前提下（如国有企业、集体企业等），通过必要的行政干预，对极少数企业进行重组，也必须在尊重市场规律的基础上并利用市场资源（如公司上市，走证券化道路）进行引领，而不是强制性的“拉郎配”。对于前者，行之有效的途径，就是在全国范围内加大执法的力度。目前中国法制建设过程中，立法的速度及其科学性虽然仍被关注和期待，但执法不力已被普遍认为是最薄弱环节。将提高执法能力和水平作为法治建设的重中之重，事实上已成为举国共识。企业组织结构调整同样不能例外，即使承认执法中必须充分考虑地区发展水平差异的因素，也只能纳入统一执法中的规范体系，绝不能由地方自作主张，各行其是。这一基础性、根本性问题若不能解决，“调结构，促转型”（当下已成为全国各地转变发展方式的流行语）必将成为空谈。对此，中国钢铁龙头企业宝钢总经理马国强的判断很值得深思：解决产能过剩问题，手段之一是深化钢铁产业政策，包括淘汰落后产能等，但更重要的是配套政策法规的出台和

严格执法。很多相对落后的中小型钢企成本竞争力是建立在牺牲环境的情况下获得的，如果相关配套法律法规严格执法，使高能耗、高污染企业失去成本竞争力，则更能推进钢铁行业间通过市场手段并购重组，更有利于解决产能过剩的难题①。

就必要的行政参与重组而言，“三要素”条件应视为基本准则。其一，企业自愿。无论是职工，还是经营者，至少不具有群体的对抗性，这是重组后企业文化融合的必要条件。其二，具有紧密的内在经济联系，既可以是产业链中的垂直关联，也可以是水平链中的互补结构。其三，决策、管理层具有驾驭新联合体的能力，善于在新资源领域贯彻核心竞争力，使新优势在合理布局中得以发挥，最终产生 1＋1＞2 的效应。宝钢重组上钢的成功(中国改革开放以来，企业集团重组成功的典型案例)，就是基于这三方面条件的同时具备。看来，伴随产业升级，产业集中度的提高也是一个自然的历史过程。

2. 在业态创新中促进产业升级

有利于产业升级的业态创新至少有以下 6 种：第一，分工细化创新。在不断细分市场中诞生新业态，这也是业态创新的基本形式。制造业链中，会分解出多种类型的产业基地，或称××城。即使是配件，也能诞生类似于分布世界的“偏转集团”、“轴承集团”等产业形式。第二，集成、融合创新。如前所述的产业融合是现代产业体系运行的重要特征，由此带来了产业边界模糊，甚至消失，或者说是在融合中诞生了新的混合型产业。第三，集约化、规模化创新。规模业态在特定的行业当今依然是企业存在和发展的必备条件和进入的门槛。钢铁、化工、矿山、铁路、航空等尽管其内部也存在某些精细化作业的要求，但现阶段的规模化业态优势无法替代。从一定意义上判断，近代工业的快速发展就是基于成批量制造的工厂制、机器生产、流水线操作等规模化、集约化业态变革推动的。第四，信息化、网络应用创新。随着人们的生产方式、生活方式愈来愈融入信息化与网络时代，如借助于网络技术形成全球供应链、组织全球产业链；在信

① 《十大行业龙头公司把脉 2010 年》，《证券时报》2009 年 12 月 17 日。

息化交易中，消费也逐渐走向网络化，网上购买的比重持续上升等等，这样，业态的网络创新空间愈来愈无边界，以至于对一个经营管理者而言，离开网络世界去思考业态设计将成为被贻笑的对象。第五，时空拓展创新。即以跨越时空为特征的业态创新。以空间为例，不受公司占地面积局限，通过“飞地”建设（在不同区域独立或联合建立基地），既放大经营规模，又在相对优势资源重组中创新业态。第六，便捷服务创新。以消费者为中心，以及时满足需求为业态创新的立足点和出发点，这是便捷服务创新的本质。因而“便利”成为该业态的特质，也形成其核心竞争力。从总体上看，在业态全面创新中增强产业升级能力，这是现代产业升级的新特征。

3. 持续实施“三位一体”战略，在产业体系完善中实现产业升级

事实上，产业升级不仅要求产业结构高度化，如第三产业比重提升，而且须相应提出产业组织集中度提升以及业态现代化与创新的目标。否则，也许第三产业比重上去了，但产业组织依然是小、散、乱，业态是传统和落后的复归，这样的“产业升级”根本偏离了发展方式实质性转变的追求。同样，企业、集团重组（目前，在国有经济领域是热门话题）也不能离开产业结构调整、升级，相反，企业倒是拼大了，但在产业结构优化升级中障碍或阻力更强，也根本谈不上业态创新与贡献。可见，从发展方式转变的历史走势看，产业升级的层次与效果相当程度上取决于产业体系优化的力度。

总之，以产业链升级支撑产业结构升级，以新型工业化和制造业服务化促进产业升级，以优化产业体系带动产业升级，这是当下中国产业升级既遵循一般规律，又体现中国特色的必由之路。

# 第十章　适应中国国情的产业升级模式选择

产业升级是各国经济发展的共同追求，“战略性新兴产业”、“第三次工业革命”等议题之所以为世界共同关切，实质上是顺应了人们对产业升级、尽快摆脱困境的愿望。然而，产业升级并非易事，必须选择适应产业变动规律并符合本国国情的升级模式。

## 一、增量升级与存量升级

存量升级和增量升级是两种不同的产业升级类型。所谓存量升级主要指一国现有企业通过技术进步、管理改善、机制优化，使生产经营能级增强并在产业链上升过程中不断走向高端。增量升级则是通过招商引资，使国家或区域内新企业进入并优化产业结构，导致产业发展总体水平上升，既可以提高产业链层次（如引进相对于原有企业更加高端的企业群体，特别是跨国公司的研发团队、总部经济等），也可以在“代工”中增加技术含量，产生价值链提升的效果。

在以往的历史进程中，发达国家的产业发展一般基于存量升级模式，因为存量升级的根本依靠是科技突破，历史上三次大的科技革命均无例外。第一次技术革命发生在18世纪70年代，开始于英国纺织工业的机械化，以1769年诞生的瓦特蒸汽机的广泛使用为标志。纺织机、蒸汽机的发展促进了机械工业的发展，而机械工业的发展又扩大了对冶金业的需求，并使交通运输业发生了根本变革。第二次技术革命发生在19世纪70年代，以电、电机和内燃机的发明为主要标志。1866年德国的西门子，以电磁铁制成了实用的发电机，为电气工程的大发展开辟了广阔天地。随着电动机用于工业生产，从而大大改变了动力设备和生产过程。自此，人类历史就跨进了以电用于动力、照明、通讯和生产的“电气时代”。第三次技术革命，亦即新的技术革命，发生于20世纪40年代并正在持续。当1947年美国电话电报公司（AT&T）贝尔实验室的三位科学家巴丁、布赖顿和肖克莱制成第一支晶体管时，就拉开了此次科技革命具有引领功能的集成电路出台的序幕。实际上，伴随着历次科技革命，发达国家的企业制度、管理方式同时变革，成为推动存量产业升级不可或缺的元素。这一切都凝聚于现代公司、跨国公司的发展过程之中。

与发达国家不同，发展中国家产业更多地采取增量升级模式。探究其根源，除了科技进步受制约外，全球产业转移提供了增量升级机遇，正是在接受产业转移的过程中，招商引资成为增量升级的主要途径。到目前为止，全球性产业转移已发生了3次。第一次是20世纪50年代，美国将钢铁、纺织等传统产业向日本、联邦德国等地区转移；第二次在60—70年代，日本、联邦德国向亚洲“四小龙”和部分拉美国转移轻工、纺织等劳动密集型加工产业；第三次在80年代，欧美日等发达国家和亚洲“四小龙”等新兴工业化国家（地区）把劳动密集型产业和低技术型产业向发展中国家转移，特别是向中国沿海地区转移。[①]目前正在发生的是第四次转移。转移方向一是趋于更后起的发展中国家，如越南、印尼、马来西亚以及非洲等；二是从中国沿海转向中西部。有一种观点认为，这种产业转移中的吸纳实质上是劳动密集型等低端产业的承接，加上伴随污染集聚，谈不上真正意义上的产业升级。很显然，产业升级是一个动态的范畴，总是相对而言的，归根到底意味着产业体系朝发展的方向变动。这其中包括结构调整、优化，如从工业落后的农业国向工业化转变、第三产业比例逐渐提升等；产业组织更加适应现代化，企业群体由小、散、差而无序走向大中小并存，且竞争力不断增强；业态由单一、落实转变为丰富并与时俱进等等。这些恰恰在全球性产业转移中呈现给了发展中国家。当然，污染的转移也表明增量升级的“双刃剑”效应，只能也必须

① 赵晓、陈金保：《全球第四次产业转移真的来了》，《华夏时报》2012年10月31日。

通过产业的继续升级去克服。

从产业升级的功能、属性判断，存量升级与增量升级并不具有对抗性，而是具有兼容性和并存性。前者是就企业而言的，即企业作为新载体进入某一国家或地区后，继续进行创新升级，那么，对于该国或地区而言，第一阶段为增量升级，第二段就是存量升级。后者是针对国家或区域空间而言的。在持续的招商引资增量升级过程中，原有企业处于存量升级状态，二者并存于既竞争，又依赖、协同的共生环境。

## 二、 增量升级的绩效路径

创造良好的投资环境包括必要的优惠政策固然是增量升级取得绩效的基本条件，但产业集聚招商，尤其是产业链招商是取得增量升级绩效的根本路径。

验证上述绩效路径的案例，在中国 30 多年改革开放过程中不乏其数，但世界金融危机爆发后处于受冲击的东南沿海中的江苏省，其高新技术产业特别是战略性新兴产业依然处于生机勃勃状态则更显说服力。以 2012 年为例，在东南沿海 GDP 增长率下行过程中，江苏省则高达 10.1%，与此同时，上海 7.5%、浙江 8%、广东 8.2%。尤其引人关注的是，江苏省全年实现高新技术产业产值 45 041.5 亿元，增长 17.4%，占规模以上工业总产值比重达 37.5%，比上年提高 2.2 个百分点。2012 年江苏省经济社会统计公报作出如下说明:“战略性新兴产业增势强劲。新能源、新材料、生物技术和新医药、节能环保、新一代信息技术和软件、物联网和云计算、高端装备制造、新能源汽车、智能电网和海洋工程等新兴产业全年销售收入达 40 059.9 亿元，比上年增长 19.6%”①。需要说明的是:业绩的背后恰恰是增量升级中的产业集聚。“南京软件产业基地”、“苏州电子信息产业基地”、“无锡新能源与微电子产业基地”、“泰州生物医药产业基地”、“扬州

① 《2012 年江苏省国民经济和社会发展统计公报》，中国经济网 http://www.ce.cn/，2013 年 2 月 21 日。

智能电网产业基地”、“连云港新材料产业基地”等均是代表性的增量升级的产业集聚形态。

若从更广义的视角判断，增量升级的路径意味着系统工程，至少包括理念、战略、机制、人才以及政府服务等。对此，改革开放以来，始终处于全国百强县(市)之首的江苏省昆山市给予了典型佐证。观念：昆山的干部群众敢闯敢试。多年来坚守“爱商、亲商、富商”的价值导向。从表面上看，这与我们长期奉行的“宗旨”不相吻合。但在昆山看来，这是基于人民基本福祉而作出的一种选择。当昆山没有自己的产业时，依靠国际产业转移就是重大机遇，而将这些资源引入就是昆山人民现阶段的根本利益或者说是“宗旨”的实现。这样，“爱商、亲商、富商”就成了实现“宗旨”的配套方略。实际上，问题的关键不在于提出口号，而在于精神状态，在于敢为天下先的创造意识。战略：昆山坚持开放带动的发展战略。20世纪80年代初顺应国家实施沿海开发开放的战略大势，自费搞开发区；当开放型经济优势基本确立后，进一步推动外资带动为主向内外资竞相发展、融合发展战略转变，实施民营赶超战略；当制造业有一定优势，又提出产业转型升级，推动“世界工厂”向“世界办公室”转变；当“昆山加工”走向“昆山制造”时，又推动“昆山制造”向“昆山创造”转变，探索开放条件下的自主创新之路。昆山干部群众将他们的发展战略形象地表述为“四转”，即农转工(由单一农业转向工业化)、内转外、散转集(产业由过于分散转向集聚)、低转高(产业层次提升)。机制：昆山之所以能通过增量升级实现跨越式发展，背后有着一整套有效实现的体制机制，包括招商引资的干部考核激励机制。昆山队伍建设的一大亮点，就是建立了同干部提拔、调整直接相关联的考核评价机制，并将这一压力有效传导给每一个干部。所谓“挑动干部斗干部、挑动群众斗群众”就是这种压力传导机制的形象化的说法。具体举措包括：将对干部的考核评价与经济社会的全面发展挂钩；建立由多元主体参与的干部考核评价体系；让考核评价结果在干部的调整中发挥实质性影响。从2006年开始，在委办局中层干部考核中率先推开干部考核评价的“末位淘汰制”。现在，“末位淘汰”已进入常态化。人才：昆山将人才分为领导人才和产业人才两大类，分别进行规划、激励和开发。对于领导人才开发，将最强的干部配置在招商引资的核心环节，即选拔素质最优、能力最强的干部到招商一线，用最好的政策激励招商干部，提拔任用优先考虑招商一线的干部。据统计，目前昆山各部委办局的“一把手”，70%以上是招商干部出身。在产业人才开发上，注重从“产业凝聚人才”过渡到“人才引领产业”。启动名牌大学招聘计划，推行企业人才订单式培养，着力打造“人才特区”。政府服务：投资时的一条龙服务、企业建设中的全方位服务、投产后的经常性服务，成为昆山服务的重要特征。为提高办事效率，昆山高新技术园区成立了“马上办”。所谓“马上办”，是指一间办公室、一个人、一台电脑、一个窗口，办完投资全部手续。企业从项目审批到生活服务，只要找到“马上办”，马上就能得到答复。昆山人认为，压缩审批时间不能“偷工减料”，关键在于剔除“寻租”环节，使服务对象“少跑一次路，少进一扇门，少找一个人”。通过对企业问卷调查显示：昆山企业给予政府的评价最高，其次是江阴，上海郊区则垫底。如图 10-1 所示，在衡量政府服务的 9 项指标中，昆山满意度最低的一项（规范管理）也达到了 56%，9 项指标的平均满意度达到 61.56%；江阴满意度最低的为 48.59%（各类行政服务收费频率与额度），其余 8 项指标的满意度均超过 50%，平均满意度 55.01%；上海郊区的情况则是，企业满意度最高的一项也仅为 42.93%（政府公开透明度），9 项指标的平均满意度仅为 30.89%，且在“行政审批程序科学性与适用性”、“行政审批效率”、“工作人员开放意识与服务观念”这三项指标上，负面评价的比率很高，均超过了 20%，几乎与正面评价的比率持平。①

2012 年昆山市地区生产总值达到 2 725.32 亿元，比上年增长 12.0%。按常住人口计算的人均地区生产总值达 16.53 万元（按现行汇率折 2.62 万美元）。实现台湾电公会“大陆综合实力极力推荐城市”四连冠，连续四年在福布斯中国大陆最佳县级城市排名中位列第

---

① 王国平等：《上海郊区与江苏昆山、江阴等地发展比较》，《上海行政学院学报》2010 年第 1 期。

一，连续八年获得中国中小城市综合实力百强县市第一。“昆山奇迹”主要得益于增量升级路径中的系统设计。

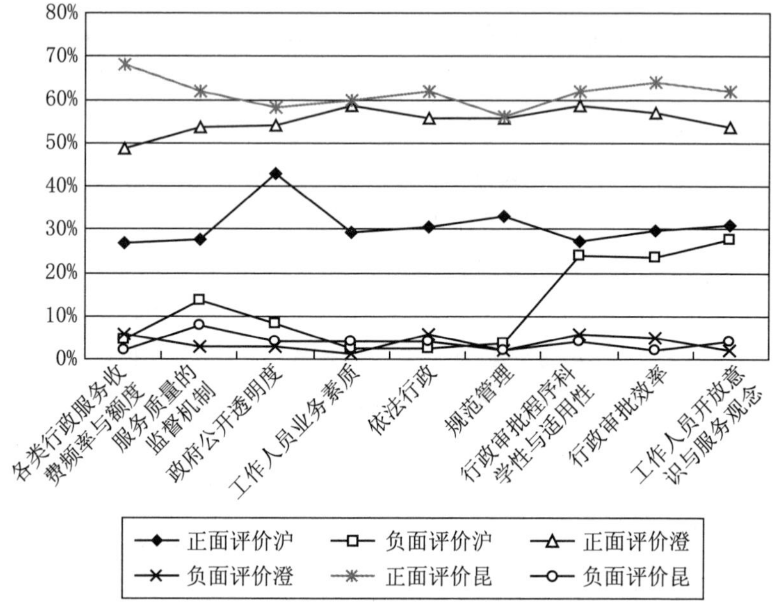


**图 10-1　上海郊区与江苏昆山、江阴等地企业对政府行政服务评价比较**①

# 三、 存量升级的结构组合

存量升级既涉及升级方式组合，又关联创新方式组合，而升级方式至少有 3 种，即改造升级、购并升级和创新升级。如何选择，必须从实际出发并体现规律性趋势。

改造升级通常不涉及产业链上升，而以能级提升为目标。具体包括：厂址搬迁、新建扩大厂房、购买设备工艺、增加生产线等，所追求的能级提升效果主要包括：其一，规模扩大、产品质量和技术含量

① 王国平等：《上海郊区与江苏昆山、江阴等地发展比较》，《上海行政学院学报》2010 年第 1 期。

上升、规格与功能丰富、样式新颖、效益提高等等。其二，为企业自主创新奠定基础，尤其是二次创新。考虑到中国现阶段传统产业所占比重较大，改造升级依然是长时期产业升级的重要方式。以 2012 年的河北省为例，1—7 月份[①]，实施工业技改项目 5 463 项，完成投资 2 848亿元，同比增长 55.8%，占全省工业投资总额的 59.2%。其实，即使是经济相对发达的上海，2012 年，也重点推进一批技术改造项目：12 个项目被列入国家重点产业振兴技术改造项目；38 个项目列为国家工业中小企业技术改造项目；10 个项目列为电子信息产业技术改造项目。技术改造投资占工业投资56%。[②]

购并升级是快速提升产业链的一种重要方式。购买品牌及其核心技术若能融入现有企业管理体系，就能产生跨越性产业升级的效果。然而，面临的风险主要体现在两个方面：一是配套要素支撑；二是购买地企业文化融合及其社会稳定。从中国目前企业购并案例看，不乏率先成功的引领者。2010 年 3 月 28 日，吉利控股集团以 15 亿美元收购瑞典沃尔沃轿车公司 100%股权正式签约，这意味着迄今为止中国汽车行业最大的一次海外并购取得阶段性突破。该企业 2012 年被评为最具竞争力企业。中国化工集团子公司中国蓝星(集团)总公司以 4 亿欧元完成对法国安迪苏集团的收购，填补了中国蛋氨酸生产的空白。中航并购奥地利 FACC 公司，FACC 公司财务状况迅速好转，业务持续稳定增长，不仅实现扭亏，而且再获波音、空客总额 3 亿美元的续约合同，表明中航工业首家海外并购企业平稳度过“磨合期”。其实，上汽、联想、海尔等国内著名企业均早已进入国际购并的轨道。随着中国整体经济实力不断增强，企业“走出去”，通过国际购并，加快产业升级步伐具有客观必然性。

自主创新升级当下已成为企业群体取得共识的主体性升级方式。相对于一时难以提升产业链的改造升级和存在较大风险的购并

---

① 《技术改造，企业转型升级的有力引擎》，河北省人民政府网站 http://www.hebei.gov.cn/，2012 年 8 月25 日。

② 《上海市加快发展战略性新兴产业，促进产业结构优化调整》，上海市人民政府网站 http://www.shanghai.gov.cn/，2013 年 1 月 7 日。

升级而言，具有自主创新条件的企业选择创新升级为主的路径实为理性之举。一是由于发展中的企业，尤其是追求卓越的优秀企业走以塑造品牌带动产业升级的道路踏实可靠，无可争议；二是企业一旦在自主创新的征程上取得突破，就会带来持久的创新能力，甚至进入跨越式发展状态，产生“一览众山小”的境界。这种转折性成就往往让一些企业家刻骨铭心。三是以自主创新为基础，即企业始终具有自主创新能力，无论是改造升级还是购并升级，均将取得可持续的倍增效应。

总之，存量升级有3种方式，自主创新也有3种方式（原始创新、二次创新和集成创新），如何将这两种方式结构进行基于企业发展实际的有机组合，形成可操作的远景蓝图和现实路径即线路图，这是处于存量升级中的企业行为优化的必然选择。比较理性的做法是：对处于传统行业中的企业，以改造升级为基础，同时结合二次创新，积极应用集成创新方法，促进能级提升与产业链提升相结合，为具有特色的原始创新不断奠定基础；而对处于高新技术领域中的企业，购并升级与创新升级均可契合需求进行选择，而在自主创新过程中，以上三个要点理应遵循。

## 四、 政府服务的阶段性策略

产业升级的过程就是该国或区域经济发展由落后向中等发展乃至发达转换的过程。与此相适应，政府促进产业升级的方式或策略也处于阶段性演变之中。从总体上看，这种演变主要包含着“三个转变”：从重点促进增量升级向存量升级转变；从重点推动结构性产业增长（包括扶持战略性新兴产业）向产业整体创新能力的提升转变；从重点培育关键项目向优化产业体系生成环境转变。

存量升级与增量升级作为两种基本的产业升级方式，不受时间、区域的限制可并存发展，这是毋庸置疑的，但阶段性重点选择差异同样不能否定。以中国为例，如前所述，目前正处于全球第4次产业转移过程之中，在中西部地区，显然应将增量升级放在更加突出的位置，高度关注招商引资，追求引进绩效，避免错过机遇。然而，对于曾经重点接受过第3次产业转移辐射的东南沿海地区，存量升级应逐渐上升为主角，成为转型升级的主战略。事实上，由扶持增量升级为主转向重点促进存量升级，不仅需要观念改变，而且依赖管理方式、手段、机制以及人才等一系列的变更，其难度会远远大于增量升级。前一时期，有些口号的变化，足以使人深思，折射出存量升级的艰难。招商引资的繁荣期，人们乐于接受"筑巢引凤"的导向，随着空间的收窄，惯性增量升级思路就是"腾笼换鸟"，甚至不择手段地"逼鸟出笼"，从未思考"笼中养鸟"，或者开笼、护笼养鸟。之所以不懈追求换鸟，原因就在于换鸟带来的业绩变化明显快于养鸟。然而，随着商务成本的提高，产业整体性转移，大规模增量升级的可持续性愈来愈受到挑战，尽快觉醒，转变产业升级方式，即将重点转移到存量升级上来才是根本出路。

优化产业结构既是政府经济调控的重要目标，更是发展方式转变的本质要求。为此，在经济发展的不同阶段，政府有选择地对某些产业进行倾向性扶持，如在经济恢复期或起飞阶段选择一些薄弱环节，特别是基础设施领域进行必要投资；而在经济全球化过程中，为增强国际竞争力，选择一些战略性新兴产业进行区域层面甚至国家层面规划，给予重点扶持，这些均无可非议。当今世界，即使被人们认为是市场自由度最高的西方发达国家，其政府财力对新经济发展的注入也在相当领域波及。不过，必须承认的现实是，政府扶持投资于特定的产业、企业，存在着巨大的风险，包括供给的技术风险、市场的需求风险和全球竞争的法制、政策政治环境风险等。前不久，无锡尚德破产案例就是极具说服力的警示。"无锡尚德，像神话一样崛起，最终又像神话一样破灭。这个曾经在中国光伏产业发展之路上疾驰的巨人，最终轰然跌倒在一条本该前景光明的大路上。"[①]2013年3月，曾经是中国最大的光伏产业领头羊无锡尚德接到了江苏省

① 赵海娟：《尚德衰败对中国战略性新兴产业的启示》，《中国经济时报》2013年4月17日。

无锡市中级人民法院的裁定——实施破产重整。应该看到,战略性新兴产业(包括其他产业)在发展过程中,主要靠行政力量去推动,都可能遭遇惨痛的教训。光伏产业,看似以民营为主,自下而上发展,但很多地方政府主要依靠行政力量去推动这一产业发展,是目前普遍存在的通病。地方政府凭借较强的资源、动员能力和调配能力,支持光伏业快速扩张,包括利用土地、税收政策、投资补贴等手段。实际上,这种方式放大了企业的投资预期,选成企业对未来发展的过于乐观,使其投资行为在相当程度上发生扭曲。比如在各地"十二五"规划中,三十多个省区市(不包括西藏)没有一个不把新能源作为战略性新兴产业,从而孕育着极大的隐患。①相比较而言,政府若将优化产业结构、推动产业升级的重点放在促进整体产业创新能力的提升上就可大大降低风险。政府培育产业创新能力体现在创新过程之中,至少可选择四个重点:一是扶持研发。科技研发是创新的前提,研发中才有创新。无论是原始创新、集成创新,还是在引进基础上再创新,均为研发过程的具体展开。给予必要的资金扶持或者将企业研发投入作为税前扣减基数甚至相应给予一定幅度的奖励补贴均是有益举措。研发在不同的时代有不同的形态和重点要求。当前的国情强烈呼唤应着重在加强基础科学研究和促进高科技创新两方面展开。二是促进孵化。借鉴国际经验,笔者以为,以色列政府的孵化产业的办法值得关注。首先,选择项目在市场中招标,并由全国权威专家进行论证、鉴别,以体现公开、公正和追求科学的精神。其次,政府借助于孵化器,或与该产业关联的投资公司合作进行孵化活动,即为项目承担组织提供扶持资金,甚至帮助选择经理人,塑造经营组织、培训人才等,将项目孵化与企业孵化结合起来。最后,按股权运作方式回收孵化利润,集聚孵化资金,为下一次孵化活动的展开奠定基础,从而做到孵化基金来源于企业、市场,又服务于企业、市场。三是帮助转化。科技成果产业化是孵化后的拓展,是推动产业创新的关

① 赵海娟:《尚德衰败对中国战略性新兴产业的启示》,《中国经济时报》2013年4月17日。

键所在，核心是帮助研发机构创造转化的有效载体和途径。

适应产业升级需要，政府从最初重点抓项目，逐步推演到培育产业体系，最后进入主要塑造产业发展环境的境界，这也表明符合规律的政府行为梯度升级的状态。项目导向是政府起步推进经济建设的必然选择，尤其是对于落后地区。经济愈发展，市场机制愈走向成熟，市场中的企业素质也愈高，政府调控经济的理念更先进，思路更开阔，手段也更加灵活。相反，经济落后的区域，不仅调控方式单一，而且政府干预往往更直接、更具体。由于某些干预在特定环境里（经济效率低、缺乏秩序、市场主体及其当事人素质差）产生效益，反过来又会强化政府推动的意识。以招商引资为例，下达指标进行推动，这在发达地区尤其是城市难以理解。然而对于落后地区，不仅由于缺乏配套的、较为先进的调动积极性的政策举措，同时，受干部素质的局限，没有强制性的紧逼指令，下面无法呼应和行动，因而，指标推动作为着力抓项自以适应特定地区的特殊杠杆具有合理性。不过，伴随政府调控的进步，必然减少对项目的直接干预，而把优化产业体系（产业结构体系、产业组织体系和产业业态体系）放在更加突出的位置。此时的调控特征为：结构、组织、生态“三位一体”地运行。如在引领产业结构高度化过程中，相应提出产业组织集中度提升以及业态现代化与创新的目标。否则，也许第三产业比重上去了，但产业组织依然是小、散、乱，业态依然是传统和落后的复归。同样，促进企业重组也离不开产业结构调整、升级，相反，企业倒是拼大了，但在产业结构优化中障碍或阻力更强，根本谈不上业态创新与贡献。若进一步提升政府调控、服务的质量，着力塑造环境则更受企业主体的欢迎，并有益于大幅降低管理风险。这里的环境至少涉及三个方面：以法制为核心的制度环境；以诚信为核心的人文环境；以信息化为核心的设施环境。

# 第十一章　产业升级中的企业行为

**内容提要**：产业升级存在两种类型：产业形态的结构升级和产业内部的能级提升。无论何种类型，企业始终处于主体地位。在产业内升级中，企业实质上是推进者、承载者、受益者和引领者。产业结构升级同样支撑于企业生产经营活动，包括企业原有要素转移和新企业整体要素的注入。发挥企业在产业升级中的主体作用，关键在于构建以企业为核心的产学研结合体系。虽然目前人们已普遍意识到，中国产业层次低的一个重要原因在于制约产学研相结合、科技成果产业化的体制机制未能形成，但没有深刻感悟其中的真正结症则是未确立企业的核心地位，尤其是产业转化"第三平台"的缺乏。

产业文明是人类文明之基，而产业文明演进的过程实质上就是产业升级的过程。在产业升级中，既有产业形态的结构升级，也有每一产业内部的能级提升。从社会视野看，包括产品和服务的形态创新、技术含量提升、功能拓展等。从产业内观察，既有流程再造的技术装备变化，也有人的素质提高和管理进步，更有企业经营功能在产业链上变动，即从低端进入高端。因此，从广义的产业升级看，产业内升级是产业间结构升级的基础，其中的企业行为具有决定意义。

## 一、企业：产业升级的主体

经济学家格雷菲在其 *International trade and industrial upgrading in the apparel commodity chain*（1999）一文中将产业升级表述为 4 种类型：工艺流程升级；产品升级；功能升级；链条升级，这

实际上是包含产业内升级与产业结构升级的广义升级范畴①：

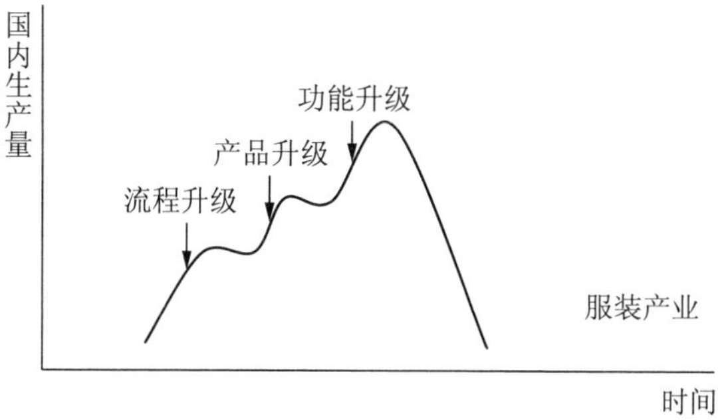


**图 11-1　产业升级概念图**

严格而言，产业升级的企业主体地位同时并存于两类产业升级的过程。

在产业内升级中，企业实质上是推进者、承载者、受益者和引领者。推进者：这是企业间相互竞争而产生的效应。企业竞争中的“恐慌”不仅来自于因消费者转移而使市场丢失，而且来自于他企业新工艺、新产品、新营销手段的推出，因为这是改变市场配置格局的根源。因此，企业内革新决定其生命力。从这个意义上看，一方面，企业生存、发展的命运完全掌握在自己的手中，升级的“恐慌”成为持续创新的资源。另一方面，在全社会范围内保护和促进市场竞争，阻止垄断就成为推动产业升级的外生力量。承载者：当企业将内功转向自我革新上，这时，企业的群体就自觉和不自觉地进入到产业升级实际承载者状态。如更新设备以替代劳动力成本上升压力并提高生产效率，从而增强价格波动适应与竞争能力；注重研发，自我加压走上自主创新的道路，不仅在产品、服务的形态及功能上体现技术含量的提升，而且其生产经营流程甚至管理流程均伴随技术进步而提高层次；将技术含量相对较低的生产流水线转移出去，既利用转移地成本优

① 王保林：《产业升级是沿海地区劳动密集型产业发展的当务之急》，《经济学动态》2009 年第 2 期。

势以及优惠政策取得经济效益，又使自身能集中资源进入研发、营销等领域，进而带动企业整体向产业链高端位移等等。受益者：如果说作为推进者的动力来自于企业间竞争，那么，享受产业升级的利益则是企业自主的内在动力。此次金融危机中，中国东南沿海一批来料加工企业纷纷倒闭(广东东莞鞋业主几乎全部撤离)，而处于产业层次较高的服务外包企业(如南京、无锡、苏州等服务外包企业群体)则订单难以应接且资金充沛。如此强烈反差的情形表明：产业层次差异决定应对危机的能力差异。即使由于全球金融危机使高度外向型企业普遍受到重创，而无论其所处产业层次，但在同样的国家及其市场领域尤其是生存于同样的产业链，产业层次愈低、产品及企业质态愈差，受淘汰程度愈高，这是无可置疑的。并且，一旦市场趋暖、恢复，高端优势企业群体总能优先抢占商机。考虑到正常情况下，市场需求不足，竞争日趋激烈，处于产业层次高端的企业始终将是盈利份额的主要控制者、占有者。引领者：企业在产业升级中增强实力，使技术创新更为便利，因而具有进入产业发展前沿的优势。现实中，技术创新—获得专利—行业标准—优势(垄断)控制，往往成为产业循环升级的逻辑。这一过程固然具有负面效应，即在一定时期阻滞他企业的创新速度，但若失去专利保护、拒绝行业标准，也许产业升级由于缺乏企业孜孜追求、另辟蹊径所带来的生机勃勃的局面而失去了推动的力量。

需要进一步探讨的是，从产业结构升级看，是否可以脱离企业的主体地位呢？答案也是否定的。所谓产业结构升级无非指两种类型：一是产业内行业比例变动，一般指由劳动密集型为主向资本密集、技术密集型为主转移。如制造业内存在三种类型并处于动态调整之中，即传统制造业、先进技术改造的制造业(视为先进制造业的一种)、高新技术制造业。二是三次产业比例变动，由一二三(三次产业产值所占比重序列)到二三一，再发展为三二一，表明由农业社会向后工业社会转变的文明进程，第三产业比重上升最终成为人类产业文明的标志。

然而，两种类型的产业结构升级同时支撑于企业生产经营活动，包括企业原有要素转移和新企业整体要素的注入。

多元经营和“两栖”经营均属于要素转移范畴。维持并增强企业核心竞争力与适度多元经营（特别是与企业核心竞争力相关联的行业）同时并存事实上是长期以来企业经营的基本方针。正是在适度多元经营过程中，跨行业、跨产业活动持续展开，这恰恰成为产业结构升级的内在源泉。到目前为止，世界上最优秀的重量级公司，其集团内跨行业、跨产业的子公司往往是盈利增加的重要贡献者。如在制造业的跨国公司中，业务重点开始向服务领域转移，目前GE服务业收入已占总收入三分之二。其缘故是：制造业链、制造活动、制造企业过去融为一体，随着技术应用以及服务业日益专业化、社会化，制造业的“三合一”走向了相对分离。首先，制造业链的实现形态发生了变化，制造活动可以移植异地、异国（通过外包），在全球范围内进行重新布局，体现空间分割。其次，从事制造业的企业行为也发生了分离，其中的一部分，甚至是主要业务走向了研发、营销，并且不局限于服务某一企业，形成既立足于制造业，又跨越制造业的“两栖”特点。最后，制造活动往往与资源禀赋相联系，成为发展中国家争夺国际产业转移的重点对象，进而推动跨国制造公司行为更加服务化。此外，对于新兴产业的新企业注入，既依托原有企业创造财富所形成的积累，更是表明新企业元素活跃于新型产业的舞台。

## 二、以企业为核心构建产学研结合体系

发挥企业在产业升级中的主体作用，一个重要方面就是要以企业为核心形成全社会范围内产学研相结合的体系。虽然目前人们已普遍意识到，中国产业层次低的一个重要原因在于制约产学研相结合、科技成果产业化的体制机制未能形成，但没有深刻感悟其中的真正症结则是未确立企业的核心地位。

产学研一体化，关键在于发挥企业的3个平台作用：自主创新平台；联合投资平台；成果转化平台。近年来前两个平台作用在部分企业已有较好的展示，但范围具有局限性，尤其是平台体系中起根本、

支撑作用的第3个平台未能形成。

就企业自身的自主创新平台而言，一些优秀的公司如宝钢、海尔、联想等均作了艰苦努力而且业绩凸显。从引进设备到通过自主创新进入世界500强并正在追求全球行业之首新日铁、浦项的中国钢铁龙头企业宝钢具有典型代表性。然而，这一平台的局限性在于：受企业自身实力与研究条件制约，取得成就并能推动产业升级的企业毕竟是少数。

企业作为高校、研究所等社会各类研究机构开展联合研究、共同开发的平台，正在改变昔日单一的市场交易及企业单打独斗的状态，进入新的产学研一体化体系。以上海为例，“在相关政策的引导和整合下，产学研联合由最初的项目成果交易向战略性合作发展，通过共同构建项目合作平台、创建研发机构、培养高素质人才等方式，合作程度不断深化，形成优势互补、风险共担、利益共享的长期合作关系，双向交流日益紧密”①。统计数据显示，2007年，上海规模以上大中型工业企业科技经费外部支出46.6亿元，比2000年增长4.1倍。其中企业与科研院所和高等院校合作所支出开发经费6.99亿元，增长2.4倍。

**表11-1　主要年份规模以上大中型工业企业科技活动经费外部支出情况**

单位：亿元

| 指　　标 | 2000年 | 2005年 | 2007年 |
|---|---|---|---|
| 科技经费外部支出总额 | 9.15 | 25.04 | 46.60 |
| 对研究院所及高校支出 | 2.03 | 4.39 | 6.99 |

资料来源：《上海统计报告》第73号。

应该说，相对于企业独立研发而言，联合研究、共同开发更具有聚焦各类资源、争取核心技术及共同关键技术突破的优势。不过，这是一个具有充分信息并须经过多方寻觅、博弈的过程，因此，虽然作为产学研相结合的重要平台扶持无可置疑，但其有限性同样不可

① 《上海统计报告》第73号。

避免。

企业在产学研结合体系中的第三平台，就是将自身行为直接转化为承接高校院所成果进入产业的平台。其流程是：院所成果→转化公司→应用企业。这里的转化公司实质上是专业性产业转化组织，内化于企业体系（即第三平台），具有其他转化形式无法替代的优势。其一，并非一般中介，而是具有充分实力的实体性公司。由于将成果转化作为主营业务并凭借专业优势产生丰厚效益。其二，熟悉两头，善于链接，并不断积累丰富的"转化"经验，使之成为产生品牌效应的专业性"转化公司"，其"转化市场"不断开阔。对于需要转化的对象机构，如某著名高校，它派一批经理人长期跟踪服务，发现可转化的成果，类似于猎手盯住猎物。因此，凡进入"转化公司"的成果一般转化成功率较高，因为科研成果在走出校门之前已经经过产业转化行家们筛选，与此同时，也给研究者提供源源不断的市场需求信息。对于科研成果渴求者——企业的市场需求，"转化公司"凭借企业经营优势，加上财力支撑，所获得的信息成为公司的优质资本，并且，通过"转化公司"之间展开竞争，这一企业群体实质上成为成果转化需求的最有发言权的权威组织。其三，具有自转化与他转化的双重行为。在成果转化过程中，从市场中选择企业进行转化，这是"转化公司"的主体业务，但不排斥从中展开部分自转化业务，即自我投资、自我转化、自我发展。由于"转化公司"既可以是具有独立性的一级公司，也可以是某著名集团公司的分支，因此，后者的自转化就体现为集团公司的"内部消化"。就转化对象机构而言，这实质上是增加了具有现实可能性的转化空间。其四，与高校、院所具有长期、稳定的协作关系。在被转化者看来，它是熟悉自身并具有转化能力的一个甚至是唯一的转化平台或渠道。同时，在相互信任的基础上，被转化者的利益能充分得以实现。

需要说明的是，作为第三平台的转化公司及其运行方式并不仅仅是理论的设想，在发达国家早已成为现实。2006 年 6 月，我们在牛津大学遇见的 ISIS 公司就是其中的一例。牛津大学每年的研发成果全部进入 ISIS 平台。转化公司的总经理是一位具有丰富企业经营经验的亿万富翁。当他向我们一一介绍所转化的成功企业案例时，我们提出了3个关键性问题：一是牛津大学为什么愿意将科研成果交给ISIS转化？二是ISIS为什么盯住牛津大学？三是牛津大学为什么能集中或垄断专家学者所研究的成果？以下是总经理的基本答案：大学教授、专家擅长于科研、做试验，不懂企业经营管理，他们从事科研活动是专门才华发挥，我们ISIS从事转化成果的经营也是专门才华的发挥。ISIS之所以选择牛津大学理由很简单，因为牛津大学是世界一流高校，科研成果丰硕，拥有50多个诺贝尔奖获得者。至于学校为什么拥有集中教研人员成果的权力则无法说明。尔后，我们专门求教于一位副校长而得知：牛津大学的教授、专家从未拥有研发成果的知识产权，因为任何科研活动无法与学校条件、环境相脱离，学校垄断全部知识产权。对于个人贡献，学校予以奖励，包括股权激励。从这里，我们发现了第三平台的根本条件：研究机构绝对拥有所属人员知识产权！

在中国，能否构建以企业发挥三大平台尤其是第三平台作用的产学研相结合体系主要取决于法律服务、政府培育以及企业主动参与三大要素。

中国《专利法》第6条、《专利法》实施细则第11条规定了职务发明与非职务发明的区别（职务发明权属“本单位”），明确“本单位”是指为发明人完成发明创造提供物质条件，可以向其布置技术工作，交付具体开发任务，并支付酬金的单位。因此，除了与发明人有人事编制及工资关系的单位属于发明人的本单位，还可包括发明人的受聘单位、借用单位、顾问单位和其他彼此间有特定技术开发、技术转让、技术服务和技术咨询等“四技关系”的单位。从立法追求的目的看，既有利于调动科技人员从事科技创新积极性（授聘单位总是给予相应待遇），又可保护受用单位因投入人力物力而作为“本单位”享有专利权益。然而，受害最深的也许就是挂靠人事关系并给予一定基本工资的原始或第一“本单位”。对于那些“兼职”的发明人，该类组织在人力资本上进行了大量投入，他们在校院环境（内含着难以估量的无形资产）中成长，从助教到博导甚至是院士，虽然他们参与外部项目研发,院所未直接投入资金、设备(有时也无法避免在难以发现中被使用),但实际上投入了最珍贵的人力资本。如果他们将主要精力用于此类外部协作,上述牛津知识产权现象就不可能存在,不仅是所在单位的惨重损失,社会中也无法诞生在更大规模、更有效率上实现成果转化产业的第三平台,甚至由于科技人员精力分散,院所失去聚焦科研条件,从而动摇了作为国家级科研体系的根基。从这个意义上看,创造法治环境是实现健康的产学研一体化、形成科技成果产业化第三平台的前提条件。

促进第三平台的诞生并培育其成长、壮大,政府在政策优惠、项目引领等方面给予扶持是必不可少的。当务之急是创造条件推动第三平台的建立,以满足社会的迫切需求。当下不少手捧优秀成果嘉奖证书而难以进入产业化的科学家正在不断向社会发出呼唤。2009年4月14日,《文汇报》以《成果停留在奖状上,不甘心》为题,报道获得2008年上海市自然科学一等奖的纳米专家施剑林的经历与心愿就是典型一例。该文称:“让不安分的纳米颗粒稳稳地呆在纳米级的孔道里,老实勤奋地工作——这个想法以及实现这个想法的一整套办法,让中科院上海硅酸盐研究所研究员施剑林捧回了2008年上海市自然科学一等奖。但获奖的喜悦,似乎并没有让他那不时皱起的眉头舒展开来:为了成果不止步于一纸获奖证书,他和他的合作者已奋斗了10年。”虽然在实验室做出了几十种纳米介孔复合体,但目前走向实际还只有一种——介孔结构的汽车尾气催化剂。这种催化剂能使汽车尾气排放达到欧4标准,即使行驶10万公里,催化性能也仅下降5%左右。目前能使汽车尾气达到欧4标准的净化器,国内90%以上靠进口。然而,“一套完整的整车测试就要花费几十万元,此外还有中试,放大生产等很多工艺问题需要解决。这项工作已经做了近4年,小批量产品开始进入市场,但离规模化销售还有不少距离”①。施剑林认为,2005年,他的另一项成果——纳米“药物分子运输车”问世,由于在生物医药上有良好应用前景,获得了国际学术界

① 《文汇报》2009年4月14日第7版。

的高度关注。一晃4年过去了，当初发表的两篇成果论文被引用已超过100次，但离临床应用似乎还很遥远。[①]可以设想，如果在政府的培育、扶持下，有大量的第三平台诞生，更多的施剑林能通过此平台实现产业化心愿，这也将是功不可没的民心工程。营造第三平台的税收优惠无非是指在增值税、营业税、所得税乃至出口退税等方面给予一定幅度的定期减免。项目引领主要是将政府扶持的研发项目尽可能通过第三平台孵化、转化。

企业主动参与涉及动力、方式、路径等诸多需要研究的问题。现有动力的缺失根源主要在于缺乏法律支撑的环境以及由此派生的市场需求不足。如前所述，当高校院所中的科学家人人都能成为“个体户”，类似于牛津大学的ISIS公司就因缺少市场中的规模需求而无法诞生。然而，具有长远眼光的企业家，应该看到，这是一片新天地，即新市场、新产业、新业态。因为，随着中国改革的深化和法治化进程步伐的加快，必将进一步激活企业的产业转化活力，尤其是对于第三平台的经营，一旦成为产业活动的组成部分，参与产业转化的企业群体及其竞争行为就会迅速并成规模地展现。在这一过程中，虽然不排除一些具有财力基础的创业者注册公司，但现有企业群体中尤其是实力雄厚的大集团，同样会派生出分支组织，作为其发展的新产业增长点，参与竞争，成为特定时期的主力军。此时的高校院所选择转化公司的机制，必将融入竞争择优的市场过程，而在企业看来，这就是走向第三平台的基本路径。

## 三、政府扶持重点：培育企业产业升级中的创新行为

百年未遇的金融海啸，从思想积累的层面看，也是一笔财富，很多长期困惑人们的问题如阴霾散尽，不言而喻地有了答案。以现代市场经济中资源配置方式为例，单纯的市场配置或单纯的政府配置

---

① 《文汇报》2009年4月14日第7版。

都意味着走上了死路。企业只依赖市场而不依赖政府不仅在发展中国家难以成为现实，即使是发达国家也无法例外。然而，真理迈出半步就会变成谬误。政府扶持企业就是救企业（言曰：保企业就是保民生），并且不作选择地全面救，这种判断及其操作思路即使视为经济危机时期的特殊做法，也会产生负面效应，因为错过市场机制帮助淘汰落后的机遇，导致救企业等于救落后。如果跳出特定阶段的特殊思维，持续、稳定地扶持企业的创新行为才是理性选择。

扶持企业创新行为，实质上就是从根基上尊重和巩固企业在产业升级中的主体地位，同时，也是为企业应对危机创造条件。现在企业以及社会建设的各方面要求政府给予扶持的呼声愈来愈高，并且政府拥有的资源又极其有限，因而政府扶持资源也存在一个如何科学配置问题。从经济系统运行中的政府扶持看，可以依据资源投入方式的差异分为两大类，一类是政策资源，另一类是资金资源。

对于政策资源虽然可以相对在促进经济发展的广泛意义上使用，但扶持的重中之重应是企业的创新行为。所谓政策资源，主要包括财税政策、土地政策、户口与人才政策等。所得税、营业税的税前抵扣和减免、增值税转型（从生产型转向消费型试点）、出口退税等均是近年来政府调节产业结构的杠杆，特别是地方政府，其财力实际上决定着所得税、营业税变动幅度（即使要维持名义税率，“财政返还”同样能进行实质性操作）。土地政策中的用地指标、工业与商业用地属性界定以及地上建筑物结构、容积率等均已成为调节经济的稀有资源。户籍对于城市尤其是人口过密的特大城市、中心城市无疑是引导人才流动的重要抓手。愈是发达地区、城市，三大政策组合运用的效应就愈能显现。若作趋势判断，政府的政策资源必将是较长时期内发展中国家依托企业创新行为而促使经济迅速成长的内生变量。

对于资金资源，虽不能完全排除竞争领域中的必要投入，但应避免“天女散花”（这是目前地方政府，尤其是发达地区普遍存在的现象。须知，这毕竟是通过财政支出消耗来自于纳税人的稀缺资源！），可明确限定于扶持企业创新行为。即建立“财政专项基金”，通过财政投入直接扶持企业及其相关联的重大创新活动。如为鼓励和推动企业创新，尤其是产学研一体化（打造第三平台），设立专项基金用于产业转化风险补贴、创造“园区”环境、构建孵化项目等。为提高安全度，放大效应，可借鉴国际经验，运用企业经营的方式扶持企业创新行为。以色列政府孵化产业的办法就值得关注。首先，选择研发项目在市场中招标，并由全国权威专家进行论证、鉴别，以体现公开、公正和追求科学的精神。其次、政府借助于企业孵化器，或与该产业关联的投资公司合作进行孵化活动，即为项目承担组织提供扶持资金，甚至帮助选择经理人，塑造经营组织、培训人才等，将项目孵化与企业孵化结合起来，实实在在地推动科技成果产业化进程。最后，按股权运作方式回收孵化利润，集聚孵化资金，为下一次孵化活动的展开奠定基础，从而做到孵化基金来源于企业、市场，又服务于企业、市场。

总之，面对金融危机的特殊压力，政府在较广的领域伸出救援之手（并非保护落后），促进增长、稳定就业不难得到社会的广泛支持和理性拥护。但在经济运行正常状态中，政府扶持必须聚焦于企业创新行为，即通过强化产业升级的企业主体地位，提升国家整体的产业层次，以实现发展方式转变的根本追求。

# 第十二章　产业升级中的地方政府行为

**内容提要：**产业升级是中国转变经济发展方式的根本途径，这并非仅靠企业孤军奋斗就能成功，全社会参与，借举国之力乃是不可或缺的资源，其中各级地方政府的调节类似于市场经济不可逾越具有客观必然性和不可抗拒性。因此，地方政府究竟应调节什么？怎样调节？在发挥促进产业升级功能的过程中是否还能转变政府职能？直面此类问题并寻求理性选择方式、路径比采取脱离现实的否定或回避态度更有价值，这也是本章所探讨的主旨内涵。

中央政府经济职能的发挥通常离不开地方政府的角色贡献，尽管这并非要求贯穿到每个微观机构，但若干层级地方政府（如中国现阶段的省市县）的配套及延伸作用必然持续相当长的时期。就产业调节而言，至少省市级政府阶段性干预目前无法避免。因此，规范地方政府在产业升级中的调节行为，既是经济发展自身的需求，也是政府职能转变的理性选择。

## 一、产业升级中地方政府行为的理性判断

上述谈及的地方政府产业调节行为的客观性结论长期以来始终受到挑战。这里其实存在具有内在逻辑联系的三个问题必须回答：其一，一般意义上的国家（含发达国家）是否具有产业调节的需求及其被实证？其二，发展中国家是否具有产业调节的需求及其被实证？其三，不同国家的地方政府是否具有产业调节的需求及其被实证？

对于发达国家，一般习惯以美国为代表。流行的观点认为，作为

世界上最为自由的市场经济国家——美国——是不存在政府产业干预行为的。诚然,走在世界产业发展最前沿的美国,所具优势已经存在100多年(自19世纪末开始,已跨3个世纪),其产业调节没有更多他国经验可借鉴,这也客观上决定了政府直接干预产业行为明显少于其他国家,但不能以此证明美国政府无产业干预行为。

就美国联邦政府而言,至少可以从三个角度观察其对产业活动调节功能。首先,最早实施反垄断法,对产业组织活动进行干预。19世纪80年代以前,美国政府主张完全的自由放任,但1887年《州际商务法》的通过则表明反产业活动中的托拉斯行为开始诞生,该法禁止企业间进行联合经营与订立运输协定。尔后,《谢尔曼法》(1890)、《克莱顿法》(1914)、《联邦贸易委员会法》(1914)相继颁布,形成了反垄断的法律体系。从一定意义上看,反垄断实质上是对产业组织行为进行干预或调节,目的在于使产品和生产要素更好地流动,从而在竞争中促进产业结构优化。其次,总量调控中伴随着结构调节。在美国,自1929—1933年大危机之后,以财政、金融政策为主要手段的宏观总量周期性调控始终存在,与此同时,一些具有公共工程的基础产业和与促进就业及科技发展的产业往往得以强有力的扶持。1933年的罗斯福新政标志着政府干预和市场机制共同调节的"混合经济"体制开始形成。20世纪50—60年代,凯恩斯主义宏观调控政策主要以促进经济增长、增加就业而展开,在随后的尼克松、福特和卡特政府,虽然都针对各自所面临的经济问题制定和实施了相应的宏观经济政策,但都没有跳出凯恩斯主义的无法完全避开影响产业结构的国家干预模式。进入20世纪80年代以来,尽管货币学派、供给学派替代凯恩斯主义成为官方经济学,但促进或实现经济稳定增长、降低失业率依然是宏观调控的重要目标,特别是克林顿之后,受宏观调控政策影响,在技术革命作用的基础上,美国的产业结构发生了根本性的变化。布什任总统之初,为了促进经济增长,将房地产作为带动性产业,鼓励财政金融政策予以扶持,加上长时期金融监管的松懈,爆发了震惊全球的次贷危机。与此同时,为了救市,将"房地美"、"房利美"收入"府下",又启动7 000亿美元的调控方案,因而在次贷危机发生、发展全过程中均彰显政府的结构性干预。最后，制定国家技术政策，促进产业升级是美国政府产业调节的主要方式。纵观美国国家技术政策的历史，大体可分为四个阶段：一是早期技术政策（1878—1941），重点推动由农业技术进步转到促进工业技术发展，主要通过制定法规和政府资助去实现。如设立研究实验室直接组织农业技术的推广应用，通过培养大批农业技术专家，进行农业技术推广等。二是第二次世界大战和冷战时期的技术政策（1941—1980），通过资助军工技术的研发带动民用技术发展（原子弹的发明开创了核能时代、计算机技术的突破开创了信息技术时代）。在国防技术优势形成的同时，建立了强大的政府研发体系，并通过技术扩散带动了一批重要的新兴产业和整体产业技术的突破。如空间技术为美国在航天、卫星通讯、计算机、电信等工业领域的绝对优势奠定了基础。三是冷战后期的调整型技术政策（1980—1992）。由于国际竞争的压力，美国政府感到，单纯以国防技术带动民用产业技术进步的模式具有局限性，因而决定对科技政策作重大调整。其一，通过立法确立了促进联邦政府研究成果转移、扩散和商业化政策，以挖掘战后国防导向的科技投资的商业价值。其二，制定促进企业间合作研究的政策，增强企业的研究开发能力和创新能力。1984 年形成国家合作研究法，促进企业合作研发、合作生产，减少单个企业开发的成本和风险。其三，制定和实施以增强美国长期竞争力为目标的政府与企业的合作计划，强化政府在产业进步中的作用。其四，正式把制定和实施国家技术政策作为联邦政府的使命，以运用技术实现改善生活质量、促进经济增长和保障国家安全的目标。克林顿政府以来，把技术政策的重点转向产业技术和军民两用技术。依据克林顿 1993 年 2 月在硅谷发表的政策声明《技术为经济增长服务：建设经济实力的新方针》所确定的政策框架，美国政府制定和实施了综合性的系统的国家技术政策。如政府与企业合作开发先进技术，包括开发新一代汽车、新能源工业项目、建设信息高速公路等等。

对于发展中国家，政府在促进经济增长，以求尽快缩短差距而实施“追赶战略”中的产业干预行为已成为经济学家们反复研究、寻思得失的历史性案例，这里不再赘述。

从地方政府的视角判断以及历史实证，愈是幅员辽阔的大国，在产业活动的调节或干预中，地方政府所发挥的作用就愈明显。凡联邦制国家，地方政府具有联邦政府权力以外所保留的全部权力，即使是联邦政府权力范围内的事项，如果宪法未规定属于联邦专有时，则由联邦政府和州政府共同行使管辖权。这样，地方政府发挥经济调节作用就具有了独特的体制条件。虽然是单一制国家，如何向地方政府下放权力，调动地方政府积极性也成为当今世界政府改革的普遍性课题。1995 年 5 月，加拿大多伦多属下马卡文市曾举行一次座谈会，分管经济工作的政府高级官员详细介绍马卡文市招商引资各类优惠政策，并主动与多伦多市、纽约市比较，以显示其独特的优惠程度。其间，一位与会者提问：这是否等同于中国国内各地采用的“土政策”？对方解答：只要平等对待所有投资人，就是公平市场，世界上从来就没有统一的商务政策。实际上，这也是发达国家地方政府调节产业活动的一次典型展示。

值得研究的问题是，政府的参与、推动作用必须限制在合理的区间，做到适时、适度和规范。否则，同样会带来灾难性后果。所谓适时、适度，就是要求弥补市场不足，在市场机制难以发挥作用的时期和领域及时调节，体现催化、扶持优势。一旦市场机制能够运作，就应及时退出，或呈现由强到弱的过程。所谓规范，必须将政府干预置于法律法规约束之中，避免滥用权力，导致腐败。如果从总结教训的角度来剖析战后日本和“四小龙”政府干预经济的过程，其不尽如人意之处并非出在合理干预的本身，而是在很多方面未做到适时、适度和规范（如对某些产业的保护政策的不适当延续，实际上损害了市场机制，牺牲了经济效率）。

## 二、 产业升级中地方政府作为的理性界定

目前，在世界范围内，地方政府参与产业活动的调节行为受国情及其发展阶段等因素制约差异明显，其中，发展中国家力度更大，所

涉面相对更广。以中国为例，地方政府至少在 6 个领域应“有所为”：

1. 优化产业结构。各地政府在 5 年发展规划中均有产业结构布局，甚至明确支柱产业界定（其实，对于层级过低的地方政府不应有此要求），并通过颁布配套政策予以实施（深圳市还以人大通过的《条例》去贯彻）。值得肯定的是，近年来一些地方政府开始将区域经济实际状态与产业发展要求紧密结合制定结构变动的扶持政策，如经济相对落后的中西部地区将新型工业化作为产业发展重点，而比较发达的沿海地区及中心城市则发现第三产业滞后开始将提升现代服务业作为追求。

需要进一步明确的是：总体上的优化产业结构关键在于推动产业高度化，如前所述，必须在三大比例变动上作出适应性安排，产业升级的目标不能模糊。首先，对于三次产业比例，无论是实现新型工业化要求，还是第三产业比重的提升均应作战略目标设计，每个五年规划应提出明确指向。因为具有一定程度上体现科学性的指标导航不仅产生动力，而且伴随着责任与压力，使政府的使命感体现得更为充分。其次，在规划三大结构变动中，必须凸显高新技术产业比重提升的引擎作用，以恰当的增长比例导航。这不仅因为它制约上升中的第三产业质量，而且对于每一产业走向高端产生推动功能。最后，由于产业升级与产业创新、结构优化具有内在统一性，必须关注和推动创意与虚拟经营产业增长。从一定意义上看，世界新经济的本质就是以创意为本的经济。同时，虚拟经营可从两个方向促进产业升级。一是接受虚拟，即在国际产业转移过程中淘汰落后产业，即使继续从事加工制造也处于更高层次；二是虚拟他人，将自身非优势产业转移出去，增强产业的核心竞争力，促使产业转移成为产业升级的过程。

2. 促进技术进步。这是目前争议最小、地方政府普遍高度参与的领域。一是为了呼应国家技术创新战略，以适应处于国际竞争环境中的产业升级态势，二是地方政府为了长远发展用自身财力促进科技创新和科技成果产业化也无可非议。现在，中国几乎所有的地方政府均制定扶持政策，如上海制定《上海中长期科学和技术发展规划纲要(2006—2020)若干配套政策》、深圳出台《深圳经济特区科技创新促进条例》等,涉及政府科技投入占财政支出的增长比例、科技投入结构、科技成果转化以及相应的管理体制创新等各个方面(深圳市通过立法形式颁布《条例》,允许市政府发起或者参与设立创业投资基金,以投资预期良好的科技项目或者属于鼓励发展范围的初创科技企业)。

3. 保护知识产权。保护知识产权与促进产业升级、技术创新具有内在的统一性,地方政府理应积极作为。众所周知,从人类产业升级的历史进程看,每一次产业跨越均直接起源于重大技术突破。如果说没有瓦特的蒸汽机的发明,就没有英国整体性的产业革命。同样,没有爱迪生电的发明,迎来电的世界,美国就不可能有 19 世纪末以来的产业变迁,从而进入世界第一强国的行列。然而,爱迪生的发明又是以知识产权保护为前提的。“事实上,爱迪生在门罗公园发明工厂的启动资金,就是他第一次转让专利权所得,以后他的每一项发明都为下一项发明提供资金。这是他得以完成 2 000 多项发明的物质基础之一。”[①]对此,发展中国家某些落后地区往往存在一种错误的观念:处于一定时期的特定发展阶段,对知识产权保护的适当放松,有利于保护企业、扩大就业,因而常常是有意无意地采用“睁一眼,闭一眼”的方略。即使迫于外界压力,表现出“积极”配合,予以“打击”的姿态,终究力度不够,致使破坏知识产权的行为无法从总体上根除。实际上,这是极为愚昧的错误。从目标实现看,保护知识产权才是真正地保护自己,才有可能将产业层次推向高度。幸运的是,近年来在中国东南沿海及中西部发达城市,知识产权保护意识不断增强,实施力度不断加大。以上海为例,2008 年 9 月 23 日,市政府公布了《关于本市实施国家知识产权战略的若干意见》,从完善地方知识产权法规与政策、促进知识产权创造和运用、加强知识产权保护、加强知识产权行政管理、发展知识产权中介服务、建设知识产权人才队伍、推进知识产权文化建设、扩大知识产权国内外交流合作等八个

① 《大国崛起:美国》,中国民主法制出版社 2006 年版,第 159 页。

方面提出了全面贯彻实施国家知识产权战略、不断加强和推进上海知识产权工作的25条意见。主要内容涉及进一步完善地方知识产权法规体系;不断强化知识产权政策导向;完善知识产权领域相关政策与措施;鼓励发明创造,切实保障发明创造人的合法权益等等。

4. 参与品牌塑造。在产业结构优化升级过程中,科技创新作为第一推动力,必须聚焦于品牌,即以品牌为依托和载体促进产业走向高端,否则,高质量的科技成果也无法得到国际社会的检验和应用,甚至仅能产生展示效应。从这个意义上看,技术创新只是起步推动,唯有品牌诞生才真正意味着产业升级。诚然,打造品牌根本依赖企业主体行为,政府创造条件、予以扶持(当年亚洲新兴国家"起飞"均经历了这一过程,并且至今影响犹存)则更多表现为国家行为,但地方政府的积极参与也是直接并具有基础性的推动力。如在政府采购中,地方政府占相当大的比例,对于国家和区域级著名品牌实施持续性政府采购(欧美发达国家也不例外,法国至今定期公布政府集中采购的本国系列品牌),就会产生难以估量的品牌塑造效应。现在,中国一些地方政府已在基础设施、重大工程建设采购较大比例地将民族产品纳入范围,今后还须进一步强化品牌意识,尤其应破除地方分割、保护落后的观念,尽可能聚集资源扶持地区和民族品牌。除采购外,各地政府扶持经济的财税政策、财政专项投资若能与塑造民族品牌相结合(中央政府可形成品牌目录供各地选择),其促进产业升级的功效将更加得以彰显。

5. 改善教育结构。从产业升级所需要的人才供给看,教育的配套也是当务之急。实践反复证明:已经处于产业高端的国家得益于教育贡献,后起的产业升级迅速的亚洲新兴国家更是在教育结构变革中获益。当然,要求各级地方政府对国民教育的学校结构进行规划、调整并非为现行教育管理体制所许可,但依然存在两个领域的作为空间:一是省市级政府对于地方院校及其专业设置完全能够从产业升级的要求出发进行必要的宏观调节,使财政支持产生产业高度化的效果。具体做法可以是将区域发展的规划尤其是扶持产业的目录及相关政策交于学校,由学校结合自身状况进行专业、课程开发并提出支持条件，而不是违背教育规律地直接插手干预；二是对在职人才培训进行科学规划，通过政策、资金等扶持使职业培训成为与产业升级相匹配的人力资本投入过程。

6. 吸引创新人才。产业升级尤其是现代服务业发展，其产品既不是劳动密集型，也不是资金密集型，而是智力密集型。如世界金融中心排名，人才为第一项指标，包含金融人才的集聚度、自由流动度、职业供给度等，因而缺乏高层金融人才是上海国际金融中心建设的主要瓶颈。因此，产业升级的国际竞争也是人才竞争，地方政府通过创造良好的居住环境（包括通过各种方式使其降低租购房成本）、工作环境（降低业务开办成本）、服务环境、生活环境等等集聚产业升级所需人才应视为根基之策。现在几乎所有的地方政府均制定吸引人才规划，创造性的采取政策措施招募领军人才，形成百舸争流之势，若能顾及区域平衡发展，在宏观调控下，形成沿海地区主要吸引国外人才，中西部地区能够广泛吸引人才的格局，中国产业升级的人才战略就更能显现科学发展之效。

## 三、 产业升级与政府职能转变融合的理性选择

在中国，产业升级中的政府作用发挥与转变职能应是同样紧迫的需求，但客观上二者往往形成矛盾状态，如何应对这一难题，即一方面能使政府理性的调节产业功能充分地展开，与此同时又不为深化改革、转变政府职能设置障碍，这显然是对决策层、管理层智慧的考验。问题的关键在于把握恰当的时机、方式，进行阶段性设计及其力度选择，以竭力促使统筹兼顾。分步做到政府的“四个退出”和对地方政府扶持产业升级行为进行有序规范是两大可选之策。

所谓“四个退出”即：(1)退出企业生产经营活动；(2)退出消费采购者身份（政府采购通过市场组织实现）；(3)退出经营性投资主体地位；(4)退出产业调节者角色等。目前，以上四个退出尽管总体上均不尽如人意，但相比较而言，第一、二种退出力度较大，并且在不断深化和规范。第三种退出也在逐步推进。如国务院已颁布《国务院关

于投资体制改革决定》,明确提出,政府投资主要用于关系国家安全和市场不能有效配置资源的经济和社会领域。即使是对投资项目的审批,也明确规定:对于企业不使用政府投资建设的项目,一律不再实行审批制,区别不同情况实行核准制和备案制。困难最大的是第四种退出,现在总体上还未提到议事日程(就比较基层的地方政府而言,第四个退出具有根本的、标志性的功效,只有这样,才能使政府真正走向"社会管理,公共服务"的轨道)。结合现实状态,对于第四个退出可从两个角度分步实施:一是纵向看,应从县以下的政府组织展开。一个管理幅度极为有限的乡、镇政府实际上无法把握产业发展的未来态势,如果也在制定所谓的"十一五"规划,而且重点是产业发展规划(现实就是如此),长此以往,不仅政府失误难免而且无法从直接控制资源尤其是土地资源,干预经济活动中淡出。二是横向看,更高层次的政府组织(省市以下)第四个退出可从发达地区开始。发达地区 GDP 增长压力相对减缓,促进经济增长更应注重从市场调节、市场监管、社会服务上做文章,通过增长速度的"自律",推进整个社会全面发展。与此同时,为全国范围内政府职能转变承担先行示范的责任。这次国务院将上海浦东地区作为综合试点先行区,其效果理应辐射到上海、长三角乃至全国各地。

阶段性产业调节行为规范主要依赖所选举措理性并予以科学布局。目前地方政府的调节举措可归为三大类:一是政策,含财税政策、房地产政策、人口户籍政策等;二是资金,如财政专项资金;三是服务,包括减少审批环节,提升服务效率等。应该说,就产业组织主体直接扶持而言,政策与资金更具有促进价值。如在上海,一旦被列入科技创新企业,所得税率降为 15%,技术开发费用的 150%抵扣当年所得税所得额,实际发生费用当年不足部分,可在 5 年内结转抵扣(各地均有类似政策)。深圳政府设立约有 30 亿创投基金投向一些高科技项目。这些均意味着受益企业直接获利。然而,从普适性角度看,政策与资金往往受到如下限制:其一,地方财力限制。对于一些经济发展落后地区,财政收入规模小,实质上是"吃饭财政",难以顾及经济扶持。其二,社会协调发展限制。在社会全面发展呼声愈来愈强的过程中,财力支持社会事业、提供公共产品,加上长期以来公务服务严重滞后,这也大大牵制着财税资源向经济领域投入。其三,法律法规限制。如增值税属中央地方共享,无法任意调整税率。再如农业耕地"红线",不能踩踏,这样,一些地区土地资源受到严格限制。值得注意的是,一些高层次的大公司,尤其是实力雄厚的国际跨国公司,对于特殊的优惠政策并非视为首选,相反,将严格规范的法治、透明的管理秩序、诚信的文化背景以及公共服务效率等作为投资环境的重要组成部分,而对无序的社会关系"黑洞"产生惧怕情绪。因此,在财力许可并尽可能提供政策及资金扶持前提下,综合治理社会环境,尤其加大力度转变政府职能,提供良好服务更显重要而又迫切。如果说,在特定时期、特定区域可以政策、资金、服务为序实施战术策略,那么,从长远看,尤其是适应于所有区域,必须坚持以服务、政策、资金为序实施战略谋划。此外,对政策、资金注入产业调节过程也必须尽快进入法制轨道。类似于美国政府 7 000 亿救市计划必须经过国会批准一样,中国地方政府即使是应急举措也应经过必要的公民听证、专家论证、人大批准的法治程序。这样,通过战略实施的有序布局和政策举措的有序实施,即"两个有序",逐渐走出一条促进产业升级与转变政府职能根本结合之路。

# 第十三章　产业升级中的政府宏观调控

**内容提要**：在产业升级的过程中对经济活动进行必要的宏观调控，这几乎成了全人类的共识。然而，不同国家甚至同一国家的不同时期，宏观调控的方式和状态差异也十分明显。究其原因，经济、政治、文化无一不起作用，但最为基础的因素无疑是经济制度或经济体制。计划经济体制与市场经济体制必然衍生出具有根本差异的宏观调控状态。在中国更为特殊的是，这两种体制在较长时期同时并存，因而使宏观调控状态更显其复杂性，这就提出了在产业升级中，研究宏观调控组织、特征的必要性和紧迫性。

## 一、经济体制与宏观调控

经济体制制约宏观调控至少体现在以下四个方面：

一是制约调控方式。直接调节为主与间接调节为主，其本质在于体制差异。能以市场为媒介进行间接调节只能是市场经济体制。相反，企业生产经营活动直接受政府行政干预必然是计划经济体制。因此，在现实经济运行中，只要政府依然能直接对企业生产经营活动发号施令，只能说明计划经济体制并未真正退出，而不能仅仅视为传统体制的惯性作用。因为，此时所改之处只是表面形式或称"皮毛"，若真的"伤筋动骨"，企业即使不予理睬，也不会受到伤害。从这个意义上看，对企业行为直接"指挥不动"，才是市场经济体制运作到位，才促使政府关注市场与企业之间的内在联系，学会运用市场影响力作用于企业行为的间接管理方式。

二是制约调控手段。尽可能少用行政手段，多用经济手段和法律手段调节经济活动,这往往成为领导者的告诫。其实,调节手段的运用不是一种意愿的取舍,而是经济体制的内在规定。当市场体系不够健全、成熟,企业未能真正成为市场经济主体时,严格意义上的公共财政运作,金融调节的三大杠杆运用,即存款准备率、再贴现利率和公开市场业务,要么无法启动,要么效果甚微。经济管理手段看似是调节工具的选择,其实则是经济体制状态的标志。特别值得强调的是,行政手段运用的比例、效果往往是衡量体制转轨力度的重要体现。因此,每一次宏观调控中行政手段运用状态,应作为体制改革的研究对象,做到以体制转轨去推动行政干预的减少和经济手段、法律手段更多更有效的运用。

三是制约调控领域。尽管宏观调控面可覆盖全社会,但不同领域经济活动的影响程度则大相径庭。即使不谈由于市场关联度而作用于企业活动的差异,仅就产权结构而言,宏观调控的影响也具有层次之别。总体看,在公有制经济领域,特别是在国有独资或国有控股的经济领域,宏观调控的接受度或受控程度要明显高于非公经济领域。此外,植根于市场经济的外向型企业,其涉外经济活动同样会超脱于国内宏观调控。在中国,近年来受宏观调控的体制制约,调控中的失控领域所占比例愈来愈高。根源在于:一方面,企业受利益驱使,不断走向市场,排斥与自身不利的行政行为(其实,这也体现着深化改革的必然结果),另一方面,宏观调控方式依然是传统手段偏重。长此以往,调控与失控并存现象势必加重,甚至出现胶着状态。因此,宏观调控的作用面和实际效果,离不开对经济体制的配套选择以及对完善经济体制的追求。

四是制约调控主体。严格地说,市场经济体制下的宏观调控主体只能是中央政府。无论是财政、金融政策的运作,还是法律手段的运用,惟有中央政府才具备相应的权利。然而,中国现行调控体系中,省市级地方政府客观上均成了调控主体。因为以行政方式调控无法离开各级政府的直接参与。并且,地方政府对土地等资源的控制使之成为事实上的调控对象。近年来,总量失控的行为相当程度上就是地方政府助推而形成。在这种情形下,将地方政府作为一级调控主体，同时督促其自我觉悟，克制自身行为成为走向市场经济过程中中央政府完成宏观调控任务的重要战略。2004 年江苏铁本事件的处理以及后来的调控绩效足以证明地方政府在目前调控体系中居举足轻重的地位。若要地方政府从宏观调控体系中退出，其前提条件就是市场经济体制完整地发挥配置资源的作用。

## 二、 政府调控组织的复合性

1. 政府组织体系的复合性

由中央政府和各类地方政府构成的政府组织的复合体系，其立足点就在于充分满足多元、多层民众利益的需要，同时也是政务目标分层实现的要求。

政府复合组织体系的构造，其首要理由是：地方政府组织的存在具有不可替代的客观必然性。一是有效性。地方政府由当地居民选举产生，和居民有密切联系，熟悉本地情况，便于做出符合实际的决策和提供有针对性的公共服务；地方政府区别于中央政府的各部，具有综合功能，只要合理授权，就能产生“综合执法”的效果，减轻中央政府的压力、负担，众多区域性事务在地方政府有效运行的过程中得到及时处理。二是创造性。地方政府由于具有独立地位，可在行政领域中发挥创造性和进行试验，创建新的服务项目和功能，实施新的管理方法，成功的经验可向全国推广。三是民主性。地方政府能够提高公民参与政府决策、实施民主管理的素养，为在国家层面整体提高决策的民主化、科学化水平奠基。由于全国范围广、领域多、事务杂，民众参与能力的提高需要长期的过程，特别是落后国家更不能操之过急。地方政府则不然，涉及的范围、领域有限，与居民联系经常、直接，因而公民在参与地方事务决策过程中，可培养参政能力，增加参政活动的兴趣，促进政务管理民主化。四是独立性。地方政府的存在可以防止中央政府权力过分集中和滥用权力，并且，地方政府对中央政府的决策也可施加影响。

然而，随着科技的进步特别是信息技术的快速发展，中央政府集中调控能力增强的理由也愈加充分。一是地方政府的存在并努力发挥作用,容易导致各地发展水平的差距,尤其是公务标准及其执行的差异带来种种不平等现象,更加依赖中央政府的积极有效的宏观调控。二是受地域的限制,很多公共服务项目如铁路、机场、港口等重大基础设施无法在区域内正常展开,伴随现代技术的运用,中央政府完全有条件做出决策和进行合理安排。三是地方政府虽然可以在某些行政领域内发挥创造性和进行试验,但有些地方政府也可能固守旧观念,妨碍改革的推进。此外,独立性过于增强,极易导致地方保护主义。这些都需要中央政府在调控中加以克服。

中央政府和各类地方政府复合存在的必然性决定了地方政府组织形式的选择并非简单地取决于地域的大小,而是决定于中央政府与地方政府以及地方政府之间政务边界能否划分和功能能否互补。原则上看,某一地区,如县、市、镇等,只要具有独立行使政务的必要和可能就应设立地方政府组织,一般而言,非区域的政务功能完全可以通过中央政府或上层地方政府承担。两种特殊情形可以例外:一是作为多层之中的地方政府,其管辖领域属于战略要地,原地方组织形式的继续存在,严重阻碍该地区的发展,同时也影响中央政府功能的正常发挥。如中国设立重庆直辖市、即将由韩国中央政府直管的济州岛等。二是某些区域属于动荡之地,设立地方政府不具备基本条件(如选举无法展开)并危及国家统一,可在一定时期采取特别行政管理,甚至进行军事管制。

在多层复合的政府组织体系中,如何分权,进一步调动地方政府的积极性是当今世界共同课题。对于发展中国家,特别是长期采用集权治理的国家,合理分权,调动基层政府组织的积极性是促进经济社会快速发展的重大举措。中国上海20世纪90年代的崛起是十分典型的案例。上海发生巨变的起时点是1992年,该年正是政府实施分权改革之年。1992年以来,按照“决策权力下放,管理重心下移”的要求,针对市一级政府权力过分集中的问题,实行“两级政府、两级管理”体制,由市政府向区县政府放权。从1995年开始,又在实践中不断创新、完善,进一步形成了市区“两级政府、三级管理、四级网络"、郊区"三级政府，三级管理"的城市分级管理新体制，着力加强街道、居委会和社区在城市建设和管理中的作用。在此过程中，按照分清事权，明确责任、责权利相统一的原则，制定相应的政策措施，先后两次较大规模扩大区县政府在利用外资、城市规划、资金融通等方面的权限；区县也向街道、乡镇和社区放权。目前分权改革继续深化。

2. 同一地方的政府组织复合性

从世界范围看，同一地方，其政府组织复合性具有两种基本类型：一是地方政府一体化，发挥双重功能；二是同一地方容纳两种政府组织，发挥双重功能。

属于第一种类型的地方政府，一方面依照法律，履行中央政府授予的权力和承担职责，即使中央部门有独立的委派机构发挥作用，其人员也较多地采用中央与地方的双重领导。另一方面，在地方领域发挥独立的公共管理和服务的功能。例如即使在美国，虽然采用联邦制，也不排除这种复合性。如联邦政府的组织必须有州参加，否则不能成立。联邦政府参议院以州为单位选举产生，联邦总统的候选人由政党的代表大会提名，出席代表大会的代表以州为单位选举产生，选举联邦总统的总统选举人由各州产生，以州为单位投票，选举权的资格由州规定，联邦宪法的修改必须有四分之三州的批准。实际上，州是联邦政府的基础。与此同时，联邦宪法规定州政府具有联邦政府权力以外所保留的全部权力。虽然是联邦政府权力范围内的事项，如果宪法未规定属于联邦专有时，由联邦政府和州政府共同行使管辖权。在中国，这种同一政府的双重复合性更加明显。任何一级地方政府都存在着双重功能：一是无条件地服从上级政府下达的目标、任务和相关指令；二是在法律以及上级政府许可范围内充分发挥主观能动性，履行地方政府的职责。随着改革的深化，政府法治化程度的提高，政府的功能发挥愈来愈进入法治的轨道，但无论如何，政府功能的双重性不会削弱。

同一地方设立两种政府组织，分别履约中央政府和地方的职责，这在法国最为典型。早期法国政府推崇权力纵向下放，即中央各部把部分决策权直接下放到地方分支机构，后来发现这种分权方式容易在地方上产生相互独立的行政行为，因为一个部的分支机构只和本部联系，不和其他部关联，各分支机构的活动很难协调一致。于是，提出在地方上需要设立能总揽各部分支机构的地方国家行政机关的改革方案，这样，各部的权力不直接下放到分支机构，而是先到达地方国家行政机关，这种分权做法是近年来被极力提倡的所谓横的权力下放方式，其趋势表现在省长的权限之中。省的最高行政机关是省长，省长是中央政府在省内的代表，掌握省内全部国家行政机关。其主要职责是：代表国家签订合同，管理省内国有资产；指挥各部在省内设立的分支机构；维护公共秩序，具有行政警察、司法警察权力，这是任何地方政府都不能具备的。为了保障省长的权力能够实现，法律规定以下一系列措施：(1)只有省长能够接受部长在省内的权力委托。(2)中央政府和大区与省内国家行政机关之间的公文往来，必须通过省长。(3)各部在省内分支机构负责人的考绩，由省长提出建议。分支机构负责人的任命和调动，必须事先通知省长。(4)一切公共机构、国营企业、受国家援助的企业的负责人，必须把对本省有重大影响的事件通知省长。(5)省长是省内国家行政机关之间的行政委员的当然主席。

同一地方的政府组织的双重功能，究竟是通过单一地方政府组织去实现，还是通过两类政府组织分别体现，显然是各有利弊。前者组织简化，有利于降低成本，提高效率，但代表国家行政机关的功能往往由于受地方利益影响而遭到削弱，中国目前普遍存在的“上有政策，下有对策”的现象就是例证。双重组织的安排，一定程度上可避免上述弊端，但组织成本高，相互磨擦、冲突或推诿等牺牲效率现象的发生在所难免。作出选择更多地是依据国情，特别是经济发展水平和政治文化背景。

3. 地方政府之间的复合性

加强地方政府之间的联系，特别是城市间公共管理的合作，是现代经济社会发展中的重大课题。由于经济社会发展是多种要素复合的交互影响、推动的过程，中央政府出面协调、平衡至多只能谋划其中一部分显而易见的重大活动和事项，况且，对于落后国家而言，往往受财力的限制，平衡的重点是贫困地区和严重薄弱领域，对于相对发达地区，尤其是城市间的联系，难以运用转移支付来顾及。这就提出了地方政府尤其是城市之间加强紧密合作的必要性和紧迫性的挑战，如果不能及时选择应对的方式、路径和相关对策，不仅会丧失良好的发展机遇，而且会造成相互的磨擦甚至对抗，伤害整体经济效率。

在发达国家，城市群诞生与发展就是城市间政府紧密合作的重要形式。

城市群在经济社会发展尤其是工业化进程中具有不可替代的作用，是资源配置的现代空间形态。实践证明：促进城市群的形成并发挥其应有功能可选择两大路径：一是市场化；二是公共服务高度化。

市场化即通过强化市场配置资源的功能，促进城市间形成合理的分工体系，避免不恰当的政府行政干预（割断城市自然、紧密的联系）。从这个意义上看，政府愈超脱，愈“不作为”，城市间融合度愈高，城市群的形成和发展愈具备市场条件。也就是说，培育城市群需要政府科学定位，理性退出。目前中国城市群形成面临的第一障碍就是政府行政干预。由于历史形成的行政区划与城市空间分布的错位（如与上海毗邻的苏州、无锡区划为江苏，南京为管理中心），加上政府配置资源的机制无处不在（并非某一地现象），城市间的天然联系被人为割断，结果必然是地方保护，市场分割，产业布局雷同。近年来出现的竞相设立开发区、不惜工本竞争外资投入项目、重复建设大型基础设施、服务垄断和各自为政展开恶性竞争等现象均是地方政府利益作祟的产物。如果说，这也表明政府经营城市，那么，这种“经营”是与城市群发展背道而驰的，城市群的崛起呼唤政府经营的真正退出。

公共服务高度化是地方政府着眼于在更广领域、更大空间培育城市群的重要方式。政府提供的公共服务既可存在于一城一地，也可作用于地域和城市之间，这种由局限于某一空间的较低水平的服务分层上升到更广领域、更高水准的过程就是公共服务高度化的体现。对于地方政府而言，实现公共服务高度化，形成有利于促进城市群发展的公共服务体系,可选之策至少有两种:一是各城市政府通过契约的方式主动加强合作,构筑某些适宜的公共服务网(长三角城市群近来在人才市场、信息联网、技术平台建设等方面的努力都属于此列);二是在城市地方政府之上,建立具有权威的合作组织,将一部分更高层次,更广范围的服务从地方政府组织中转移出来,授之于它。法国的城市共同体正是该类型。成立于1966年的城市共同体,目的在于解决大城市及其郊区市、镇的联合问题。居民5万人以上是人口底线,自愿设立是原则。如有关市镇的全体同意设立时,由部长会议以命令批准。如有关的市镇意见不一致时,按市镇联合会和市镇联合区的议会多数和居民多数原则设立,这时由政府咨询最高行政法院后以命令批准。共同体所管理的事务由原来属于各市镇的职权转移而来,有些转移是强制性的,范围广泛而且重要。转移出来的责权涉及:城市规划、新住宅区和工业区的创建、城市交通及基础设施、教育卫生、旅游等。此外,各市镇可以自愿地将其保留职责的全部或一部分转移于共同体。同样,共同体也可根据需要将某些职责移转于其成员。由此联想到:中国过去曾出现的大区体制,即华东区、华北区等,若改造成为适应现代市场经济的体现公共服务高度化的政府合作组织不失为一种选择。

4. 跨区域的中央与地方政府的复合性

与以上涉及的常规型中央与地方政府复合性相区别,跨区域的复合性主要表现在两种形态:一是中央政府通过转移支付,选择某些地区进行投入,即在再分配过程中中央政府某些职能融合于受援地区(受中央政府指定的地方政府间的帮贫行为实质上也是变相的中央政府的辐射复合行为)。二是中央政府从经济社会发展的需要出发,将某些地方政府管理的区域直辖于中央,如中国在1997年将原属四川省管理的重庆市确定为中央直辖市,效果显著。韩国也已明确,济州岛将由中央政府直接管理。当然,动态地做反向选择也是可能的。

总之,现代政府组织的复合性,既是适应现代市场经济的公共管理的需要,更是现代社会不同群体、阶层利益多元化的政府组织体现和缩影。

## 三、 体制转轨期宏观调控的主要特征

处于计划经济与市场经济体制同时并存期,无论是微观经济活动还是宏观经济运行均存在难以驾驭的复杂局面和无法克服的操作性困难。就宏观调控而言,至少具有以下五个特征:混合性、过渡性、耗散性、惧热性和外部性。

1. 混合性。既包括调控目标选择的混合性,也包括调节手段运用和调控主体的混合性。

在市场经济体制下,宏观调控的目标侧重于总量平衡。即使是“二战”以后一些新型工业国,着眼于经济起飞和提升国际竞争力,也通过产业政策或“窗口指导”在结构调节上发挥了作用,但从调节过程的分量以及步入成熟期之后的现实操作看,总量调控依然居主导地位。然而,计划经济中的宏观调控,侧重于结构调节,即有计划、按比例。即使是总量平衡也是通过结构平衡去实现的,因为任何实物经济平衡总是以结构平衡为基础。这样,体制转轨期的调控目标,就很难判断以谁为主。虽然从趋势上看,中央政府的总量调控为主的行为开始显现,但结构调控的惯性依旧强烈,特别是各级地方政府,纷纷通过产业政策,明确主导或支柱产业,连连出台各自的“招”,力求在区域经济发展中角逐产业结构竞争力的高低。尽管实际效果是,产业结构提升层次缓慢,产业雷同问题十分突出,但在各地经济发展五年规划中依然提出新口号,乐此不疲地选择、扶持自身的新支柱产业。

体制转轨期宏观调控手段的运用也难以区分孰重孰轻。符合市场经济调控要求的经济手段及法律手段为主地使用基本不可能出现,改革开放以来的调控实践事实上予以了证明。先后展开的 5 次“过热”调控①,行政手段依然起着支配作用。然而,纵观由远及近 26

---

① 第一次 1979 年—1981 年;第二次 1985 年—1986 年;第三次 1988 年—1989 年;第四次 1993 年—1996 年;第五次 2004 年。

年调控的全过程，经济手段及法律手段运用的比例无疑逐渐提高。特别是2004年发生的第5次宏观调控，先后启用了调整存款准备金率，发行央行票据、提升贷款自有资金比例以及加息等一系列经济手段。如果从把握规律的角度作判断，体制转轨及完成期，行政与非行政手段的运用大体呈现以下阶段性特征：行政手段为主—行政手段与经济及法律手段并存—经济及法律手段为主。据此，现实的调控手段运用状态基本上处于第一阶段向第二阶段过渡之中。

调控主体的混合性是体制转轨期人们不愿看到但又难以消除的客观经济现象。各级地方政府纷纷成为调控主体，利用所控制的资源对经济活动进行"规划"，设置"战略"，甚至直接插手某些微观生产经营活动。对于这种单一计划体制或单一市场体制均不存在的独特现象，人们的评价也大相径庭。肯定者认为，这是中国经济走向市场，加快发展的必经之路。因为现阶段，中国正处于接受国际产业转移的战略机遇期，政府作为承接组织集中了相对优秀的人才，并且事实上垄断了土地营运权（这一状态近期不可能改变），若人为中断地方政府与吸纳外资、接受国际产业转移之间的联系，实际上意味着自设发展障碍，断送发展机遇。特别是对于落后地区，地方政府是推动经济发展的第一杠杆，中止政府参与调控经济行为，就等于延缓改变落后局面的进程，强化区域不平衡的发展趋势。反对者则认为，这是典型的诸侯经济现象，任其蔓延，不仅与建立市场经济体制背道而驰，而且整个国家可持续发展将受到愈来愈严重的威胁。应该说，既要鼓励发展，又要积极引导，该到了采取有效措施的时候了，但从总体上看，多主体并存仍将持续较长时间。

2. 过渡性。体制转轨期实质上也是宏观调控状态的过渡期。这一历史阶段自始至终充满着变动性和不确定性。面对过程的推进，人们可以不断地回头，总结经验，汲取教训，但根本不存在搬用的可能。原因在于：

第一，体制改革深化。任何朝市场化方向的体制变动都意味着调控方式改进。原体制环境中不可用或者效果甚微的手段在新的体制条件下及时运用就会使整体调控体系的运行质量提升一步。不可想象，2004 年宏观调控时采用的调整存款准备金率、提高贷款利率和提升贷款自有资金比例等措施能适用于改革开放后第一次宏观调控，即 1979—1981 年宏观调控。当时“拨改贷”改革还未展开。对于企业，不必言，其就利率变动无敏感反应，即使是对贷款本金也缺乏偿还意识。相反，在改革深化过程中，过去某些调控举措自然就会消失。如 1979 年—1981 年；1985—1986 年；1988 年—1989 年三次宏观调控都把限制企业乱涨价，抑制消费基金增长作为紧缩内容。这些在随后的 1993 年—1996 年；2004 年两次调控中就不复存在。因为“双轨价”体制已经消亡，并且自 1998 年以来，提升消费基金比例反而成了追求持续增长的目标，同样，盲目追求消费的企业体制、机制也不复存在。

第二，面临的经济社会发展中的矛盾激化。伴随着改革的深化，发展中的矛盾会同步凸显。在不断激化的矛盾集合中，有的警示调控主体从过去忽略或放弃控制应转向关注甚至开始加强控制，有的则要求作逆向调节。如能源、资源节约和环保问题，在改革开放初期，由于未上升为主要矛盾，追求快速发展成为第一目标，因而未作为调控的主要内容。时至二十余年后的今天，这些已成为可持续发展的重大而又紧迫的课题，成为中央政府发挥宏观调控职能而不可推卸的责任。再如，调动各方面积极性，包括调动各级政府的积极性，推动经济发展，这是改革开放以后经济工作的主旋律，然而，各级政府在追求 GDP 政绩过程中所引发的经济社会矛盾日益突出，除了可持续发展面临的问题外，还包括“二元”结构扭曲、区域发展失衡、收入分配差距过大乃至社会稳定环境遭遇挑战等等。这是淡化 GDP，走向科学发展观指导下的“五统筹”调控方略出台的社会背景。

第三，人们对政府的期待和要求强化。延长发展周期、尽可避免“硬着陆”，尽可能多地运用经济手段和法律手段，伴随调控过程尽可能加大改革力度等等，尽管操作完全到位不可能实现，但作为社会的呼声和百姓期望势必影响决策层。从正面效益看，它成了宏观调控必须与时俱进、不断完善的动力和压力资源。1993—1996 年、2004 年至今的两次宏观调控基本上被称为“软着陆”，原因就在于一定程度上满足了上述要求。如调控时机选择比较恰当，加上注重经济和法律手段的配合使用，避免了类似于1988—1989年的“硬着陆”运行状态等等。

3. 耗散性。这是由混合性决定的。在多种调控方式、手段和多元调控主体并存的情形下，相互磨擦、抵消状态必然发生，增加了各种调控力聚合的复杂程度，使调控效果难以显现，因而在过渡性调控中如何降低阻力成了提高宏观调控质量的重大课题。调控功能的磨擦、消耗主要体现在行政手段与经济手段及市场机制相互作用的过程之中。强化企业投资主体地位，扩大浮动利息的幅度旨在追求充分利用市场机制引导企业选择经营规模的效应，避免一刀切。然而，在过热性调控中，往往要用行政方法控制固定资产投资规模，严把项目审批关。如2004年宏观调控，针对4 185个新项目，几乎砍掉一半。反过来，有些必要的行政手段调控功能常常受市场微观、局部利益机制的影响而大打折扣，甚至会导致宏观调控意图难以贯彻，影响全局性宏观调控的实施。如清理开发区，严格地保护耕地，这是近年来宏观调控的重要内容，调控手段更多的是行政性、指令性的，现在已演变为土地指标管理。但在调控实践中，绝大部分地方政府都采取上有政策，下有对策的方式，谋取局部利益。不折不扣的执行者几乎不存在。

江苏常州的“铁本事件”，可视为体制转轨期宏观调控具有耗散性特征的典型案例。作为处于市场中的民营企业，铁本有限公司既有顺应市场经济发展而逐利的正常行为(事件败露前，总经理吴国芳曾是赫赫有名的民营企业家)，也有对抗市场经济规范运作的违法行为，通过开虚假抵扣发票，逃税700多万元，最终受到法律的制裁。事件中的地方政府具有明显的两面性。表面上服从宏观调控，也及时召开各种会议传达中央精神，而在操作中则着眼于地方政绩和利益，通过“双分解”的办法对抗宏观调控。一是分解投资项目，将100多亿钢铁投资、840万吨建设规模分解为7个小项目；二是分解土地，将6 000亩农业用地分解为12次报批。结果无论是项目，还是土地均造成违规审批成功。从这里获得的启迪是：及时处理类似事件，是降低耗散性必不可少的举措。

4. 惧热性。严格地说,宏观调控既有过热性调控,也有过冷性调控。前者侧重于紧缩需求,后者致力于促进供给,目的均在于求得稳定发展。然而,人们常常习惯于把宏观调控等同于过热性调控。似乎加强宏观调控就是避免增长过快,防止通货膨胀。这种调控理念通过双轨制中的政府行为传导得明显而又具体。因而在长期的宏观调控中,减少过热,降低“虚火”成了主旋律。甚至形成如下状态:一有过快过热的苗头,决策层容易形成共识,并能集聚各种手段,用于“扑火”。一旦出现衰退征兆,判断常有分歧,即使适度放弃紧缩,防止“反弹”之声依然浓烈,真正陷入低谷,则调控乏力,甚至束手无策。

1997—2002 年持续 6 年的通货紧缩至今令人难以忘怀。1996 年 5 月 1 日至 1998 年 7 月 1 日,中国人民银行曾连续 5 次降低存贷款利率,存款利率平均降低 4.23%,贷款利率平均降低 5.17%。其中,1 年期存款利率从 10.98%降到 4.77%,减息幅度为 56.56%。但是,在这期间,包括 GDP、工业、投资和社会商品零售额等在内的经济指标的增长速度不但未转向回升,反而呈持续下降之势。此时,经济界一些著名人士依然认为:毕竟物价下降的幅度不大,商品生产和市场销售的绝对规模似以不低的速度继续增长,要防止“硬起飞”(其实当时起飞已经很困难)。并且提出,一定的通货紧缩与经济发展并不总是矛盾的。“现在所面临的是主要由于供应过剩而造成的通货紧缩,从历史的角度看这是起好作用的通货紧缩。”①也许受此舆论环境的影响,直到 1998 年 3 月九届全国人大闭幕时,财政部长还在重申要坚持 1993 年以来的“适度从紧”的财政政策。实际上,到 1998 年 6 月底,财政政策若再不作调整,严重的经济衰退势必来临。由于过冷性调控启动迟缓,以至该年 7 月以后的财政“放松”被迫采取了超常规举措。这不仅表现在财政部投资计划由年初定的 1 200 亿增加到 1 800 亿,即大幅度增加水利和环保等基础设施方面的财政性资金投入,而且在给商业银行发行 2 700 亿元特别国债基础上,于 8 月

---

① 刘国光:《当前我国宏观调控的几个问题》,《经济研究》1998 年第 11 期。

份猛然增发 1 000 亿用于公共投资的建设性国债,并且此后持续 5 年每年发建设国债 1 500 亿,6 年后经济才真正回暖。可见,过热性政策固然不可取,但惧热性理念、思路及政策同样危害至深。

5. 外部性。体制转轨期即新旧体制交替期。此时,政府始终保持双重角色:一方面改革自身职能,重新设定目标,适应市场经济发展新要求。如中共十六届三中全会在总结以往改革经验的基础上形成 16 字新的导航方针,即"经济调节、市场监管、社会管理、公共服务"。另一方面必须始终确保经济发展,使改革在发展的前提下展开。任何以牺牲发展为代价而致力于推进改革,都会被视作"为改革而改革",未处理好"改革、发展、稳定"的三者关系(事实上,中国经济社会运行中种种矛盾只有通过发展才能解决)。这也许正是中国渐进改革的成功经验。然而,政府在确保和推动发展的过程中就无法避免非经济因素的干扰,使经济发展周期明显烙有外部性痕迹。这些非经济因素包括政治取向、发展信心、观念选择、业绩显现等等,每一次强有力的聚合和凸显往往成为经济发展周期的转折点,宏观调控举措的出台也随之波动。

1979 年"过热性"调控前,正值打倒"四人帮"之后的建设高涨期,"洋跃进"成为当时促进发展的强大动力;1984 年城市经济体制改革成为重点,加上承认商品经济体制所引发的活力,这些新发展因素被注入本来就处于恢复、上升期的运行轨道,使 1985 年社会总产值冲向高峰 16.2%,与此同时,也决定了 1985—1986 宏观调控必然来临。然而,1986 年正是"七五"规划(当时称计划)的第一年,面对新五年全面促进发展要求,紧缩性调控难以贯彻到底,因而 1988 年过热性反弹也在情理之中。该年 GDP 上升到 11.2%,居民消费价格指数 20.7%,零售物价指数 18.5%,形成了改革开放以来最为严重的通货膨胀。当然,当时的"价格闯关"、"长痛不如短痛"等激情高昂情绪也起着推波助澜的作用。此后,对于一再弹起的过热,加上需要稳定的社会环境,"治理整顿"的药下得很猛,使 1989 年的 GDP 增长率下降到谷底——3.9%,第二年也仅增长 5%,上海工业 1991 年出现负增长。若不是"南方谈话"的推动,1992 年的经济爬坡几乎不可能。此后，在深化改革，扩大开放强有力推动下，迎来了新一轮发展的高潮。幸运的是，从1993年开始，宏观调控以“软着陆”为目标，产生了自1992年以来GDP增长率连续14年每年高于7%的长周期，期间的波峰为13.4%，谷底为7%，落差为6.4%。显然，外部性随着政府的科学、理性的增强具有减弱的势头。

## 四、体制转轨期宏观调控的路径选择

1. 引导、限制地方政府宏观调控的主体行为。如前所述，目前要求全国地方政府完全退出参与宏观调控的分工体系，不仅不现实，也不利于促进阶段性的经济发展。但若不加引导和限制，结构扭曲、产业失控的现象将愈加严重，以至短期内就会危害全国经济的可持续发展。在制定“十一五”规划时，通过具有一定刚性的规划调节，不失为一种有效之策。将“五年计划”改为“五年规划”，有利于凸显市场调节的基础性功能，因而意味着运行机制设计更加符合市场经济的发展趋势。然而，发挥中央政府有效调节经济运行的宏观调控功能同样也是现代市场经济的内在要求。在注重市场导向的同时，避免市场调节的“拜物教”，这是发展中国家富有潜力的发展之路。为此，规划调节应成为主要调节方式。可选之策是：形成中央到地方阶梯式规划调节体系。类似于法律结构，低阶规划必须服从于高阶规划。不同之处是，下一级规划是上一级规划的具体化，更便于落实。这样，中央一级规划，就成了“龙头”规划，起总揽全局、部署各方的作用。如对战略性、支柱性产业的扶持，除明确产业选择及发展方向、目标外，必须有明确的区域性布局，即使是粗线条，也须有必要的限制性安排，以避免不应有的产业同构以及严重无序性竞争。与此同时，要求下一级政府规划的制定，必须视上级规划为基本依据，遵循宏观的区域内产业规划的导向，对不作限制的领域，充分发挥自身的主动性，形成具有特色的规划体系，并对下级政府进行规划调节。可以设想，梯级规划调节，即使具有某些计划经济的痕迹，一定程度上限制了地方政府的积极性发挥，甚至在一定时期的某些领域或某些环节偏离市场经济规律,但因为总体上可避免产业布局由于地方政府行为所造成的盲目性,其基本面应该是正效应,作为过渡性调控模式选择具有合理性。

2. 以改革深化提升经济及法律手段运用比例。经济体制改革与宏观调控中减少行政手段的运用是同一课题的两个侧面,并且二者是相互依存的。就决策者而言,要想提高宏观调控的质量,多运用经济手段和法律手段就必须以改革推进作为保障。相反,创新调控方式也会成为深化改革的动力。问题是:在过热性调控过程中,往往因为急于取得调控效果而习惯于动用行政手段,甚至会不惜代价。即使是提出"软着陆"目标并努力实施、取得明显成效后,负面效应依然不可低估。如"砍项目"调控与实施《国务院关于投资体制改革的决定》难以吻合。因此,改革文章的重点应做在过热性调控之后。从一定意义上看,防止过热性调控与深化经济体制改革是体制转轨时期宏观调控的两大战略和举措。当经济过热急需动用必要行政手段时,改革服从于调控,当经济趋于平稳运行时,加大改革力度可为下一轮过热性调控减少行政手段的运用创造条件。二者有机结合,宏观调控的手段、方式就愈来愈走向健康、成熟。

3. 坚持过热性调控与过冷性调控并举,优化调控目标。持续稳定增长是宏观调控的重要目标,"过热"与"过冷"均为偏离目标发展的障碍性因素。宁可走向"过冷",也不允许出现过热的苗头,这是必须消除的有效实施宏观调控的认识误区。长期的实践证明,对付"过热",若要不顾忌行政手段的使用,不仅"出招"方便,而且总能见效。相反,对付"过冷",则常常步履艰难。如前所述,1997—2002 年持续 6 年的通货紧缩是难以忘怀的典型案例。走出误区,除了在认识上作必要清理外,重要举措是:在对付"过热"下药时,一不要过猛(继续追求软着陆),二要适可而止。当一系列重要指标如 GDP、投资增长率、货币供应量、利润增长规模等开始回落,并向正常指标逼近时,就应当机立断,停止紧缩。若担心"反弹",延误时机,萧条过程将以"乘数回报"。目前的宏观过热性调控,该到了鸣金收兵的时候了。从 2005 年上半年经济运行状态看,工业增加值累计同比增速从上年 5

月以来平缓回落，工业利润增速明显下降，同比回落 27.9 个百分点；进口增幅比上年同期低 29 个百分点；规模以上的工业亏损额增长 56.1%，同比上升 55.7 个百分点；CPI 呈下降趋势，3—6 月环比持续负增长。这时，依然强调加强宏观调控，或者“巩固成果，防止反弹”，“不再出台新措施，关键抓落实”，都是“惧热性”表现，决策者若采纳，通货紧缩在所难免。这意味着不到 2 年，经济难以启动的苦果将再次被品尝。

4. 尊重区域差异性，增强调控合理弹性。第一，承认差别的合理性，并鼓励因地制宜，体现探索、创造精神。中国地域辽阔、人口众多，又处于亟待发展的阶段，没有中央政府的统一调控，走科学发展的道路，就必然既不能避免大起大落，又难以做到可持续。从这个意义上看，贯彻科学发展观无地区差异，尤其是体现以人为本的要求更不应该区别对待。然而，这里也有实现方式和实现程度体现地方特征的问题。例如，在贫穷落后的地区，温饱问题还未根本解决，这时，政府的主要精力用于经济发展，追求 GDP 和财政收入增速完全符合地方实际，只不过要求其在注重经济发展的同时关注社会事业，并且，资源消耗、环境保护等也必须尽可能适应集约型增长方式，提高运行质量的要求，若要以发达地区、发达城市如上海为标准，也是不现实的。否则，落后地区永远无发展(科学发展观的实质是追求更好的发展，而不是不发展)，最后由于地区经济严重不平衡，导致整体发展链的中断，也就难以谈及国家层面的科学发展了。第二，差异性体制、政策选择的背后应有共性和未来发展趋势的参照系。差异是客观的、具体的，验证着大哲学家黑格尔一句名言，即“存在的就是合理的”。但差异又是动态的，并非永恒，其变化趋势就是按共性规律展示的航向作适应性调整。如果差异的体现者、实践者，没有前进的思维和努力进取的眼光，而是画地为牢，不见山外世界，顽固地坚持本土主义，表面上看很实在，实际上尽管早已被滚滚向前的发展潮流所抛弃而自身无感觉，最后坑害的还是老百姓。第三，体现差异性同样应把握科学尺度和避免超越可承受能力。以招商引资为例，下达指标进行推动，这在发达地区尤其是城市，难以理解。然而对于落后地区，不仅由于缺乏配套的、较为先进的调动积极性的政策举措，同时，受干部素质的局限，没有强制性的紧逼指令，下面无法呼应和行动，因而，指标推动作为适应特定地区的特殊杠杆具有合理性。但不论何种对象一律接受指标，而且指标数量又随意确定就有失偏颇了。某地一所学校的校长苦叹：每年市里下达招商引资的指标 5 万美金，若连续两年不能完成，校长就地免职。类似这样的指标就成了街头巷尾议论的笑料，不仅不切实际，而且积累怨气，破坏情绪，损害政府形象。第四，适时否定、动态调整。一旦发现以往适应性政策举措无法再起到当年的作用，这时就应义无反顾地进行推陈出新，在走向文明的征途上前进一步或几步。这也许就是历史发展的轨迹。

5. 遵循经济运行规律，消除外部性。非经济因素左右经济运行，无论是正面效应，还是负面效应都不足取。正面效应只能得益于一时，并且滋生对人治的依赖，特定阶段同样产生危害。中央政府作为宏观调控经济的主体，排除外部性关键在于走向法治。应该说，从理念上看，随着科学发展观提出与贯彻，开明、理性、科学的政府形象已经展现，加快步伐，进入法治轨道更是希望所在。依据现实的状态，问题更为严重的是地方政府：追求 GDP 势头依然不减；攀比招商引资的热情依然高涨；升级升官的欲望依然体现在“抓经济”的行为之中……如此所带来的“发展势头”不断诱发运行失控的风险。因此，对待地方政府的经济行为，不断加大改革的力度，促进职能转变，形成科学的指标考核体系并尽快予以实施是消除外部性的当务之急。

# 第十四章　构建“两个作用”的机制，促进中国产业升级

**内容提要**：构建“两个作用”的机制，首先需要科学界定各自的内涵。市场决定作用主要体现在4个决定上：决定商品劳务和要素的价格；决定企业投资经营活动；决定资源自由流动；决定企业优胜劣汰。政府作用主要在6方面理性地展示其功能：加强基础产业的支撑作用；淘汰落后产业的杠杆作用；促进技术进步的引领作用；扶持战略性支柱产业的推动作用；完善产业组织的调节作用；引入外资外企的优化作用。当务之急是要将市场的4个决定作用与政府的6个调控作用有机结合起来，形成共同推进产业升级的机制。从路径选择上看，至少涉及3个关键问题：立足点、突破口和目标选择。着眼于具体实施，剥离与退出、保留与加强、探索与创新将构成三位一体的操作线路图。

新一届政府明确提出打造中国经济升级版的奋斗目标，其关键是形成促进产业升级的体制机制。这在中共十八届三中全会上破了题，即就政府与市场关系的核心问题，总结30多年改革开放的历史经验，提出“市场在资源配置中起决定性作用”和“更好地发挥政府作用”（以下简称“两个作用”）的重要命题。实际上，同时提出两个命题的本意就是强调：正确处理政府与市场的关系，实质在于发挥好“两个作用”，形成体现经济规律的良好机制。

## 一、科学界定各自的内涵

所谓市场对资源配置起决定性作用，按照中共十八届三中全会

的界定，就是符合市场经济一般规律的判断，即市场配置资源是最有效率的，市场经济本质上就是市场决定资源配置的经济。这里的“决定”至少包含四方面的内涵，或称 4 个决定：①市场决定商品劳务和要素的价格。主要包括：物价、工资、租金、利率和汇率。反映市场需求的 5 价格灵敏波动并相互感应才能形成调节资源配置的机制。从物价看，虽然必须考虑到政府作用（政府的定价范围主要限定在重要公共事业、公益性服务、自然垄断环节等），当前涉及水、石油、天然气、电力、交通、电信等领域的价格改革也必须加大力度，尤其要放开竞争性环节价格。即使是农副产品，也应注重发挥市场对形成价格的作用，真正做到：凡是能由市场形成价格的都交给市场，政府退出不当干预。应该看到，在价格体系中，趋于市场决定价格状态，利率、汇率改革的任务更重。利率形成机制的改革，关键在于放开存款利率；汇率自由波动的空间拓展还依赖于人民币自由汇兑，这些都需要相应的风险管控体系的尽快建立。②市场决定企业投资经营活动。依据中共十八届三中全会决定，必须确立企业投资主体地位。企业投资项目，除关系国家安全和生态安全、涉及全国重大生产力布局、战略性资源开发和重大公共利益等项目外，一律由企业依据市场状况自主决策，政府不再审批。由于存在种种边界不确定性，政府主导的简政放权只能视为一种过渡性安排。笔者近日出席一次作为第三方专家代表审议政府部门自报减少审批项目的方案规划会议，涉及 13 个重要部门，总体感受是：一是绝大多数部门捍卫自身的“三定”框架，并在原有定岗定编基础上重申职责，不作实质性减少行政审批的努力，在 13 个部门中，仅有 2 个部门被认为基本符合本轮政府改革要求。二是提出减少审批的项目及其所占比例虚大于实，“水分”过多。某局在减少审批报告中列出 9 项作为减除对象，号称占原审批项目的三分之一。然而，专家们发现：其中 1 项国务院不作为审批项目，并且该局实际上也不在审批；3 项原是备案项目，本不应作为审批对象；2 项转为合并审批，只是改变审批方式。可见，9 项中的 6 项纯属虚张声势。三是以减少责任或责任下放来替代减少审批。某部门在提出的减少审批方案中，基本围绕设施、设备管理责任权下放于基层政府作文章，而基层政府又不具备相应条件，若如此操作，结果是层层需要增加编制和人员，违背改革初衷。然而，涉及与利益相关的权限则无一项下放。四是机关、事业、企业同处于一个体系，“裁判员”与“运动员”合一，但无一部门主动提出分离，甚至要求增加事业机构及其编制。目前，相当多的行政机关下属存在诸多事业单位，并且，一些事业单位又以企业身份出现，进行盈利性经营，搅乱着市场竞争秩序。本属于改革的重要内容，同样因触及利益而回避。可见，同级政府自下而上的自身“革命”异常艰难！③市场决定资源自由流动。市场决定资源配置，其本身就包含着生产要素在不同产业、行业和区域间自由而动态地布局，一切行政性保护、垄断必须退出。④市场决定企业优胜劣汰。在经济发展过程中，市场机制作用的重要方面就是促进企业优胜劣汰。市场竞争中的优胜劣汰首先是使企业产生巨大的技术进步压力，无论是通过原始创新、二次创新，还是通过集成创新，企业终将被逼成为创新主体。“被逼创新”其实是创新常态，竞争杠杆就是创新之源即产业升级的原动力。其次，伴随优胜劣汰的充分竞争，生产要素自由流动，各要素价格灵敏反映供求变化和企业结构变化，处于产业升级中的优秀企业凭借其消化成本上升的相对优势总是率先占有稀缺资源进而巩固、提升价值链地位。最后，充分的市场竞争使落后企业迅速显现并全面陷入困境，正是在它们走向被购并、破产的过程中才呈现出产业升级的壮观局面。事实上，中国当前的市场状态远未达到优胜劣汰的机制形成要求，因而产业升级的基础性功能相当程度上取决于政府的态度与选择，培育市场的优胜劣汰机制依然显得艰难。这其中既有市场发育本身的缘故，更有政府行为派生的障碍。以企业破产为例，这一直接促进产业在优胜劣汰过程中而快速升级的法规实施效果始终不理想。究其原因，首先目前还没有一整套适应于不同投资或企业主体的破产法律制度。中国1986年制定的《中华人民共和国企业破产法》(以下称《破产法》)适用范围仅限于全民所有制企业，由于当时经济体制改革尚未确立发展市场经济的目标。因此，这部《破产法》不可避免地带有局限性。随后从民事劳动等方面制定了许多相关的法律法规来辅助破产法的执行，比如1991年制定的《中华人民共和国民事诉讼法》第19章中的“企业法人破产还债程序”及其司法解释；1994年中国人民银行、国家经贸委、国有资产管理局共同制定的《关于防止银行信贷资产损失的通知》，国有资产管理局制定的《关于做好企业破产过程中国有资产管理工作的通知》，以及国务院《关于在若干城市试行国有企业破产有关问题的通知》；1995年劳动部《关于进一步做好破产企业、困难企业职工和离退休人员基本生活保障工作的通知》等等。由此不难看出，中国破产法的立法体制零乱，尽管已有以上诸多法律法规来调整破产，但至今并没有一部适用于普遍主体的完整的破产法典。①其次，即使企业符合破产条件，是否实施破产仍由政府主管部门决定。《破产法》第8条规定，“债务人经其上级主管部门同意后，可以申请宣告破产”。为什么债务人的破产申请权受到限制？原因依然是在制定法律时基本处在计划经济时代，上级主管部门决定着企业的生杀大权，而作为债务人的企业即使达到了破产的界限，也不得向法院提出破产申请。国发〔1994〕59号文和国发〔1997〕2号文都明确指出，实施企业破产，必须首先安置好破产企业职工。也就是说，如果符合破产条件的企业没有安置好职工，就不能实施破产，没有被列入兼并破产和解困企业名单的企业也不能申请破产。这样，由上级主管部门决定债务人的破产申请能否行使，而使债务人的破产申请权流于形式②，并且，债权人保护财产的权益完全被忽略（保护债权人合法权益才是破产法制定的真正初衷）。多年来，由于该破产的企业不能及时破产，已严重阻滞着产业升级。正如中国时任钢铁龙头企业宝钢总经理马国强所言：解决产能过剩问题，手段之一是深化钢铁产业政策，包括淘汰落后产能等，但更重要的是适应市场优胜劣汰规律的配套政策法规的出台和严格执法。很多相对落后的中小型钢企成本竞争力是建立在牺牲环境的情况下获得的，如果形成相关配套法律法规并严格执法，使高能耗、高污染企业失去成本

---

①② 《浅谈中国破产法在实施中暴露的弊端》，http://www.110.com/ziliao/article-294107.html，2012年5月18日。

竞争力,则更能推进钢铁行业间通过市场手段并购重组,更有利于解决产能过剩的难题。①

所谓更好地发挥政府作用,主要指政府尤其是中央政府可在6方面作用区间理性地展示其功能。第一,加强基础产业的支撑作用。这里所讲的基础产业主要包括两部分:基础设施(铁路、公路、水系等)和产业体系中需要发挥支撑作用的一些基础部分,如钢铁、电力、煤炭、通信等。前者作为提供公共产品的政府作用适用于所有时期,后者在产业构筑初期更为凸显。第二,淘汰落后产业的杠杆作用。综合运用经济、法律和必要的行政手段淘汰落后的产业产能,以体现政府优化产业结构的功能,这不仅具有理性依据,而且在经济的实际过程中持续展现。经济手段主要包括:设置调控税费,如提升环境污染税费,并引入碳交易机制;提升资源使用税,既淘汰耗能高、资源利用率低的企业,又为生态经济发展创造条件。法律手段中最具有刚性制约的手段就是“门槛制”。在法规中设立企业涉入行业的门槛,调整门槛标准并严格法的执行力,就意味着一批企业的淘汰。必要的行政手段不排除在特定时期运用指标管理手段逼地方政府自身限时限量淘汰牺牲环境的若干企业,如正在实施的节能减排的行政控制机制。近年来,中国地方政府在淘汰落后企业方面虽然存在上述种种不足,但一些地区阶段性的业绩依然可圈可点。以上海为例,“十一五”期间每年淘汰高耗能、重污染、资源利用率低的项目700多个,减少生产总值500多亿。宁夏石嘴市属于中小型规模的地级市,“十一五”期间,政府为了转型升级淘汰了318家企业,彻底甩掉全国重点污染城市的“黑帽子”(过去被列为全国十大污染城市之一),获得中国城市200强的荣誉。②看来,随着经济增长的压力加大,淘汰落后的效应会更加显现。第三,促进技术进步的引领作用。这几乎是所有国家的政府发挥调节产业作用的共同特征。在美国,奥巴马上台后,明确在新能源、环保方面给予资金等政策的倾力支持。同样,

① 《十大行业龙头公司把脉2010年》,《证券时报》2009年12月17日。

② 何玲:《石嘴山:城市转型步入升级阶段》,《中国经济时报》2012年11月2日。

发展中国家在高新技术领域政府发挥更多的促进和引领作用也属理性之举。这不仅蕴含着从总体上缩短与发达国家距离的契机，也意味着伴随自身产业升级改进产业体系落后的新方式、新路径。第四，扶持战略性支柱产业的推动作用。一国在一定时期内，奠基于资源禀赋所形成、发展过程中具有特色，并以一批举足轻重甚至产生全球影响力的企业群而承载的结构形态或称支柱性产业体系往往是政府给予高度关切和支持的。美英金融（美国高科技整体优势无须列举）、德日汽车、韩国电子、瑞士表业等等，对于这些国家实质上是当下命脉产业，一旦遭遇劫难，政府果断相救具有必然性。从这个角度去观察金融危机爆发后，美国政府紧急投巨资救市救企（“两房”企业）就显得更加理性。特别值得关注的是，当全球实体经济需要强化时，美国果断将制造业（建立制造业创新研究所）纳入国家重点扶持对象。2012 年 2 月，美国国家科技委员会发布《先进制造业国家战略计划》，正式将先进制造业提升为国家战略①。其实，各国支柱性产业不一样，所采用的扶持方式也不尽相同，主要包括政策倾斜、行政干预、产业组织选择等等。在中国，扶持战略性支柱产业除了通过产业政策作用（每 5 年规划明确列出产业并形成扶持政策，“十二五”将 7 个新兴产业视为战略性主导发展产业）外，还将产业组织选择作为重要举措。如规定国有企业的经营活动主要在关系国家经济命脉的战略性支柱产业领域发挥主导作用，并要求产生充满活力、控制力、影响力的效果。第五，完善产业组织的调节作用。产业活动其实就是产业组织即企业活动，产业升级的背后意味着产业组织的优胜劣汰及其结构优化。产业组织优化主要是企业规模结构、市场行为、绩效层次三者优化的高度统一。就企业规模结构优化而言，大中小并举依然是基本格局。应该看到，发展中国家基于市场机制缺陷的生产集中度偏低，因而规模经济之下的企业数量过大，这是产业升级所必须改变的状态。目前，中国机械、冶金、有色、水泥等行业“小、散、乱、差”的产业组织特点基本反映了这一现实。事实上，产业升级的

① 《聚焦美国制造业创新研究所》，《外报编译》2014 年 3 月 31 日。

过程也必然是生产集中度逐渐提高的过程，关键在于提升集中度的路径安排。实际上，一定时期政府对小微企业进行扶持帮助也属产业组织调节行为。总之，政府进行必要调控，推动企业规模结构的优化始终是产业升级的基础。第六，引入外资外企的优化作用。在对外开放中，政府通过创造必要的政策法制乃至文化环境，适度引入外资外企对于促进国内产业升级无疑起到加速和优化作用，即使是发达国家也不例外。20 世纪 70—80 年代，亚洲新兴国家尤其是日本，汽车及电器产品大举进入美国市场，看似带来巨大压力，但最终效果是逼美国制造业与信息化结合进入新阶段，至今其制造业国内占比不足 20%，但在全球占比依然在 15%以上，远远领先于日本。同样，对于包括中国在内的发展中国家处于产业链低端的产品大量进入美国，虽然一定程度上影响其贸易平衡，但实质上也起到推动国内制造业向产业链高端发展的作用。就发展中国家而言，必要的外资外企引进所产生的推动产业升级的功能则更加突出。中国对外开放 30 多年来，国内生产总值平均增长 9%以上，经济总量跃升为世界第二，其内在的产业升级贡献功不可没。尽管到目前为止，总体上看仍然处于产业链中低端，但较之改革开放前已不能同日而语，原因在于产业体系中的企业群体多数是中外合资和外商独资企业。近年来，随着政府调控、扶持的招商引资环境不断优化，跨国公司的总部开始选择若干城市进行集聚，带动产业链向高端发展。以机器人产业为例，作为当今国际上少数几个迅猛增长的产业，中国市场增速已是全球第一，预计 2015 年中国机器人市场需求量将达 3.5 万台，占全球比重约 17.5%。目前上海已成为国内最大机器人产业集聚区，发那科、库卡等机器人巨头均已在上海设立总部或基地。[①]应该看到，政府促进开放和国际合作的功能发挥是当下全球经济一体化的重要组成部分。无论是 WTO 框架下的多哈谈判继续，还是多种类型的自贸区拓展，都表明各国政府正致力于寻求国际资源促进本国经济发展尤其是产业升级的战略选择。

---

① 刘锟:《上海打造国内最大机器人产业基地》,《解放日报》2012 年 11 月 27 日。

## 二、4个决定作用与6个调控作用要有机结合

从路径选择上看，必须有缜密的系统设计。系统运作中，至少涉及3个关键问题：立足点、突破口和目标选择。立足点无疑是发挥市场的决定作用，即让“4个决定”首先体现出来，否则，政府更好发挥作用就无从展示，或者说失去前提。突破口必然在政府管理的系统之中。目前市场决定作用不能充分发挥，根源就在于政府管理系统包含着诸多不合理、越位干预，因此，政府管理系统必须“首当其冲”地承担改革任务，步上首轮改革的“手术台”。目标选择必须是：政府与市场两方面作用得以有效发挥、有机结合的机制，排除任何单一选择。这样，系统设计可作如下表述：以构建政府与市场共同作用有效发挥为目标，以市场对资源配置起决定性作用为立足点，以政府管理系统改革为突破口，顶层布局、有序推进，使经济发展处于创新驱动、转型升级的状态。

着眼于具体实施，剥离与退出、保留与加强、探索与创新将构成三位一体的操作线路图：

剥离与退出的实质在于使市场的4个决定作用得以充分发挥。首先，在价格决定上，最大限度地发挥市场功能。除对竞争性价格充分放开外，对必须调控的价格在成本加微利的框架内通过招标竞争使市场最终定价；对于现行直接管控价格的资源体系进行重新界定，确有必要放开的资源通过组建竞争性企业使定价权回归市场。如医疗领域，全部三甲医院的医诊项目均列入公益范围并直接订价，结果必然是健康产业无法通过竞争而发展，导致整体医疗水平提升受阻。应该看到，公共服务保证基本需求的理念同样适应于医疗、教育等敏感度高的行业。此外，对于资产价格形成机制的培育，应尽可能采用公开透明的市场竞争方式。以国有企业产权多元化、构建混合所有制为例，通过全国性公开交易平台发现价格可最大限度地防止财产流失。其次，推行负面清单管理，使企业投资经营活动尽快整体性进入市场轨道。一般而言，负面清单是一种国际通行的外商投资管理

办法，即一个国家禁止外资进入或限定外资比例的行业清单。在这份清单上，国家明确开列不予外商投资准入或有限制要求的领域，清单以外领域则充分开放并享有准入前国民待遇，通俗的表达为：法律不禁止则为合法。从体制改革的角度看，着眼于处理市场经济环境中的政府与企业关系，这是一种区别于正面清单管理的模式，其实质差异在于：正面清单管理是正向管理，即指定经营领域、项目甚至具体的经营活动方式，这就是人们熟悉的政府审批制；负面清单管理则是逆向管理，限定之外无须审批、审核，仅须备案。前者的风险是：错配、低效、腐败等。后者是监管上的风险，主要依赖过程与结果监控。总体而言，市场体系健全的国家实际上实施负面清单管理，只是未采用此表述而已。在中国，若将负面清单管理方式与转变政府职能改革有机结合起来，通过使减少政府审批取得实质性进展而推动政府职能真正转变理应成为一种重要探索。国务院发展研究中心企业研究所最近发表了题为《企业对进一步理顺政企关系、全面深化经济体制改革的看法和建议》①的调研报告，指出通过问卷统计结果显示：70.7%的企业认为，下一步深化经济体制改革的关键环节和重点领域是理顺政企关系与转变政府职能。报告列举的主要问题涉及范围是：审批—歧视—缺位—诚信—干预—保护。置于首位的是审批。审批事项多、时间长、效率低，近3年平均一个企业每年审批项目数量17.67个，最长审批时间平均为171.35天。其实，6个问题中的后5个问题都是由审批所派生，审批权是政府职能体系中的牛鼻子。以往减少政府审批之所以艰难，有一观点将之简单地归结为囿于领导人个人利益的“自我革命”。其实，若作深入探究，至少发现三个原因：一是并非限于领导人职级、职位及其他个人利益，势必触及组织内结构性利益变化，影响甚至伤害一批人的切身利益，如减少一个处甚至一个科，若没有强大的外在压力，仅靠单位领导人“自觉”是无济于事的。二是从方式上看，让需要减少审批的组织自报选项，势必陷于被动，即被牵着鼻子走，这些年审批事项名义减少多，实质减少的

① 周健奇：《理顺政企关系的调研与建议》，《中国经济时报》2013年10月11日。

力度弱也源于此，若硬性规定日常审批的比例也缺乏科学性。三是社会无法监督。任何一项改革，若不向社会公开，接受社会监督，仅依赖内部说了算，其绩效不可能明显。负面清单管理，就是有益于解决以上问题的系统性管理体制设计。它只要求企业不应做什么，放开了绝大部分该做什么的广阔领域，大大减少了信息不对称，不仅有利于该管的管住，而且可以统一组织专家展开研究，形成渐进式由多变少的负面清单，向社会及时公开，造成势不可挡的内外、上下推动的减少审批的压力，并且使之进入法制轨道。最后，修订并强有力地实施《企业破产法》和《反垄断法》，使市场竞争所推动的优胜劣汰与资源自由流动机制得以真正建立。以市场竞争为基础的资源自由流动与企业优胜劣汰是互为条件、互相促进的。企业若不能正常进入破产程序，即行政参与保护，意味着劣质企业不能及时退出，并且一定程度上资源继续注入，因而谈不上资源自由流动。从另一个角度看，为促进资源自由流动，反垄断尤其是反地方政府的行政垄断愈是彻底，就愈有利于为企业实施正常破产扫清障碍。从市场中退出的企业既为资源流动提供载体，又为市场注入新资源提供空间。

保留与加强的重点是更好地发挥政府作用。首先，从政府系统整体构架上看，以上 6 个作用的发挥属于不可置疑的理性追求。具体而言，对其中任一作用的排除都意味着缺位或弱化。这是因为：基础产业支撑中的基础设施总是不断完善的，无法完全依赖市场机制；政府以执法之公正和必要的产业政策淘汰落后产业与市场机制可高度融合；发挥促进技术进步的作用并以此显现有效政府的形象，无论是在发达国家，还是发展中国家均无例外；扶持战略性支柱产业，即使需要地方政府逐步退出，对于发展中国家，中央政府担负其职责无可非议，更多地只是要求方式方法上充分运用市场机制；在产业组织完善中产生调节功能，既可以通过《反垄断法》去构建、维护竞争结构，也可在保护中小企业的过程中去体现调节角色，因而对中央政府和地方政府都存在探索的空间；引入外资优化产业结构，提升国际竞争力，已成为当今世界各国政府普遍采用的服务国内经济发展的战略。无论是通过 WTO 谈判、签订自贸区协定，还是采用类似欧盟经济政治一体化举措，无一不表明政府发挥作用的舞台不断拓展，其实质在于促进国内产业升级与国际环境变化相对接。其次、地方政府在总结以往经验教训基础上优化行为，重点实现谈及的三个转变：从重点促进增量升级向存量升级转变；从重点推动结构性产业增长（包括扶持战略性新兴产业）向产业整体创新能力的提升转变；从重点培育关键项目向优化产业体系生成环境转变。最后，对于亟待需要加强政府监管和服务的领域尽快并强有力地发挥作用。前不久国务院发展研究中心对企业界的政府服务需求进行了问卷调查，发现存在的突出问题主要是：监管不力、服务不足、政策不明、职能不清、诚信缺失。关于“政府市场监管能力在促进企业公平竞争方面所起的作用”，50.6%的企业认为“作用有限”；企业对政府该承担的服务职能（信息引导、科技创新以及理应解决的问题等）或缺失、或转嫁，导致企业成本增加、风险加大普遍存在抱怨；多数企业反映：“政出多门并相互打架”，常常表现为政策不一致甚至相互矛盾（如国家发改委设定为外商投资的奖励项目而有的地方则属限制类项目），54.8%的企业认为“无法及时获取各类政府补贴信息”；对于行业协会不能发挥很好作用，70.56%的企业认为主要原因是“行业协会的职能定位不清楚”；社会诚信不足的一个重要原因是“政府缺乏诚信”，主要表现为：地方政府承诺不兑现（招商引资的优惠条件、基础设施配套等）、政府部门拖欠企业工程款或垫付款、政策变化频繁，无稳定预期等。[①]以上 5 方面问题极大限制、阻滞着政府作用发挥，针对问题聚焦、集中攻克障碍，这是更好发挥政府作用的务实并能尽快见效的举措。

探索与创新的着力点在于构筑促进“两个作用”有机结合的制度基础和实现机制。客观而言，在发挥市场配置资源决定性作用基础上更好地发挥政府调节作用，使经济高效、持续稳定发展，这样的运行机制状态至今尚未出现。

人类社会进入市场决定资源配置的资本主义阶段，整体性失衡

① 周健奇：《理顺政企关系的调研与建议》，《中国经济时报》2013 年 10 月 11 日。

即经济危机周期性爆发至今依然困扰、冲击着"华盛顿"共识，当下仍未消除的金融危机实质上就是经济危机当代化。应该承认，需求不足始终是资本主义制度的伴生物，对此，历史上剖析得最为深刻的还属马克思的经济学说。按照马克思主义观点，社会化大生产协调发展，首先要求宏观经济系统中的微观组织——企业能自我协调投资与消费的比例，从而为总供需的平衡奠定基础。因为投资的作用是双重的，一方面形成需求，另一方面创造供给。假定投资规模的增长是以国民收入既定量为前提，那么，投资量不恰当地增大必然会带来总供给大于总需求。其次，它要求宏观能进行有效调节。这是因为，虽然微观比例的协调是宏观经济稳定的必要前提，但宏观比例并不就是微观比例的简单加总，宏观协调必须经历一个再调节的过程。宏观的有效调节，不仅依赖调节者雄厚的实力，而且需要微观组织积极配合。这就提出了财产制度的适应性问题。在马克思看来，资本主义私人占有制必然带来生产和消费的对抗性矛盾，资本追逐利润增殖的过程也就是生产无限扩大与购买力相对缩小的过程。其实，凯恩斯虽然采用了非制度分析方法并积极提出扩大需求的措施，但他内心深处有着挥之不去的担忧。他在代表作《就业、利息和货币通论》中悲观地认为："每次我们以增加投资来取得今日之均衡，便增加取得明日均衡之困难。"①当然，金融危机也许在未来一段时期会走向平缓，或如瑞银集团亚太区主席谭信乐所言："次贷过去，我们马上能找回昔日阳光。"②但即使"找回昔日阳光"，新的麻烦依旧来临，因为有效需求不足的凯恩斯幽灵总是在游荡。从这个角度看，当年美国财政部负责国际事务的助理部长楼瑞(Clay Lowery)的观点不无道理。他认为："过去9个月来的市场动荡不能成为金融市场放慢改革或创新的理由，因为这样做只会造或经济增长下滑。强劲和持续的经济增长极为仰赖有效率、有竞争力和创新的金融市场。"③看来，金融市场的二重性愈来愈清晰：一方面，扩张需求离不开它；另一方

① 凯恩斯：《就业利息和货币通论》，生活·读书·新知三联书店1957年版，第91页。

②③ 《上海证券报》2008年6月5日。

面，经济危机又从这里展开。

进入20世纪，社会主义制度诞生后，虽然创造了公有制财产形态，但长期处于计划经济体制运行之中。尽管中国（中共十四大）1992年起宣布建立社会主义市场经济体制，不过，承认市场对资源配置起决定性作用，还是2013年11月的中共十八届三中全会作出的决定，即开启了“两个作用”结合机制的探索之路。然而，从实现的潜力及其优势看，与以往相比，区别不在于方法和手段（以往的积累更多，条件更优越），而是结合型机制所植根的制度基础即公有制为主体。

按照中共十五大报告的定义，公有制为主体主要体现为公有资产占优势，应该说，这一结论至今依然被改革开放的实践所支撑。对此，一些人之所以存在困惑，原因在于对公有资产的多形态缺乏了解。实际上，自改革开放推进以来，中国公有资产一直处于多形态的探索之中，目前至少存在5种类型：一是资源型资产。土地、矿产、草原、森林、江河、领海无一处属私人所有。即使是农民的宅基地，其所有权的集体所有也从未被否定。二是基础设施与公共产品型资产。仅以高速公路和高铁为例，至2012年年底，中国高速公路的通车里程已到96 000公里，超越了美国的92 000公里的洲际高速公路，是世界上规模最大的高速公路系统。中国高铁经过10多年建设，目前已经拥有全世界最大规模以及最高运营速度的高速铁路网。截至2013年9月26日，中国高铁总里程达到10 463公里，“四纵”干线基本成型。中国高速铁路运营里程约占世界高铁运营里程的45%，居世界高铁里程榜首。三是基金型资产。这必将成为未来公有资产存在的新型重要形态。如在全国社会保障基金中，随着公有投入社保范围的不断扩大，以养老基金为主体、由全国社会保障基金理事会管理的社会保障基金，其权益规模增长显著，已由2000年的200.6亿增至2009年的6 927.73亿元，9年间增长了33.58倍。四是货币型资产。属于流动性最强的资产形态，包括现金以及一年期以内的各类证券。五是企业型资产。以投资于企业为形态的各类资产，如集体所有制企业资产（含股份合作制企业）、国有企业资产等。从投资形态看,包括独资、控股、参股等。以上5种类型的公有资产总量占社会总资产的比重居绝对优势,这是毋庸置疑的。依据一些专家统计研究,即使略去众多资源性资产和公共产品资产,仅以经营性资产计算,公有资产占优势的结论也是成立的。“以不同生产资料所有制的经营性资产价值量作为衡量主次地位的边界标准,估算第一产业公有制与非公有制的资产规模及其比重变化,并在前人估计的基础上,延伸估算第二和第三产业两种所有制的资产规模及其比重变化。结果发现:截至2012年,中国三次产业经营性总资产约为487.53万亿元,其中公有制经济的资产规模是258.39万亿元,占53%。”①很显然,若按5类型资产计算,确保公有资产占优势,经营性资产占比依然存在较大的调整空间。

公有资产占优势的产权结构对于建立“两个作用”的机制,至少在四个方面可产生效应:一是减少生产与消费的对抗性矛盾,为缓解或消除周期性经济危机奠定基础。既然私有制微观组织是产生生产与消费对抗性矛盾的总根源,因而减少私有制的宏观占比,使之处于非主导、支配地位,也就意味着从根基上创造持续发展的制度条件。中国自1992年以来,经济增长始终处于稳定的状态也从过程效应的角度提供了一个佐证。二是创造了宏观调控的必要财力条件。离开了宏观调控的必要财力支撑,宏观调控要么名存实亡,要么限于财力不足,无法弥补市场调节的缺陷。这在国家总体实力偏弱情形下更显焦虑。如目前在一些强盛的发达国家如美国等虽然也有显现,但严重程度并未到达积聚阶段。相反,一些落后的发展中国家(亚洲、非洲均大量存在),问题尤为突出,甚至不少欧洲国家也开始呈现政府无力调控现象。三是在公有资产占优势的国家,具有公有资产控制和影响力的企业和微观组织就能相应便利地建立,若能科学地设计、定位在有利于宏观调控的必要领域,如国家安全、重要公共产品、重大基础设施、充满风险的战略性产业等等,这些企业和微观组织就

① 裴长洪:《中国公有制主体地位的量化估算及其发展趋势》,《中国社会科学》2014年第4期。

能成为弥补市场不足、稳定市场秩序、减少非理性干扰、驾驭发展走势的战略性资源。即使在短期内，也能对重大国内国际有影响力的活动产生稳定器作用。以举世闻名的上海世博会为例，无论是规模还是质量，都被国际博览局认定为"史上之最"（国际展览局秘书长洛塞泰斯先生说：上海世博会是世博会历史上的一座里程碑，它所创下的标准如此之高，以至于此后我们甚至要用几十年去达到它，我必须要祝贺中国人，并感谢他们为这届美好的世博会所做出的一切）。其实，在最初的试运行阶段，无重量级国有企业介入，同样出现过种种无序状态，自从上海锦江集团入驻，才有后来的种种赞誉，产生良好的国际形象。四是有利于集中力量办大事，尤其是处理重大灾难性突发事件，使经济社会迅速进入稳定、可持续状态。让世界震惊的"汶川大地震"发生后，汶川在经历短短的 3 年之后就完成了重建任务，这样的奇迹其实是一种令人折服的制度产品。

有了保障"两个作用"发挥的制度基础，并不等于形成了实现机制，这里的关键是使政府发挥作用的资源配置融入市场化体系包括土地营运、建设投资、财政支出等等，即在资源配置的具体方式选择上依然体现市场决定性作用。如政府可控资源决定着使用方向，着眼于扶持科技创新，甚至决策于某一领域，但具体落实到某个企业并非由政府部门决定，而是公开于市场，由市场竞争机制实现选择。这样，"两个作用"的机制实现就趋向于统一的市场过程。

# 第十五章　产业升级必须关注开放性与拓展国际视野

**内容提要**：促进中国产业升级，必须高度重视经济全球化发展的新态势，而这主要体现在区域性合作势头增强、国际产业转移速度加快并形成多向特点、跨国公司作为全球化发展的主要载体，其全球拓展的组织形态尤其是总部形态呈现多样化等三个方面。在产业升级过程中，关注开放性和拓展国视野至少应采取6项举措：在继续扩大对外开放中，促进产业增量升级；在国际购并中推进产业升级；在优化出口结构中带动产业升级；在创造跨国公司总部、地区分部以及功能性组织发展环境中优化产业升级；在帮助企业“走出去”过程中扶持产业升级；在融入区域合作经济发展中支撑产业升级。

在经济全球化发展过程中，任何一国的产业升级必须关注开放性和拓展国际视野，即采用各种方式和途径介入国际经济合作过程，使一切有效、有利的元素融入自身的产业升级体系。

## 一、经济全球化发展的新特征

第二次世界大战以来，经济全球化在全球经贸合作和区域一体化两个层面迅速展开，然而，近几十年来，受国际环境与民族国家独立性及经济实力变化的双重影响，经济全球化发展主要呈现着三方面新特征：区域性合作势头增强；国际产业转移速度加快并形成多向特点；跨国公司作为全球化发展的主要载体，其全球拓展的组织形态尤其是总部形态呈现多样化。

第一，区域性合作势头增强。实际上，全球化经济发展既可表现为全球范围内经贸合作的拓展，也可体现为区域性经济合作的推进，二者具有各自的优势，一定条件下可形成互动格局。然而，一般而言，当全球性合作陷入困境时，区域性合作就必然进入活跃期，此乃当前国际经济合作的基本特征。由于世贸组织成员已达159个，这既体现该组织对于国际经贸合作已所作出历史性贡献，也表明如此差异众多的国家和地区在此平台上形成新的成果异常艰难（任何一国，申请加入世贸只是被动接受现有条件，而新的谈判则意味着成为平等的权力主体），这正是长期以来多哈谈判无实质性进展的根源。此阶段，经济全球化的必然性就只能通过区域性经济合作来展开，并且，其四种形态均全面产生发展效应：

一是经济政治一体化。这是迄今为止，特别是发达国家参与的区域性合作最高层次的一种类型，代表性组织即欧盟。尽管从1952年法德等6国钢煤项目合作到1993年欧盟诞生历经41年，充满着曲折、坎坷，但至少蕴含着值得深度研究的三方面特色：其一，经济合作不断加深并经受着重大危机的考验。1952年生效的6国钢煤共同体是走向合作起步性标志；1958年生效的欧洲经济共同体意味着从项目合作进入全方位的整体性合作；1967年生效的欧共体表明三大经济体（钢煤共同体、原子能共同体、欧洲经济共同体）共同融入一体化组织，经济合作的程度显然进一步提升；经过1993年欧盟运作后，经济合作进一步达到统一货币的高度，即1999年诞生了欧元；2007年世界金融危机爆发后，虽然具有内在矛盾的财政独立、货币统一的财政金融政策遭遇严峻的挑战，尤其是欧债危机的冲击，但经过欧盟反复沟通与协调，初步形成了抗危机、更有深度促进经济合作的共识和若干对策：形成一定时期逐步减少以社会福利支出为重点的公共支出比例（包括适当延长退休年龄、提高个调税起征点、增加工作时间等）的共识；构建欧洲金融稳定基金（EFSF）①，以便提供紧急贷款

① 2010年5月9日欧盟达成欧洲金融稳定基金协议。

援助救济，并形成永久性的欧洲稳定机制(ESM)①；达成财政契约②，限制政府财政赤字比例等等。其二，在经济一体化过程中，注入政治元素，在特定的政治架构运作下接近“合众国”运行。战后欧洲一体化虽从经济领域着手，但一开始就带有明显的政治目标。1986 年 2 月，欧共体各国签署《单一欧洲法令》，为日后欧洲联盟的建立做了法律上的准备。随后的《马斯特里赫特条约》和《阿姆斯特丹条约》又为推动欧洲政治联盟的发展注入了新的活力。《马约》首次提出欧盟要建立共同外交和安全政策，此后，理事会在外交政策上多次采取了共同立场和共同行动。在防务方面，自 1999 年科隆首脑会议和赫尔辛基首脑会议以来，欧盟领导人认为，要在国际事务中发挥重要影响，就需要有独立的防务力量。2003 年 6 月 7 日，欧盟参与由法国领导的联合国在刚果的维和行动，这是欧盟首次在不使用北约军事资源的情况下对欧洲以外地区的一次独立军事行动。在安全方面，欧盟 2003 年底在布鲁塞尔首脑会议上发表了欧盟成立以来的第一份《安全战略文件》，强调欧盟应努力提高军事实力和发展与美国之间的“平衡关系”。与此同时，欧盟还与世界上大多数国家和地区建立了外交关系，并缔结了各种经贸合作协定。其三，将社会协调发展、社会政策完善以及生态环保融入合作组织并且作为“基石”来建设，这是欧盟的一个典型特征。就社会政策而言，侧重强调四个方面，即改进社会保护并使其现代化，这包括调整完善社会保障体制、为劳动者提供稳定的收入、降低养老金风险、保证医疗质量等；二是促进社会融入，防止和消除贫困和社会排斥；三是促进社会平等，认为男女平等不仅是权利问题，而是促进社会进步和经济发展的重要组成部分；四是强化基本权利，反对歧视，尤其在雇佣关系中，禁止种族、宗教、

① 2011 年 3 月，欧洲峰会批准一项协议，同意 2012 年 7 月起引入永久性的欧洲稳定机制。

② 年度结构性赤字必须控制在占其国民生产总值的 0.5%以内。如果赤字超标成员国不能在指定的期限内采取纠正行动，将启动执法机制，最高处罚金不超过其国民生产总值的 0.1%。当受罚国不履行理事会决定时，欧洲法院将介入处罚判决，法院的判决将在限期内强制执行。

年龄或性倾向的歧视等。此外，长期以来，欧盟成员国一直关注环保问题。在低碳经济问题上，欧洲不仅提出的口号最响，行动也走在其他国家和地区之前。从排放指标的确定，到科研经费的投入、碳排放机制的制定、节能与环保指标的设立，再到低碳项目的推广等，欧盟均率先出击。欧盟在制定政策时要求将环境保护纳入项目和政策的框架内。例如，欧共体在第2081-93号议会条例要求，由成员国提交的，符合一定目标的区域性经济和社会发展转型计划必须包含环境影响评价内容。根据欧洲议会条例和政策，欧盟结构基金作为致力于消除成员国之间经济和社会差别的主要手段，应尊重欧盟环境和立法，并确保这些环境政策在增强区域发展凝聚力方面起到应有的作用。总之，从项目合作即欧洲钢煤共同体到欧洲经济共同体，再到欧洲共同体，最后到达欧盟，这个几乎覆盖全欧洲的区域性合作实质上正在形成基于经济合作的涉及政治、社会、生态建设等一体化的发展态势。

二是自由贸易区。应该说，这是“二战”以后国家间区域性合作的主要形态，近年来展示趋势性增强的导向。从种类上看，可分为由发达国家和发展中国家共同参与的混合型自贸区（北美自贸区；日本、韩国—东盟自贸区等）以及发展中国家构建的自贸区（中国—东盟自贸区等）两个基本类型。尽管参与的国家类别不同、发展水平悬殊并且优势各异，但都存在并追求着共同利益，即一方面使本国优势产业得以在更广阔领域拓展，另一方面也参与了对别国优势产业的分享。从促进投资与贸易自由发展的角度看，主要采取两类政策：一是关税减免，但允许根据产业优劣差异，设置过渡性安排，或即使签约期仍保持一定的关税率，也不排斥过程中随着经贸条件的变化在新的阶段使关税最终减免。如由美国、加拿大、墨西哥三国组建的，1994年1月1日生效的北美自贸区，在最初的签约期，允许对墨西哥占有劳动力优势的纺织品和成衣方面，除了取消一部分产品的关税外，对其生产的符合原产地规则的纺织品和成衣，美、加取消其配额限制，仅将关税水平从45%降到20%。但作为原协议的补充，美、加、墨在1998年又就取消500种关税达成协议。该协议从1998年8

月 1 日生效，并规定美国免税进口墨西哥产的纺织品、成衣、钟表、帽子等，墨西哥则向美国的化工产品、钢铁制品、玩具等商品开放其市场。协议实施后，使大约 93％的墨西哥商品能享受到美国的免税优惠，使大约 60％的美国商品直接免税进入墨西哥市场。这就形成了自由贸易区内比较自由的商品大流通格局。再如，中国—东盟自贸区，2010 年 1 月建立后，双方对超过 90％的产品实行零关税。中国对东盟平均关税从 9.8％降到 0.1％，东盟六个老成员国对中国的平均关税从 12.8％降到 0.6％。关税水平大幅降低有力推动了双边贸易快速增长。二是开放产业投资经营限制。同样，选择开放的产业时，既考虑到各国优势产业的差异，也允许作过渡性安排。如北美自贸区，在通讯业方面，三国企业可以不受任何歧视地进入通讯网络和公共服务业，开展增值服务也无任何限制。而在运输业方面，则允许三国间国际货物运输的开放有一个 10 年的转换期(3 年后，墨的卡车允许进入美边境各州，7 年后所有三国的国境对过境陆上运输完全开放)。对于金融保险业方面，在协定实施的最初 6 年中，美、加银行只能参与墨银行 8％至 15％的业务份额；在第 7 至 15 年间，如墨银行市场中外国占有率超过 25％，墨则有权实行一些保护性措施；墨在美、加银行市场中一开始就可以享受较为自由的待遇。协定还允许美、加的保险公司与墨的保险公司组成合资企业，其中外国企业的控股权可逐年增加，到 2000 年在墨的保险企业中外国企业的股份可达到 100％。这样，从总体上看，自贸区的发展对于成员国利大于弊。

一般而言，由发达国家和发展中国家共同组建的自贸区，美国总处于牵头和主导地位。当前跨两大洋(大西洋、太平洋)的自贸区谈判正在美国设计、布局下展开。在 2013 年 6 月 17—18 日举行的八国集团北爱尔兰峰会上，美国和欧盟共同宣布，双方将正式展开《跨大西洋贸易与投资伙伴关系协定》(Transatlantic Trade and Investment Partnership，简称 TTIP)的谈判。首轮谈判 7 月在华盛顿开始，双方预计全部谈判在两年内完成。如果双方最终达成全面协议，将诞生世界最大的自由贸易区。这是因为美国是当今世界最大的单一经济体，欧盟是世界最大的区域国家集团。目前，欧盟和美国占世界国内生产总值(GDP)的比重已超过46%。与此同时,美国自2008年9月宣布加入《跨太平洋合作伙伴关系协议》(TPP)谈判以来,一直主导着12国谈判进程,努力争取的目标是免税商品达95%以上,并且相应实施知识产权、高要求的劳工及环保标准等一系列商贸法则。由于美、日、加拿大等12国产值已占全球40%,若协议生效,也将是超过欧盟、北美、中国—东盟三大区域性合作组织的重量级自由贸易区。

三是关税同盟。由两个或两个以上国家缔结协定,建立统一的关境,在统一关境内缔约国相互间减让或取消关税,对从关境以外的国家或地区的商品进口则实行共同的关税税率和外贸政策。这种从欧洲开始的关税同盟也是"二战"以后区域经济一体化的重要实现形式。只是从发展趋势上看,关税同盟国之间进一步拓展合作领域,将自贸区甚至欧盟的一些做法也相继融入,因而体现着区域性合作的势头不断增强。以中非关税同盟为例,由刚果、加蓬、喀麦隆、中非等国1964年签约建立的中部非洲关税和经济同盟,其合作领域在以后的发展阶段从关税减免一直拓展到投资与金融领域。其主要内容至少涉及四个方面:协调宏观经济政策,加强地区合作,逐步建立中非共同市场;取消内部之间的贸易壁垒,为扩大市场和改善生活条件作贡献;本着既重视各国利益又适当照顾经济最不发达成员国的原则,通过制定相关的政策和措施,特别是通过合理规划和分配集体生产项目来加强一体化的建设,促进地区经济协调发展;逐步建立包括法院、议会、审计法院等机构在内的新的中非经济和货币共同体。具体而言,在投资战略、工农业发展、过境运输、邮电通讯、人才培训等方面进行了广泛的合作,并制定出许多共同的法令和配套措施。为促进地区科技事业的发展,同盟设立了科技发展基金,以资助重大科研项目。特别值得一提的是,同盟于1975年创办了中非国家银行(BEAC),统一了货币和利率,并开始实行共同的金融货币政策。可以说,这是同盟经济领域中最突出和最重要的成就。

四是项目合作。项目合作作为基础性的合作载体,可渗透于一切区域化合作形态,无论是欧盟、自贸区,还是关税同盟国,项目合作均普遍存在。值得注意的是,项目合作还可以实现对封闭式合约国的突破，成为推动某一区域性合作组织与非签约国开展合作的桥梁和纽带，进而为不同合作组织之间开展区域外混合型合作提供便利。例如，长期以来的中欧合作项目，涉及经贸、科技、知识产权、社会保障等各个领域。在历时5年多的中国—欧盟社会保障合作项目中，双方投入超过4 000万欧元，举办各类研讨班、培训班300多次，中方直接受益人员达2万人次，为中国社保制度的改革和完善提供了积极支持。2014年1月16日，中欧新知识产权合作项目在北京正式启动。该合作项目是建立在过去中欧知识产权保护一期和二期项目的基础之上，为期三年，由欧盟实力最强的知识产权机构欧洲内部市场协调局执行，欧洲专利局为其执行伙伴。中方由商务部条法司协调中方超过15个知识产权相关部门参与。从发展趋势上看，今后在城镇化、智能城市、生态环保等各领域建设中还将展开广泛的合作。

特别需要强调的是，1989年建立、至今已有21个经济体参与的亚太经济合作组织(APEC)已是当今世界上具有重大影响的区域经济组织，对于亚太地区的经济增长起着很重要的作用。然而，目前就这一组织的性质而言，APEC实质上是经济合作的论坛与平台，其运作是通过非约束性的承诺与成员的自愿，强调开放对话及平等尊重各成员意见，不同于其他经由条约确立的政府间组织。但二十多年来的效果，又是不可否认的。那么，APEC在实践上的成功究竟是怎样体现的呢？主要是经济技术合作领域的项目合作。根据ESC 1998—2003年向部长级会议提交的《经济技术合作报告》统计，APEC经济技术合作开展的优先领域项目数已达1 109项，其中按项目优先领域分类，人力资源开发达406项，发展稳定有效的资本市场50项，加强经济基础设施126项，未来的技术208项，促进环境的可持续发展209项，鼓励中小企业成长98项；按项目行为分类，讨论会/学习班209项，人员培训215项，调查/研究/报告312项，数据库/网站/网络151项，其他项目132项。在APEC的成员体中，一些主要大国对于项目合作作出了应有的贡献。1993—2002年，美国共主持了经济技术合作项目近83个，其中已完成的项目有53个；参与由其他成员主持的合作项目近42个。日本在此期间，共主办APEC

经济技术合作项目 83 个，其中已经完成的项目有 47 个。中国共主办 APEC 经济技术合作项目 44 个，已经完成的有 37 个。看来，受制于成员体的众多与差异，加上现有的运作模式（完成类似于自贸区合作的艰难），项目合作依然在较长时期扮演着合作的主导角色。

第二，国际产业转移速度加快并形成多向优化特点。第二次世界大战前，虽然也存在世界经济中心多次转移的现象，但产业配置总体上是所在国生长型布局，第二次世界大战后则是转移型布局为主。目前比较一致的看法是，第二次世界大战后，全球范围内较大规模的产业转移发生了三次：第一次是 20 世纪 50 年代，美国将钢铁、纺织等传统产业向日本、联邦德国等地区转移；第二次在 60—70 年代，日本、联邦德国等向亚洲"四小龙"和部分拉美国转移轻工、纺织等劳动密集型加工产业；第三次在 80 年代，欧美日等发达国家和亚洲"四小龙"等新兴工业化国家（地区）把劳动密集型产业和低技术型产业向发展中国家转移，特别是向中国沿海地区转移。[①]目前正在发生的是第四次转移。转移方向一是趋于更后起的发展中国家，如越南、印尼、马来西亚以及非洲等；二是中国沿海转向中西部；三是受发达国家"再工业化"决策的影响，重返总部国。

产业转移的方向往往受环境制约。与第一、二次不同，第三次产业转移开始，由过去以水平分工式转移为主转向更多的是垂直分工式转移，原因就在于经济全球化竞争加剧。跨国公司积极、主动进行全球配置资源，其结果受制于已有产业资源优势（随着竞争强度的提升，产业选择的空间愈来愈小，公司已占据的产业高端事实上成为资源优势），不是轻易选择放弃产业，而只能在更大范围内以产业链垂直分工方式进行产业转移，即将劳动密集型、技术含量较低的产业链低端转移到发展中国家和地区，以达到降低成本，增强实力的目的。此外，2007 年开始发生的金融危机也促使产业转移方向由过去单向转为多向。以往转移呈单向特征，即发达国家或地区向发展中国家转移。现在，伴随虚拟经济受挫尤其是金融泡沫的破灭，一些发达国

---

① 赵晓、陈金保：《全球第四次产业转移真的来了》，《华夏时报》2012 年 10 月 31 日。

家纷纷实施“返二次产业”战略，导致加工制造业回流。与此同时，一些发展中国家的部分城市出现吸引全球总部的优势如北京、上海等，也产生产业链高端下移现象。

从总体上看，第四次产业转移的趋势性特征可概括为：垂直转移；多向转移；梯度转移；绿色转移。如上所述，垂直转移主要发生在第三次产业转移之后，梯度转移则是第四次产业转移的特有现象。所谓梯度转移，主要指国内发达地区向相对落后地区转移，但该产业转移又不仅仅是国内现象，而是已融入到全球产业转移的过程之中（中国中西部地区同时接受东部和海外产业转移）。2010 年 1 月 12 日，国务院正式批复《皖江城市带承接产业转移示范区规划》，这标志着中央政府旗帜鲜明地支持地方政府将接受东部产业转移纳入自身产业发展规划。在这个区域中，仅该年上半年，利用省外资金 1 000 万元以上项目就达 9 627 个，投资总额 15 052.8 亿元，实际到位资金 2 068.0 亿元，同比增长 61.1%。其中，主要投资项目来自长三角地区。专家们普遍认为，最主要驱动因素还是成本倒逼。“这次国际金融危机后，劳动力等生产要素成本发生变化，这种变化势必影响到企业生产成本。把生产环节配置到成本更低的区位，就成为企业规避风险的必然选择。”①绿色转移更多地体现为趋势性征兆，但也是可喜的导向。尤其在国内梯度转移中，受中央政府的引领，转移地和接受地，均高度重视环保，力求避免污染转移。“产业转移不能把污染转移进来，不能把落后产能转移进来，产业转移要与产业升级结合起来”，这在理念层面已形成共识。②前一时期，中国一些中西部地区已开始探索在制度上铺就“绿色轨道”。重庆市专门颁布《重庆市招商规范（试行）》，规定主城区承接转移的单位万元增加值能耗不高于 1.5 吨标准煤；1 小时经济圈其他区县万元增加值能耗不高于 1.7 吨标准煤；三峡库区和渝东南民族地区单位万元增加值能耗不高于 2 吨标准煤；在缺水区域禁止布局耗水型产业③。实际上，东部发达地

---

①②③　赵晓、陈金保：《全球第四次产业转移真的来了》，《华夏时报》2012 年 10 月 31 日。

区也开始自觉避免污染转移。如近年来上海每年都淘汰近 1 000 个污染和能耗高的项目。很显然,绿色转移正逐渐成为一种态势。

第三,跨国公司作为全球化发展的主要载体,其全球拓展的数量大幅增长并且带来组织形态的多层变革。从一定意义上看,经济全球化发展和跨国公司数量增长具有内在的一致性,因为实施全球化战略的组织载体必然主要是各类跨国公司,政府性机构更多地是提供服务。联合国提供的《世界投资报告》(2002—2005 各版)曾指出,20 世纪 90 年代初期,全球约有 37 000 家跨国公司,近 15 年后即 2004 年跨国公司数量发展到约 70 000 家,增长了 89%。

在跨国公司增长和组织形态变化中,其特征与区域性经济合作增强和国际产业转移加速紧密相联。2013 年 10 月,麦肯锡发表了《城市世界:变化中的全球商业格局》的研究报告,预测新兴经济体拥有跨国公司财富 500 强的企业日益增多。从 1980 年到 2000 年,跨国公司财富 500 强中只有 5%的公司来自于发达经济体之外,自从 2000 年以来,新兴经济体的公司以平均每年 14%的速度进军 500 强排行榜。到 2010 年,已经有 85 家新兴经济体的公司进入排行榜。预计到 2025 年,新兴经济体公司占 500 强达 45%以上。

伴随新时期全球化经济发展,跨国公司组织形态的变革主要体现在以下三个方面:一是淡化总部(母公司)所在国归属意识,强化全球经营、全球布局产业链理念。当下,众多跨国公司正在进一步向全球性公司转变,“无国籍化”趋势日益明显。实际上,“全球性”并非指跨国公司没有国籍,而是指跨国公司不拘泥于核心管理部分是否放在母国,而是从全球着眼进行组织资源配置。早在 1999 年,联合国“世界投资报告”就指出,世界最大的 25 家跨国公司,其平均“跨国程度指数”(国外资产与总资产之比、国外销售占总销售量之比、国外员工与总员工人数之比的简单算术平均)已达 61%,最高的(瑞典 ABB)已达 95.7%。ABB 公司的经理人员由瑞典、瑞士和德国人组成,而不是单纯由一个国家的人员担任。很显然,全球性公司愈来愈成为全球化经济发展的一种趋势。二是致力于地区性总部的发展。

进入新世纪以来，跨国公司的地区总部无论是数量，还是建设质量都伴随全球化经济运行而拓展。在中国，北京和上海是地区总部入驻数量最多的两个城市。截至2011年5月，北京聚集地区总部82家，外商投资公司183家。拥有2011年世界500强企业总部41家，成为仅次于日本东京的全球第二大世界500强总部之都。截至2011年9月底，入驻上海的地区总部共计347家、投资性公司237家，上海拥有的地区总部机构数量居中国内地省市之首。从理性角度观察，地区总部的发展有其内在规律：其一，地区总部发展是经济全球化发展的必然产物。全球化经济发展对于跨国公司而言，必然调整其业务领域，"走出去"成为新的潮流。这样，跨国公司的经济活动也由过去主要集于母公司所在国，转向全球布局产业链。与此同时，管理重心必须下移，即根据全球布局的需要，设置相应的地区总部。其二，地区总部增速是跨国公司适应区域性经济合作发展的产物。随着区域性合作领域的扩大、合作性项目增多以及合作组织的影响力增强，具有国际视野的跨国公司必然体现其敏感度，以自身的组织资源拓展与之呼应，尤其在一些聚合度高的国家和城市及时建立地区总部。其三，地区总部的发展也是跨国公司管理创新与经济全球化对接的产物。以自身的组织形态变动适应经济发展、市场竞争的需要，这是企业管理创新的内在要求。在全球化发展过程中，无法以不变应"万变"，必须在"万变"中寻找新的组织形式。三是功能性组织活跃并广泛延伸影响力。一方面，依托地区总部拓展功能性组织。另一方面，伴随子公司发展而创新功能性组织。所谓功能性组织主要指，由跨国公司设立的承担研发、资金管理、采购、物流、支持服务等营运职能的外商投资企业。以研发机构为例，跨国公司研发活动的海外化比率已经达到相当高的水平，尤其是欧洲国家的跨国公司。从全球最大的500家公司的研发机构的分布可以看出，世界最大的跨国公司的研发海外化比率平均已经达到39%。其中，500强中荷兰、瑞士、德国、英国和意大利的跨国公司的研发海外化比率分别高达81%、78%、66%、60%和50%；美国为31%。从外国公司在本国所设研发机构占本国研发机构总数的比率来看，加拿大和意大利为 62%，荷兰为 55%，英国为 50%，美国为 39%，日本为3%。①改革开放以来，中国北京、上海、广州、深圳等众多城市先后成为跨国公司研发机构集聚地。到 2013 年上半年，已有 1 800 多家外资企业研究中心在中国营运。这些研发机构除了对产品、服务适应中国市场进行适应性研究外，承载基础性、先导性全球研发的比重不断提升。微软公司的亚洲研究院自成立以来，有超过 250 项科研成果应用于微软向全球发布的软件产品之中。通用汽车在上海成立的中国科学院，也是面向全球进行前瞻性汽车研发。②实际上，以研发机构为核心的各类功能性组织的快速发展已成为当下跨国公司组织演变的基本走势。

## 二、 运用全球化经济发展资源推动产业升级

在中国，适应经济全球化新发展，借用国际资源实现产业升级的目标，至少具有以下 6 条路径：

第一，在继续扩大对外开放中，促进产业增量升级。存量升级和增量升级是两种不同的产业升级类型。所谓存量升级主要指一国现有企业通过技术进步、管理改善、机制优化，使生产经营能级增强并在产业链上升过程中不断走向高端。增量升级则是通过招商引资，使国家或区域内新企业进入并优化产业结构，导致产业发展总体水平上升，既可以提高产业链层次（如引进相对于原有企业更加高端的企业群体，特别是跨国公司的研发团队、总部经济等），也可以在“代工”中增加技术含量，产生价值链提升的效果。经济全球化发展和产业国际转移加速，其本身就内含着招商引资、吸纳跨国公司高端产业活动的机遇。对于发展中国家而言，“返二次产业”只是意味着带来新的挑战，而不是穷尽一切机遇。特别是从中国现状看，经历 30 多年的改革开放实践，形成了有利于吸引中高端国际资源转移所需的基础设施、人力资源、产业配套等一系列优势条件，再加上具有强大吸引力的国内市场，增量升级依然有着巨大空间。对于广大中西部

①② 廖春：《论跨国公司研发的国际化趋势》，《国际贸易问题》2003 年第 11 期。

地区，更有可释放的潜力。

第二，在国际购并中推进产业升级。经济危机冲击下的发达经济体，为中国企业提供了海外低成本并购获得技术、研发能力、国际品牌、国际销售渠道的难得机遇。其实，上汽、联想、海尔等国内著名企业均早已进入国际购并的轨道。随着中国整体经济实力不断增强，企业通过国际购并，加快产业升级步伐具有客观必然性。

第三，在优化出口结构中带动产业升级。伴随经济全球化过程，出口结构的优化，尤其是通过比较优势和后发优势的发挥，使出口结构朝着世界贸易新发展方向变动，就能带来出口拉动产业升级的效应。当前，尽管受金融危机的影响，出口需求减弱，加上发达国家调整策略造成同样价值链领域更尖锐竞争以及新兴经济体凭借劳动力成本优势加入竞争体系，大大提升了现有结构的出口困难，但服务贸易增长和技术密集型贸易发展的新趋势又带来了优化出口结构的新空间。进入 21 世纪以来，世界服务贸易进入稳定增长期并不断加速。服务贸易在整个国际贸易中的比例，在 20 世纪 70 年代和 80 年代约为 20%，在 20 世纪 90 年代上升到 25%左右，21 世纪初就开始上升到 33%以上。就中国而言，虽然服务贸易的增长速度也相应提升，但在服务贸易逆差、传统服务贸易(旅游、运输等)比重过大等方面明显暴露不足，尤其是结构不合理(2013 年，中国货物贸易出口已达 4.2 万亿美元，居全球首位，但服务贸易出口不及美国一半)。千方百计提高现代服务业出口比例，虽然存在需要拓展新技术应用、进一步开放服务业以提升国际竞争力等方面的挑战，但由于这种大国潜力的存在本身就是资源，其现实可能性毋庸置疑。实际上，随着中国经济进一步发展、服务领域的逐步开放，服务贸易特别是现代服务贸易的出口增长必然成为一种趋势。

从政府可发挥的作用看，完全有必要和可能通过适时适度降低两大限制，即投入和准入限制，进一步扩大对外开放，尽快提升服务贸易国际竞争力。基于中国目前服务业发展水平低特别是现代服务业国际竞争力弱的现实，为了适度保护本土企业和维护国家安全，有序开放服务业投资规模和经营领域实属理性选择，但无限的过度保护实质上就是保护落后。着眼于努力而不断提升国际竞争力，有序开放可选战略是：先生产性服务业，后其他服务业；先涉及价值观弱的一般服务业，后关联意识形态特别是国家安全的服务业。

此外，从货物贸易看，无论是发达国家还是发展中国家，都有基础设施建设的需求，并且，新兴经济体国家城镇化、工业化要求愈来愈强烈。这为中国具有性价比国际竞争力的发电设备、建筑机械、运输设备等资本品出口提供日益扩大的市场需求。

第四，在创造跨国公司总部、地区分部以及功能性组织发展环境中优化产业升级。如前所述，跨国公司总部、地区总部以及功能性组织在全球经济一体化持续发展进程中必然呈现数量扩张并结构性向新兴经济体转移的态势。这对于我们追求产业升级的要求就是极大的机遇。一是由于此类组织本身就是产业体系中高端产业组织的代表，其派生的产业活动在价值链分工中明显具有优势。无论公司业务属于服务业还是制造业，其活动的功能均可纳入高层次第三产业的范畴。二是此类组织的作用发挥必然具有带动产业升级的效应。以功能性组织为例，承担研发、资金管理、采购、物流、支持服务等营运职能的各类机构无一不在产业价值链提升中运行。研发的成果就地投放，要么使新技术得以应用，增进效率，提升价值链；要么帮助提升产业链。三是此类组织集聚，丰富着产业形态，可相互提供专业服务，客观上营造着吸引优秀企业入驻的商务环境。高端产业集聚的环境无非是三种类型：必要的基础设施及其相适应的办公条件；人才、制度、政策、文化等人文法治环境；与产业营运相配套的商务环境，尤其是专业服务业。缺少良好的商务环境，是目前众多区域基础设施优良，管理相应改进，但高端企业不能聚集的根本性原因。与此不同的是，北京、上海、深圳等城市之所以产业集聚势头好，重要原因就是跨国公司、地区总部及其功能性组织最集中的地方。

创造吸引跨国公司总部、地区分部以及功能性组织的发展环境，必须尊重其内在规律。从现有跨国公司总部世界布局看，主要涉及3大要素：经济体国际地位或知名度；政策或权力集聚度；产业集聚优势。集3大要素为一体，所拥有的国际公司总部必然居前列。根据麦肯锡2013年10月发布的《城市世界:变化中的全球商业格局》排名,全球年收益10亿美元以上的2 000家大公司中,四分之三的总体都在发达经济体。只有10个全球城市吸引了100个以上的大公司总部。其中,东京、纽约、伦敦居前三甲。排位第一的东京613家,纽约217家,伦敦193家。并且,第一与第二间距很大。能够解释的理由只能是,东京集中了3个要素,而纽约并非是首都城市,伦敦则产业集聚单一。明显具有两大优势的区域或单一优势的城市相继居后。北京列为第6(116家)主要依靠首都的国有企业。然而,从流动性看,总部与地区总部及功能性组织存在一定的差异。主要原因在于多数大公司总部愿意留在公司成立的地方,而地区总部和功能性组织更加贴近良好的商务环境。这给发展中国家带来了更大的招商引资空间。

第五,在帮助企业"走出去"过程中扶持产业升级。国内企业"走出去"的过程就是培育本土企业形成跨国公司的过程,因而自然是适应经济全球化发展,促进产业链升级的过程。世界金融危机之后,全球外国直接投资(FDI)流出量大幅减少。2010年,全球外国直接投资为1.12万亿美元,仅比2009年的1.11万亿美元增长0.7%。与之形成对比的是,2010年中国对外直接投资数额达688亿美元,同比增长21.7%,较2001年的69亿美元增长近十倍。同时,2010年中国对外直接投资数额首次超过日本、英国等传统对外投资强国,上升到世界第五位。近10年,中国对外投资平均增长41%。截至2011年,中国资产总量超过1.5万亿美元,境外企业已经有18 000多家,在外人员约120万人,2013年非金融类对外投资达901亿美元。然而,从可开拓的空间看,除企业自身必须注重目标明晰、提升效益、优化结构以及加强企业间整体合作外,政府的作为主要应体现在三个方面:优化投资环境;简政放权,减少审批;提供服务,包括提供法律保护、政策引导、制度保障以及税收、融资、信息和咨询等方面的服务。当前,优化投资环境面临的一个重大课题就是尽快争取中美投资合作协定谈判成功。这是中国首次同意就所有行业和投资与另一个国家磋商的双边投资协定。谈判的实质在于:通过放宽对方资本在股权比例、经营范围、注册资本等方面的限制,来换取"走出去"的企业在美国相应的投资环境。中美投资协定一旦形成，两国企业所获得的跨国投资空间将前所未有，并且，中方受益会更加直接。与此相适应，简政放权，减少审批实际上就是必要的配套。现在，中国对外投资体制需要改革的领域很广，至少涉及投资审批、外汇管理、货物进出口、人员出入境等等，但企业反映最强烈的是项目审批难。好在国务院已经决定，大幅下放对外投资审批权限，建立以备案制为主的境外投资管理体制。今后只有超过10亿美元的大项目以及涉及敏感国家和行业项目，才需国家部委核准，3亿至10亿美元的项目只需备案。这必然有利于形成和扩大企业“走出去”的新空间。

第六，在融入区域合作经济发展中支撑产业升级。无论是多边贸易，还是区域经济一体化对于整体性的企业为主体的产业升级均是创造有利条件。中国自2001年加入WTO以来，企业在国际交易的平台上优胜劣汰，整体性成长并由此推动中国经济发展不断迈上新台阶，这是不争的事实。因此，在全球自贸区热不断升温，尤其是美国的“两洋”战略咄咄逼人的情形下，尽快形成中国适应区域合作发展的整体战略势在必行。在上述区域性合作4种类型运作过程中，大的格局应该是：不排除领域更加开放的关税同盟；全力支持与各经济体开展广泛的项目合作；将尽可能多地建设自贸区作为重中之重。突出自贸区建设应主要在三个方面展开设计与部署：一是关注现有全球性多类型谈判，特别是TPP谈判进展，以自身的实力增加提升吸引力，若被邀请参与谈判也不拒绝，在可承受的前提下依然是展示积极主动的姿态。二是对已经签署的自贸区协议进行持续谈判，力求进一步开放空间、降低关税和扩大项目合作。如启动中国—东盟自由贸易区升级版谈判。三是主动出击，寻找新的合作伙伴国，开拓自贸区新空间，打破少数大国以控制自贸区为抓手，实现贸易分流以削弱中国国际经济地位的封锁格局。已经签署的与冰岛、瑞士的两个自贸区协定就是成功的尝试。近期国务院决定，力争签署中韩自贸协定，推动中澳自贸区谈判实现新的突破，这都将成为具有战略性的推动自贸区建立和产业升级的新举措。

# 第十六章　产业升级的国际比较

**内容提要**：在全球经济一体化过程中，任何一国产业升级均离不开外部环境的关联与制约。通过产业升级的国际比较研究，可在尊重国情的基础上汲取国际经验，加快产业升级的步伐。文章认为，拓展产业升级研究的国际视野，其比较分析应侧重于升级之源、升级模式、升级主体和升级环境四个方面。就发展中国家而言，在升级之源、升级模式、升级主体领域可表现为各具特色，而环境状态则反映出基础性、整体性落后。从长远看，环境落后才是制约竞争力上升、妨碍产业升级的真正根源。

任何一国，只要存在产业就有产业升级问题。由于各国所处的历史方位、资源禀赋、区域环境存在诸多差异，产业所处的层级自然不同，加上"二战"以后经济全球化迅速发展，世界产业在各国错落布局，导致一条产业链贯穿众多国家，处于高端与末端的不同区城，其价值链同样呈现明显差异。然而，无论是高端，还是低端，都有产业升级需求。通过比较研究，既有利于选择符合国情的务实路径，也可对落后国家实施产业升级战略起到引领作用。着眼于产业升级的关键元素，升级之源、升级模式、升级主体和升级环境均可成为重点比较研究对象。

## 一、升级之源：创新差异

影响产业升级的因素并非单一，改善管理、淘汰落后产能等均可使之见效，但最直接的途径无疑是技术创新。不同国家的创新差异至少体现在路径选择、要素集聚和人才培育等方面。

创新路径涉及原始创新、二次创新和集成创新。对此，发达国家与发展中国家具有明显的差异。发达国家一般是原始创新的集中区域，主要原因在于具有“高端优势”，即产业高端，表现为问题高端、需求高端、人才高端和管理高端等。产业链中的原始技术创新通常处于产业高端领域，即从产品的研发、设计开始。这里同样存在基于需求导向的问题导向。来自产业高端的“高端问题”的攻克依赖于能够集聚的高端人才对产品的反复研发，而投入高比例的研发经费以及能及时将科研成果转化为产业（牛津大学门口就有专门的产业转化公司）则属于高端管理问题。所谓产业发达国家也就是处于产业高端的国家，无论是高端研发，还是产学研一体化都具有先天优势。众所周知，处于产业中低端的发展中国家，主要忙于产品的贴牌加工、配套服务等，对于原始创新不仅缺乏相应的资金、人才等条件，即使是意识的存在（包括发现问题）也不具备。这就是当今世界高新技术绝大部分集中在美国等发达国家的缘故。如美国航天航空工业高端驱动了与之相适应的材料技术革命，使高纯度钛合金以及合金位居世界前沿。这也使美国成为世界上第一个使用金属化合物制造气体涡轮叶片并对装有这种叶片的汽体涡轮机进行性能试验的国家。学界研究资料也显示：美国的知识密集型高新技术产业大都走在世界前列，这主要是因为两个重要的原因。首先是美国强调研究与开发，其研究与开发的费用占销售的比例很高，一般工业占 2.5%，而高新技术产业则高达 5%—15%。其次是因为美国的智力资源密集，在高新技术产业中高新技术人员比美国传统制造业中的高新技术人员要高出 2—3 倍，所以高新技术产业也是知识密集型产业，他们在知识经济中的作用将随着其技术创新的成功而显示威力；在目前信息产业中，它已经成为推动整个国民经济前进的领头羊，但是美国并没有放松对其他高新技术产业的大量投入。人们预计，随着生物工程或纳米技术的成熟，它们完全可能成为继信息产业之后的又一个产业升级的龙头产业。

对于发展中国家而言，抱着尊重国情的态度，其选择创新路径的战略理应是：以二次创新为基础，避免盲目追求原创而减缓创新进程，但不放弃任何一次原始创新机会。此外，在坚持二次创新为主的同时，也不否定通过集成创新的方式把企业推向领先行列，中国的华为公司就是成功的一例。

需要说明的是，从构建国家创新体系的角度看，即使是发展中国家，尤其类似于中国等发展中强国（包括金砖国家）均不排除在特定领域对原始创新作顶层设计，即进行战略性规划、专项研究并对高校研究机构以及企业给予必要的定向扶持。这主要涉及四个领域：存在战略机遇期领域（如存在巨大而长期的市场空间）、战略必争领域（涉及国家安全）、战略优先领域（与资源禀赋相契合）和必须把握的关键技术领域。总之，体现少而精战略，并主要在国家层面进行引领。

创新要素的集聚效应同样是发达国家与发展中国家在科技创新中的重大差异。这种集聚效应差异主要体现在集聚水平、集聚程度和集聚环境三个方面。首先，从世界创新产业空间格局看，集聚水平的不同明显表现在创新的源头与高端处于发达国家，而一般性、转移性集聚则主要发生在发展中国家。进入以信息技术为主要标志的新经济时代，美国的硅谷始终是世界科技创新的高地，而瑞士瑞典等发达国家始终处于国家地域范围内的最前沿。中国的中关村是改革开放以来最令人值得骄傲的国内科技创新的领先领域，但与美国硅谷相比依然差距巨大。就发明专利授权量而言，中关村仅为硅谷的五分之一，人均发明专利授权量仅为四分之一（见下表）。硅谷上市公司150强的平均营收规模达260亿元，为中关村上市公司营收100强的2.5倍，人均净利润是中关村100强的8.3倍①。

**表16-1 中关村与硅谷发明专利授权对比**

| | 中关村 | 硅　谷 |
|---|---|---|
| 授权量 | 2 890 | 13 000 |
| 同比增长 | 12.6 | 30 |
| 人均发明专利授权量(万人) | 2.5 | 100 |
| 占全国比重 | 3.6 | 12 |

① 上海市人民政府发展研究中心:《决策参考信息》第24期。

其次，集聚程度差异。发达国家创新要素集聚地一般成为带动全国科技创新的高地。在这里，无论是专利授权量，还是研发资金、风险基金以及产业化水平都居全国领先地位，因此，集聚区域很少并具有典型性。如长期以来美国主要创新中心位于加州的硅谷和波士顿的128公路。硅谷专利授量始终居全美第一；风险投资占全美三分之一；劳动生产率（人均生产值）是美国平均水平2.2倍；家庭平均可支配收入也居全美第一。与之不同的发展中国家，很难形成真正意义上的创新中心。在中国，虽然改革开放以来总体上创新水平不断提升，但缺乏能带动全国的科技创新高地，产业进步中的创新能量不能显现。分散布局中的少数省市虽然排列居前（北京、广东、江苏、上海、浙江等），但无一处能在全局意义上集聚创新资源。北京市虽然拥有北大、清华等一批名校和国家级科研机构，并且存在中关村国家级创新示范区，但仅仅表现为技术交易量全国第一（2001年至2006年，北京的技术市场成交额增量为500亿元，占全国增量的53%；2006年至2010年北京的技术市场成交额增量接近900亿元，占全国增量47%），专利授权量、高新企业集聚量并非具有同等地位。夺得后两项第一的则分别是广东和江苏。2006年至2010年间，广东发明专利授权量增长迅猛，增幅达11 250件，远高于北京和上海，占全国的五分之一。从高新技术企业集聚量看，江苏又更显突出。2006年至2010年，江苏高新技术企业增幅达1 841家，占全国比重超过44%，远远超过广东、北京等地。此外，从集聚全球跨国公司地区总部看，上海又居全国第一，并且其综合经济实力被认定为中国最大的经济中心城市，但以上创新典型指标仅居前3位之后。总之，历史基础与行政干预等复合因素，阻碍了创新资源集聚度的提升。最后，集聚环境是制约集聚效应不同的主要根源所在。集聚水平高低、集聚程度差异，除历史基础因素外，关键是环境的落差。发达国家的创新高地，其背后涉及的支撑环境一般是发展中国家难以企及的。这至少涉及政府的高效服务、名校和研究机构的创新能动性与创新贡献、发达的中介机构及各类组织配套运作和追求创新的企业理性行为，即四位一体所承载的一流创新体系才能溢出一流的环境效应。

如在美国，离开了斯坦福大学、麻省理工学院、哈佛大学等知名高校创新作为，就不可能诞生硅谷、波士顿两个创新高地。

创新差异最根本的体现无疑是人才差异。二战以后，即使是转型发展比较成功的新加坡（2013 年，被国际社会评价为营商环境第一，人均国民收入居前 10 名的国家），虽然高度重视人才培养，也不敢倡导并集中资源对本土创新企业尤其是制造业创新企业的培育，原因就在于人才缺乏。近期，李光耀在接受记者采访时反复强调这一点。当记者问道："难道新加坡公司如创新科技就无法在国际上占有一席竞争地位吗？它曾经以声霸卡在国际市场上独占鳌头。"①李光耀明确回应："是的。在新加坡，创新科技是少数几个称得上是开路先锋的公司之一。不过看看它们所经历的波折和磨难。由于新加坡缺乏人才，它们得从硅谷招募专才才以应付竞争。而最终创新科技现在只有 MP3。它们的声霸卡等产品都被其他公司迎头赶上了"②。而当记者再次追问："可是我们仍在努力要成为制造业中心，而且我们还不断进军新领域如生命科学——（笔者注：意思是既然没有人才，为何要作科技创新的选择?）"李光耀解释道："是的，我们投入生命科学这个增长领域，但我们会成为生命科学新发现的领头羊吗？不会的，我们是为企业的新发现和版权提供产权保护"，"如果不是持工作准证的外国人带来的专门技术，我们是没本事做到这点的。因此，长期而言，我们必须继续吸引人才。"③

实际上，美国科技创新的两个高地也是吸引全球创新人才集聚的高地。硅谷几乎集聚了全球信息产业的顶尖人才，在不到 100 万人口的区域（主要是圣荷西市），获诺贝尔奖的高端人才 40 多位，占全球近四分之一。波士顿生物技术中心集中区域被称为生物工程硅谷，背后的人才绝大部分来源于麻省理工学院和哈佛大学。其实，波士顿原本就是全美医学研究最集中的地区。65 所高校源源不断地输送人才。在过去 10 年内，波士顿地区的科技发明，三分之二是由

---

①②③ 韩福光等：《李光耀——新加坡赖以生存的硬道理》，新加坡海峡时报出版社 2011 年版，第 132 页。

各大学完成的①。大学教授、研究人员乃至在校学生均在创办高科技企业。此外，由于波士顿靠近集聚金融人才的世界金融中心纽约，创新所需要的资金也源源不断。这样的全球人才集聚层次、类型和规模同样是发展中国家短期内无法追赶的。

## 二、 升级环境：根基之别

与以上谈及的升级之源、升级模式、升级主体不同，这里的差异主要不是表现为各具特色，而是发展中国家基础性、整体性落后。从长远看，环境落后才是制约竞争力上升、妨碍产业升级的真正根源。

什么是良好的产业升级环境？目前世界上并没有统一的标准。一国在一定时期营造具有吸引力的环境，也是因地制宜并依据现实基础和客观需要作出具体设计。然而，若对历史过程中各国建设环境的举措及其实际效果进行总结、提炼，尤其是对以发达国家为代表的适应全球增长极创新的现代环境进行结构性研究，就能展示出符合环境建设规律的基本框架和主要路径。这对于发展中国家既可显现差距，又能明确未来构建的取向。具体而言，至少涉及 5 个方面，或称培育环境结构的 5 要素：

第一，制度环境。主要涉及法治体系建设，尤其是知识产权保护。首先需要由经济社会发展稳定有序而提供吸引人才的基本保障，因而必须远离政治动荡、恐怖无序状态，在此之后的核心问题就是千方百计地构建知识产权保护体系。李光耀在比较新加坡与中国、印度竞争优势差异时，毫不掩饰地称赞新加坡法治、知识产权的“强项”，并认为这是成功之道：“我们知道中国和印度会大举进军哪个领域，我们的成功之道在于专攻自己的强项，掌握对手欠缺的条件，例如信誉、可靠性、知识产权、法治。他们在很长的时间内都没法赶上我们。”②李光耀

---

① 王宏飞：《美国波士顿 128 公路的兴与衰》，《全球科技经济瞭望》2005 年第 1 期。

② 韩福光等：《李光耀——新加坡赖以生存的硬道理》，新加坡海峡时报出版社 2011 年版，第 136 页。

之所以认为未来很长时间在法治和知识产权方面,新加坡是“强项”,中国无法赶上,这是以当下中国国情现状为判断依据的。以知识产权保护为例,这是现代法治文明标志型走向(传统基础性法治是侧重强调以有形财产保护为重点的法治,如物权法、合同法等,而步入知识经济社会,包括知识产权在内的无形财产保护更显紧要、突出,更代表现代社会的法治水平),而中国 1985 年 4 月才有第一部专利法的形成与实施。此后,虽然在依法治国的理念下加快立法步伐,形成了包括专利法、商标法和著作权法在内的一整套的法律法规体系并赋予初步的实施,但至今与国际水平依然差距明显。这其中主要受主体意识与素质、立法的科学水准和执法与司法的能力及水平的制约。首先,主体意识与素质不足集中表现为:缺乏认同,如对侵犯国外知识产权行为没有强烈的愤慨感,甚至在较大范围、较高层次群体中具有默认意识,导致“山寨版”产品泛滥;企业对自身知识产权保护意识不强,不仅主动保护不足,同时对遭受侵权需涉诉法律行为处于消极状态。其次,从全球视野判断,立法的科学水准必须充分体现国际水平,即要求面对一切处于前沿性的国际合约,该国必须成为签约国。然而,由于受到发展中国家阶段性利益保护或缺乏配套设施的制约,中国目前还无法做到无条件地参与,尤其在与网络发展相联系的知识产权保护领域。最后,从执法与司法能级和水平看,落后于发达国家的距离更加明显。客观而言,一个具有 13 亿人口的发展中国家并且处于社会转型阶段,各种社会矛盾交织,需要法院受理、判决的案件之量不堪重负,加上法院、法官等资源不足的限制,其执法司法的能级与水平无法在短期内满足需求,知识产权保护难以例外。

第二,人文环境。广义的人文环境指在一定时空下,人们面对的人与文化状态。事物发展所依存的人文环境总是依据需求而分类的。产业升级所需要的人文环境主要指在社会领域内的语言、诚信、态度(行事风格、爱心)等。吸引、集聚国际资源的前提是语言环境。在语言无法沟通的区域,外商难以立足。因此,当今世界英语国家具有独特优势,上述新加坡的国家官方英语语言战略功不可没。改革开放以后,中国开始重视国际语言传播,但就基础而言,目前仍不及非洲一些国家。诚信环境是商业人文环境之根本。以上谈及的李光耀自信就包含“信誉、可靠性”。对此,中国的差距主要在于以下三个层次:一是在总体营商环境中,政府与企业、企业与企业、企业与消费者之间相互信任度较低,如对于不良商誉企业,地方政府给予保护;企业之间相互拖欠债务;企业对消费者利益侵害等;二是作为承担诚信责任的主体——企业已成为当前营商环境中诚信度低的直接原因。面对政府,企业往往采用两本账的方式,隐瞒真实成本及以各种逃避方式偷税漏税(中小私营企业比较普遍)。面对消费者,广告虚假、品牌失真、食品安全短缺、服务承诺不兑现等现象无处不在。面对关联企业,经常性拖欠甚至引发三角债。三是最终承担者——人,诚信不足已成为普遍的道德缺失,这是当下中国诚信缺乏的真正根源。有一种观点认为,市场经济说到底是诚信经济。其实,这只是表明具有客观要求,并不意味着具有内在必然性。在利益驱动的市场经济过程中,作为市场主体——企业和背后的人总是在作利益博弈和选择。失信成本低,即通过失信方式可以摄取利益,企业选择失信行为就具有必然性。只有通过管理完善、法制健全,将全部企业失信行为显现并记录在案,同时,一切可能的惩处均与之挂钩,即真正构建完整的诚信管理体系并给予法治配套,全社会诚信水平的提升才有可能。可见,诚信体系建设和诚信道德养育必须同步推进,而这必然是一个历史的过程。此外,从产业发展所需要的人文素养包括认真负责的工作态度、严谨缜密的“匠人精神”看,杜绝“马马虎虎”的传统陋习虽异常艰难,但必须持之以恒。

第三,基础环境。主要包含三个配套:基础设施配套、产业集聚配套、服务业配套。首先,基础设施硬环境对于发展中国家,尤其是比较落后的发展中国家而言就是硬约束。以非洲为例,除南非外的绝大多数国家,无论是现代交通条件(高速公路、高铁等),还是适应网络经济发展的办公条件都普遍欠缺。即使在中国,相对落后的中西部地区与发达国家相比也差之甚远,智慧城镇的建设任务依然艰巨。其次,无论是产业链的纵向集聚,还是产业群的横向集聚均意味着产业升级的基础。处于集聚体中的单个企业，不仅成本下降（所需要的上下游配套既节省交通成本，也节约时间成本），而且受益于近距离的学习、交流和竞争，产生创新的压力与动力，持续推动着产业创新。这种产业集聚的配套差距同样体现在发达国家与发展中国家的环境差异之中。一个国家的落后，首先体现为产业的落后，其中的根源之一就是产业基础差，谈不上集聚效应。相反，发达国家的产业水平往往支撑于具有集聚效应的产业基础。最后，对于企业而言，是否具有与产业发展相适应的服务业，这是判断是否具有吸引力的重要基础环境，有时甚至是首选环境。在企业经营过程中，从研发设计、融资、物流、制造、到建立销售渠道乃至开拓国际市场，过程中涉及人才猎取、会计精算、律师事务、知识产权保护、政策咨询等各类专业性的商务产业，即现代服务业。因此，无论是国家，还是区域，形成成熟的服务业尤其是高端服务业，其本身就是创造投资或产业升级的环境。若引入国际比较视角，这同样也是发达国家的“强项”所在。对于发展中国家而言，开放服务业、发展服务业事实上已成为创造产业升级环境的应有之义和当务之急。

第四，政策环境。将促进科技创新、产业升级的差异性政策作为产业升级尤其是鼓励科技进步的环境构建，也是发达国家普遍采用的战略举措。处于加州硅谷的圣荷西政府，始终将信贷贴息作为推进创新产业发展的杠杆（此类做法今日发展中国家纷纷仿效，只是限于财政收入而显力度不足）。依据圣荷西政府规定，为扶持符合导航的产业，过程中的企业年亏损额可隔年抵算，以降低税负等等（当年的盈利可扣除历年的亏损而成为应税额），这在发展中国家还难以做到。需要说明的是，政策环境的构建要素不仅仅是优惠，而是政策倾斜、政策服务和政策机制的有机统一。政策倾斜是先导部分，核心是促进科技创新和推动产业升级，贴息贷款、担保公司、研发经费抵扣、减免中小企业特别是小微企业税负等等均可成具体形态。政策服务即搭建政策平台，可使政策效应迅速而有规模地传递，尤其是通过科技、金融、人才等各要素及时聚集，产生溢出效应。对此，发展中国家一定程度上可突破时空等客观条件制约，集聚体外、辖域外资源，产生倍增的政策绩效。以中国苏州为例，2009 年率先全国下发《关于加强科技金融结合促进科技型企业发展的若干意见》和《苏州市科技型中小企业信贷风险补偿专项资金管理办法》，随后建立沙湖创投中心、财富广场投资中心和城区创投中心三大平台。2013 年，为落实全国首个“保险与科技结合”综合创新试点地区政策，又建立苏州市科技金融服务中心，形成市级整合平台。截至 2013 年底，仅东沙湖股权投资中心，通过集基金服务、投融资服务、企业创新发展服务于一体的方式，吸引股权投资管理团队 46 家入驻，设立基金 57 只，入驻担保及小额贷款公司 5 家，集聚资金规模 452 亿。①所谓政策机制，即形成投资或信贷与股权相结合的模式，促进投贷联动发展。上述苏州政策平台中的苏州元禾控股有限公司，将“股权投资”与“小额贷款”链接起来，以债权业务为“试金石”并获得投资选择权，在企业进入 VC 视野时考虑行使该权利实施投资。其下属银杏科技金融公司到 2014 年 3 月底累计为 3 048 家企业提供 5 522 笔、金额达 210 亿元的授信支持，累计投资项目 14 个，投资金额 6 669 万元，并持有 30 家企业 1.73 亿投资期权。②其实、以色列的实践更早地提供了政策机制的成功范例。他们的主要做法是：首先，选择项目在市场中招标，并由全国权威专家进行论证、鉴别，以体现公开、公正和追求科学的精神。其次，政府借助于孵化器，或与该产业关联的投资公司合作进行孵化活动，即为项目承担组织提供扶持资金，甚至帮助选择经理人，塑造经营组织、培训人才等，将项目孵化与企业孵化结合起来，实实在在地推动科技成果产业化进程。最后，按股权运作方式回收孵化利润，集聚孵化资金，为下一次孵化活动的展开奠定基础，从而做到孵化基金来源于企业、市场，又服务于企业、市场。

第五，生活环境。产业的背后即人，产业人奋斗创业虽能经历艰辛，“既能住宾馆，也能睡地板”，但选择企业“落地”时，顾及生活质量（家人生活之需，尤其是子女教育）又具有普遍性。这里的环境结构

---

①② 张云伟等：《苏州科技金融助推中小企业创新发展经验借鉴》，《决策参考信息》2014 年第 27 期。

主要是:益于健康的生态环境、精致便捷的消费环境、陶冶情操的教育与文化艺术环境。三大环境中,生态环境当其首,因为追求健康已成为当下体现优质生活的基础性、根本性标志。然而,生态环境塑造并非易事,至少涉及低碳、环保(大气与水系管控)、绿色等,而在低碳中,又关乎产业低碳、交通低碳、建筑低碳、生活低碳等。因此,PM2.5背后其实就是发达国家与工业化的发展中国家之间的巨大差距。消费环境既包括购物消费,也离不开服务消费,甚至后者比例日趋提升。购物环境便捷、精致细微的层次与水平目前在发达国家与发展中国家依然存在明显差距。虽然电子商务在便捷上大大缩小了距离,但围绕全球一线品牌(特别是高端层次)提供精致、时尚、诚信的现场与后续服务依然是发达国家的强项。引领世界消费潮流的旗舰店集聚效应往往不能出现在发展中国家。实际上,成为真正意义上的世界贸易中心,尤其是购物天堂并非一朝一夕。就生活服务而言,包括金融、保险、医疗、养老、社区及家政等服务形态,这是发展中国家更显落后的领域。因此,塑造完整并能持续提升水准的现代服务体系是优化消费环境的重中之重。教育与文化艺术环境同样是生活环境的重要组成部分。吸引国际人才流动的制约因素之一就是当地的教育水平。为子女创造良好的教育环境已成为企业落户的必备条件甚至是首选依据。不过,从趋势上看,打造文化艺术环境愈来愈成为发达国家吸引国际人才的战略性举措。对于硅谷创新,人们往往忽略圣荷西政府这方面的突出贡献。在圣荷西市,各种影视院、艺术院、博物馆不仅完备而丰富地配备,而且关注受众体核心的价值取向并进行文化艺术类的项目开发。这里,儿童音乐剧标新立异,甚至专为儿童群体设立博物馆(儿童音乐剧、儿童博物馆在发展中国家有的刚起步,更多的是空白)。总之,与社会时尚相吻合的各种文化艺术形态并存、交融、发展已成为人类生活环境的内核或基因,发展中国家应不甘落后,紧紧跟上,并与自身的民族文化共生共荣。

总之,对于发展中国家而言,创新体系中,更多地选择二次创新、集成创新;模式选择中,侧重于采用增量升级战略;主体结构中,更好地发挥政府作用，这些均能在产业升级的国际比较中显示自身的特色。然而，环境落后则反映出基础性、整体性落后。从长远看，环境才是制约竞争力、妨碍或促进产业升级的真正根源。不断优化产业升级环境，既是少走弯路、缩短距离的潜力所在，更是实施产业升级战略的根本追求。

# 第十七章　产业升级与大国道路

**内容提要：**在15世纪以来的6个多世纪中，有的大国昙花一现，有的则持续一个世纪以上，其中奥秘何在？关键在于是否处于“产业代”前沿。与此同时，若要在“产业代”中长期保持优势，除了依赖科技进步和体制变革外，还需要创造性文化支撑。

中央电视台作为国家电视台，为体现“传承文明，开拓创新”的理念，用历史眼光和全球视野为中国的发展寻找世界性坐标，摄制了12集大型电视纪录片《大国崛起》，将15世纪后陆续崛起的葡萄牙、西班牙、荷兰、英国、法国、德国、日本、俄罗斯、美国等9个国家作为解读的对象，探索其发展规律。该片除了展示极为丰富的挖掘历史细节和揭秘历史真相的资料外，还邀请了近百位中外专家进行研读、评说，令人观后深受启迪。尤其是在最后一集探讨大国之路中专家展示各自观点时，使我产生了本书的感悟。这不是刻意追求“独辟蹊径”的效果，而是深感主题意义重大，作为一家之言积极参与。

## 一、只有处于产业升级的前沿，才能持续位居大国行列

从历史延续的角度观察世界产业变动的轨迹，就不难发现，借助于人类的代际分析方法，世界产业若从主导或优势的角度来判断，至今可归为三大“产业代”。第一代为农业产业；第二代为工业产业；第三代为后工业的服务产业。古往今来，能持续称雄的大国均为处于“产业代”上的先锋国家。

曾引以为自豪的文明古国，均在人类第一代产业上傲强多时，最

典型的为中国。即使不说秦汉或盛唐，就是到了康乾时代也在第一代产业前沿威震四海。

《大国崛起》中所展示的曾经显赫一时的西班牙、葡萄牙、荷兰和俄罗斯之所以其大国地位相继丧失，症结就在于未在“产业代”中“得势”。四国的共同特点是：要么单纯地依靠军事侵略、领土扩张呈强；要么采用贸易加军事的模式走向帝国。在产业上，无论是第一代产业，还是第二代产业均未有显著的优势，因而持续一段时间后，或者被兼并，或者沦为二流国家。

就葡萄牙而言，这个在 12 世纪从西班牙独立出来的国家，竟然能在 1494 年 6 月 7 日与强大的邻国西班牙签署《托尔德西拉斯条约》，开始共同瓜分世界海洋航线①，主要依靠航海技术和军事贸易扩张。商船到达任一国家，总是先建商站，尔后建立保护商站的城堡直至占领土地。然而，“葡萄牙的致命弱点在于，它的工业能力没有提高。在垄断香料贸易的 100 年中，葡萄牙的工业生产和 13 世纪没有任何差别。仍然只是一些铁匠铺、瓦窑、土布纺织、制鞋、做马具、仿麻，仅仅是农村生活和城镇生活的补充。城市生活的大量用品都依靠进口。”②结果，1581 年 4 月，西班牙国王菲利普二世被拥之为葡萄牙国王。此后的 60 年，葡萄牙失去了独立国家的地位。

兼并了葡萄牙之后，西班牙曾一度成为日不落帝国。原先在《托尔德西拉斯条约》中由两个国家支配的世界航海贸易领域变为由一个国家控制。从亚洲的香料群岛、菲律宾群岛、印度，到非洲的海岸、腹地甚至还有整个美洲均属于西班牙。应该说，这是一个历史上从未有过的日不落大国。不过，僵化的经济一开始就埋下衰落的隐患。“西班牙的制造业一直没有发展起来，它的出口被其他国家所取代。15 世纪中期，西班牙还能向北欧出口 17 000 袋羊毛，而 16 世纪初，

---

①　西班牙和葡萄牙在佛得角以西 2 056 公里或者西经 48 度到 49 度之间，从南极到北极划出一条分界线。在分界线以西的地区，专有权归西班牙，葡萄牙的远征考察活动只能在分界线以东进行。在世界历史上，这是第一个由两个国家瓜分世界的条约——《大国崛起——葡萄牙西班牙》，中国民主法制出版社 2006 年版，第 2 页。

②　同上，第 94 页。

爱尔兰的羊毛在北欧取代了西班牙的羊毛。瑞典的铁此时也打入了西班牙市场"①。如果说无敌舰队的毁灭对西班牙是一场局部的失败,那么,相对于英法等新兴国家而言,经济的劣势是其退出日不落帝国地位的具有根基性的原因。到1648年,随着《威斯特伐利亚和约》的签署,西班牙面临的局面是:国内叛乱、财政崩溃、普遍贫困。当与法国签订《比利牛斯和约》时,西班牙实质上已沦为二流国家。

历史上的荷兰也曾居大国地位,同样依靠贸易加军事扩张模式。17世纪的荷兰处于鼎盛时期。据历史记载,1650年,亚洲每一个临近印度洋的国家,都有荷兰人的定居点、贸易点和殖民地,阿姆斯特丹成为当时的世界贸易中心。不过,到了18世纪,荷兰就走向衰落。从荷兰盛衰史可以看出,当人类从第一代产业向第二代产业转变时,"贸易立国"(当时被称为"海上马车夫")无法支撑大国地位。事实上,到了18世纪初,直接贸易逐渐替代间接贸易,这必然危及阿姆斯特丹间接贸易的转口地位,其连锁反应是,本来就不很强大的荷兰工业开始走向衰退,加上象征着国家实力的东印度公司腐败严重,管理混乱以及以往的荷兰人朴实、勤劳精神的丢失,荷兰的大国影响力逐渐成为历史。

15世纪以来,俄罗斯曾两度以大国姿势屹立于世界,但从"产业代"视野看,均不在真正的状态。第一阶段为彼德一世所代表的帝国时期,以军事大国的形象出现;第二阶段为斯大林之后的工业化加军事霸权模式。其大国地位最终失去依然在于俄罗斯从未在第二代产业上逞强。

彼德一世是使俄罗斯走向世界的第一人。当时的俄国经济落后,是一个以农业为主但农业发展水平、效率很低的国家。彼德一世改革后的俄罗斯曾在18、19世纪成为欧洲的主要大国——也是海上军事强国。圣彼德堡成为此时强盛的重要标志。这场以沙皇专制

① 西班牙和葡萄牙在佛得角以西2 056公里或者西经48度到49度之间,从南极到北极划出一条分界线。在分界线以西的地区,专有权归西班牙,葡萄牙的远征考察活动只能在分界线以东进行。在世界历史上,这是第一个由两个国家瓜分世界的条约——《大国崛起——葡萄牙西班牙》,中国民主法制出版社2006年版,第114页。

甚至手段残暴式的改革涉及经济、政治、文化各个方面，马克思曾之为“彼德用野蛮征服了俄罗斯的野蛮”①。叶卡捷琳娜二世对彼德一世的继承和推进，使这一大国的版图扩大了63平方公里。不过，帝国时期在经济和工业领域里的增长完全依赖于农奴制。其实，俄罗斯不仅农民是奴隶，工人实际上也是奴隶之身。英国发生工业革命的时候，当时叶卡捷琳娜二世统治下的俄罗斯并没有走上这条道路，而是继续实施农奴制经济，这一发展道路最终进入了死胡同。第一次世界大战的爆发，将俄国这个人均工业不到英国六分之一的国家拖入到与工业强国的战争状态，在内外交困中，沙皇专制帝国彻底倒塌。十月革命后，苏联在近半个世纪内成为具有世界影响的世界大国，除强化军事实力和扩张外，走工业化道路起到了奠基作用。无论是反法西斯战争取得胜利，还是后来成为超级大国与美国抗衡，工业化贡献主要在于：形成国家范围内工业化体系；重化工业支撑着国防建设与军工产业；以航天技术为标志的某些高科技领域有领先性突破。然而，由于工业化采用了非常规手段，甚至有畸形特征，整体工业化质量受到影响，特别是推进国民经济全面发展的主导产业与需求脱节，技术含量低，因而严格意义上的工业化任务远未完成。这也是苏联解体后俄罗斯在瞬间失去真正意义的大国地位的根源。

以上展现的实质上是一幅人类自15世纪以来起伏跌宕的大国画面，即这些国家曾经以大国形象出现又在种种危机中丧失大国地位。并且，它们有着共同的衰败原因：未能在人类“产业代”上称雄。

与此相反，同样时代崛起的大国并能持续至今的景象则是另外一幅大国画面。这些国家有的尽管失去昔日鼎盛时期的辉煌，但在当今世界实力排序中依然居前列。它们至少是美国、英国、德国、法国、日本等，这里也有着类似的大国可持续的共同原因，即在人类“产业代”上始终保持优势。

---

① 《大国崛起——俄罗斯》，中国民主法制出版社2006年版，第23页。

## 二、“产业代”中的大国地位可持续性问题

称强两个世纪的英国为什么会丢失头号大国的地位？美国接替霸主旗帜后为什么能继续在第三代产业前沿称雄？这就是“产业代”中大国地位可持续性问题。技术创新、体制变革固然是直接的原因，但更深层的原因其实就是创造性文化。

英国工业革命的直接推动力来源于技术进步和体制变革。蒸汽机发明和“光荣革命”其实就是两大动力的显著标志。然而，就深层的文化环境而言，社会变革中的思想文化成果则形成了上述动力的基础性土壤。戏剧性的宗教改革释放了人们推进社会发展的思想活力，加上文艺复兴的潮流影响，出现了莎士比亚、斯宾塞等一批巨人。最值得一提的是近代科学的诞生，虽然可以追溯到哥白尼和伽利略时代，但代表性的人物则是牛顿。“虽然牛顿发表学说的时间比工业革命早了近 80 年，但是许多历史学家认为，牛顿对工业革命的作用是无可置疑的”①。与此同时，呼应工业革命、以亚当斯密为代表的经济学理论也随之诞生。

实际上，将技术进步、体制变革动力论以及依托创造性文化视为大国崛起可持续理论对于研究美国的变迁更具说服力。

美国作为“产业代”上的第一大国，自 19 世纪以来已经跨越了三个世纪，这种持续性效应同样得益于科技进步和体制变革这两个轮子的直接推动。

如果说蒸汽机诞生标志着第一次工业革命，因而没有瓦特发明就没有真正意义上的第二代产业的兴起，那么，同样可以认为，没有爱迪生的电灯发明，就没有以电气化为标志的第二次工业革命，进而可以推断：爱迪生的发明将美国推上了世界大国的宝座。

然而，科技进步的背后，社会体制变革往往发挥着奠基的功能。美国之所以成为世界第一大国乃至具有持续的稳定地位，存在着推

---

① 《大国崛起——英国》，中国民主法制出版社 2006 年版，第 137 页。

动科技进步不断变革的制度体系，包括法制、教育体制、政府管理体制等等。其一，专利法的诞生和实施其实是爱迪生发明的前提条件。这一法制促使发明成为专利并能提供相应研发经费，从而使累积性创新成为可能。在爱迪生的近2 000项发明中，几乎均是前一项发明的专利收益成为后一项发明的经费来源。“事实上，在门罗公园发明工厂的启动资金，就是他第一次转让专利权所得，以后他的每一项发明都为下一项发明提供资金。这是他得以完成近2 000项发明的物质基础之一。爱迪生是一个伟大的发明家，然而如果没有宪法和专利法的保障，还会出现爱迪生吗？”①可见，知识产权保护的重要价值在于：促进全民族的自主创新，催生创新型国家崛起。其二，科技创新的基础是人才，爱迪生的发明工厂实质上是人才集散地。在这一发明创新过程中，人才的供应源源不断，其中的教育，特别是高等教育功不可没。“发明工厂中毕业于高等院校的大学生比例高达30%以上，甚至其中不少还是各大学的教师。难以想象如果没有这些高素质的人才，爱迪生的天才火花能够燃烧多久？没有分布在各个行业的高素质的人才，美国又怎能迎头赶上欧洲发达国家？”②应该说，促进教育发展，著名的“以土地换教育”的“莫里尔法”具有不可替代的作用。今天的美国已有4 000多所大学，各州财富的40%以上用于教育开支，这在世界上居绝对优势。其三，政府管理的演变在一定程度上发挥着适应性的制度供给功能。战前的两个“罗斯福”以及战后的里根均是标志性的体制变革领导人。尽管资本主义制度从根本上看无法超越历史的局限，但从罗斯福到里根还是意味着体制调整的阶段性价值，一定程度上发挥着体制的适时变革和动态供给作用。

若将追根求源的研究引入到更深层次，即从文化元素上展开，不可忽视的状态是，一种创造性文化客观地存在。具体而言，这种创造性文化至少包括：探险文化、实证文化、重教文化和维权文化。探险文化实质上是敢为天下先文化。被美国人视为最早的开拓者——

---

① 《大国崛起——美国》，中国民主法制出版社2006年版，第159页。

② 同上书，第162页。

“五月花号”上的102人，敢于历经海上磨难来到从未认知，百年前才被发现的新大陆，这就成为他们纪念祖先，教育后代，传承探险文化的经典故事。从《五月花号公约》到“西部拓荒”，始终折射着一种生生不息、敢于冒险、敢于创新的精神。虽然无法验证仅有世界人口5%的美国却拥有超过全球一半的诺贝尔获奖者与“五月花号”理念有何内在直接联系，但作为文化的传承元素或者是社会历史背景熏陶着一代代科学家、发明家，这是肯定无疑的。德国经济学家李斯特就曾说过：“美国一点也不留恋旧方式，美国人一听到‘发明’两个字就会竖起耳朵。”①实证文化也就是重实践文化、务实文化。20世纪初，实用主义作为一种哲学流派发源于美国并广泛传播，从文化源头上观察决非偶然，詹姆斯或杜威实际上是基于美国人行为方式而作出的哲学判断。从一定意义上看，美国始终是一个实用主义的国家。尽管从哲理上研究，实用主义存在缺陷，但从重实践，重实效的价值理念角度审视，其贡献在于引领人们抛弃空谈，抛弃离开现实、迷信权威与经典，将主要精力用于实践性操作与创造上。特别值得一提的是，实证文化强调以实践论英雄，因而孵化出的一批批历史伟人都是实干家，尽管有的学历不高，但创造的业绩可谓惊天动地，爱迪生和当今的比尔·盖茨均属此类典型。1929年10月21日，美国总统胡佛扶着仅有小学学历的爱迪生，参加专门为这位发明家而举办的特殊盛宴，在500位名人来宾中有科学家居里夫人，爱迪生坐在首席，胡佛总统坐在旁边。其实，在信息世界叱咤风云、全球首富的比尔·盖茨也是以业绩实证的。重教文化与实证文化并生共存成为创造性文化的一个显著特征，即一方面崇尚务实的评判标准，另一方面对于支持教育、发展教育的历史性作用坚信不疑。众所周知，美国很多知名的常青藤学校都是由私人创立的，私人的资助几乎遍及美国教育的各个角落并成为美国独特的传统。目前在世界排名前20名大学中，三分之二以上在美国。根据美国卡内基小组的一项研究显示，美国当今的经济实力有一半来自教育的贡献。维权文化是法治

① 《大国崛起——美国》，中国民主法制出版社2006年版，第159页。

的基础。一般而言，民众的维权意识愈强，社会的法治效果愈佳，法治水平愈高。维权文化的形成往往与必备的制度环境相关联。在封建社会的君主专制阶段，根本谈不上民众维权，君主出言即法，“普天之下莫非王土”。实际上，反封建、反专制的过程就是维权文化形成的过程。然而，在原有社会基础上进行反封建，总有割不断的文化桎梏，这对于美国而言，则具有他国难以存在的相对优势。

需要说明的是，创造性文化并不简单地局限于上述几种类型，而是一个开放的系统，它对于大国地位可持续至关重要。然而，创造性文化并非完全等同于价值理念上的先进文化。发明、创造与人类文明走势不一致的地方比比皆是，爱因斯坦就是因为他的相对论导致原子弹诞生而感到终身遗憾。“他的狭义相对论中著名的公式 $E=mc^2$ 是释放原子能的理论依据，他写给罗斯福的信是研制原子弹的直接动因，在某种意义上爱因斯坦可以被称为原子弹之父，但当他发现原子弹武器是人类的瘟神时，他的痛苦是无法形容的。”①目前美国单边主义、霸权主义导致国际形象欠佳，并不因为其发明创造的分量下降。因此，关注创造性文化对于巩固大国地位的意义仅仅限制于对大国崛起的研究（有助于发展中国家借鉴经验），而不是泛文化的价值导向。

① 吴国盛：《科学的历程》，北京大学出版社 2002 年版，第 436 页。

# 第十八章　产业升级中的城市发展

**内容提要**：早期的城市功能主要在于：提升城市化水平，消除二元结构。“二战”以后，城乡一体化和通过增强城市竞争力带动国家竞争力同时得到关注，并成为政府的双重角色。然而，古老的公平与效率矛盾，同样发生在发展中国家城市化过程之中，迫使城市发展必须在城市效率与城乡一体化中寻找结合部与均衡点。从聚焦于中心城建设转向兼顾城乡一体化，至少经历两次均衡点的界定。“十二五”阶段应重点实施卫星城战略。

近代以来，城市发展至少承载着3大功能：城市化水平提升；城市人生活质量提升；地区或国家竞争力提升。对于发展中国家而言，无论是脱离城乡一体化而片面追求城市自身发展，还是城市缺乏核心竞争力，失去城乡一体化带动能力均是得不偿失，探讨二者结合的均衡点选择，适时作出促进二者统一的战略部署，这是当下中国城市化进入良性发展轨道的重大课题。

## 一、均衡中挑战政府的双重角色

就政府管理与城市发展的关系而言，“二战”以前，政府更多地期待和发挥城市在经济发展中保护弱者、降低落差的平衡功能，最为典型的是通过城市化消除城乡二元结构。“二战”以后城市发展战略的重新定位，一是基于政府职能的动态完善；二是由于二元结构依然阻碍着国家现代化进程。

从世界范围观察，欧美国家自资本主义经济制度建立后，对于政府经济职能的认识和界定经历了长期反复的过程，大体可概括为以下 4 个阶段：一是 1929—1933 年大危机前，"自由放任"和自由贸易（或称基于"经济人"之上的"守夜人"）是主流价值观及其应用。二是大危机至 20 世纪 70 年代的石油危机阶段，体现凯恩斯有效需求管理的财政、货币政策强有力的反周期干预。三是 20 世纪 70 年代后至 21 世纪金融危机时期以减少干预为标志的新自由主义理念与实践。四是金融危机爆发以来进入有选择的干预新阶段（20 世纪 90 年代后，对于高新技术的某些领域，政府的参与度已经逐渐增强）。而从发展中国家尤其是东亚新兴国家战后产业调节历程判断，政府的参与程度明显高于欧美发达国家，提出了保护弱者与通过产业升级以提高效率相结合的新课题。其实，保护弱者始终是政府在市场竞争中的第一经济职能，如保护居民中的弱者，建立社会保障体系；保护企业中的弱者，建立中小企业管理机构；保护区域中的弱者，通过财政转移支付平衡地区发展，消除二元经济结构等等。产业运行中"提升效率"则主要是战后新兴国家的新创造（以往政府提升效率的职能基本局限于反垄断、抗周期波动等）。其中，"国家创新战略"就是代表性案例。面对日本、亚洲四小龙在赶超中的跨越式发展状态，著名经济学家弗里德曼将"奇迹"归功于以提高效率为目标的国家创新战略的实施，其核心内涵是实现国家对提高全社会技术创新能力与效率的有效调控和推动并取得竞争优势。①

无法否认的事实是，在提升效率过程中，城市发展的功能具有不可替代性。无论是从要素投入的规模效应，还是从技术进步与产业升级看，城市的引擎功能均不能忽略。一定意义上说，任何国家或地区的产业竞争力相当程度上体现为城市的核心竞争力。这样，一个新的历史性课题就出现在发展中国家面前，即如何将保护弱者这一本源上的政府职能与产业领域中提升效率特别是繁荣城市有机地结合起来，千方百计地寻找均衡平台和路径，否则，就意味着陷入两难境地，甚至产生顾此失彼的后果，这恰恰是发展中国家城市发展面临

---

① 王国平：《构筑上海城市创新体系的若干思考》，载《上海经济学会学术年刊·2005》，上海人民出版社 2006 年版，第 56 页。

的困境。

发展中国家往往在追求城市效率的过程中容易忽略政府第一经济职能即均衡功能(目前已成为普遍现象),尤其是导致城乡矛盾加剧。在中国,不仅城乡收入差距持续扩大,而且类似上海,城郊差距也十分严重(有外国学者将中国城乡差别现象比喻为“欧非共同体”,即城市似欧洲,农村甚至郊区似非洲)。

在上海,近年来郊区落后于周边地区已是不争的事实:

**2008 年上海三区与江苏两地经济发展指标**

单位:亿元

| | 地区生产总值 | 全口径财政收入 | 地方一般预算收入 | 进出口总额(亿美元) |
|---|---|---|---|---|
| 江苏昆山 | 1 500.3 | 272.6 | 115.7 | 613.5 |
| 江苏江阴 | 1 530.0 | 245.0 | 102.2 | 135.5 |
| 上海嘉定 | 655.0 | 205.5 | 58.1 | — |
| 上海金山 | 311.8 | 76.6 | 23.0 | — |
| 上海奉贤 | 380.0 | 93.6 | 28.6 | — |

资料来源:《2008 年昆山市国民经济和社会发展统计公报》、《2008 年江阴市国民经济和社会发展统计公报》、《2008 年嘉定区国民经济和社会发展统计公报》、《2008 年金山区国民经济和社会发展统计公报》、《2008 年奉贤区国民经济和社会发展统计公报》。

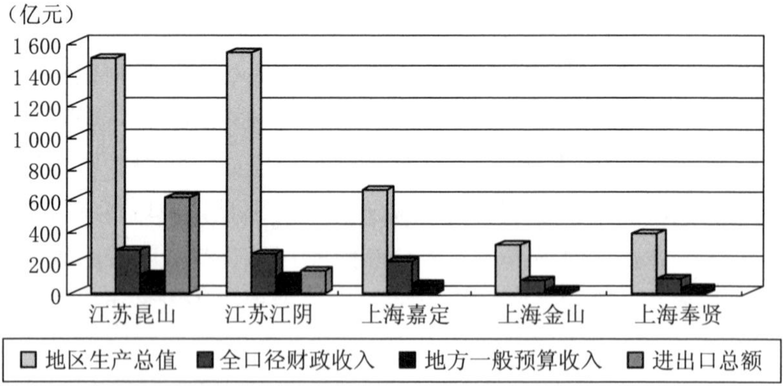


**2008 年上海三区与江苏两地经济发展指标**

以上图表清楚地反映，上海郊区与昆山、江阴等地在经济发展水平上存在非常大的差距。在经济总量上，2008 年昆山、江阴的地区生产总值(GDP)约为嘉定的 2.3 倍、奉贤的 4 倍和金山的 5 倍。地方财政收入是各级地方政府非常重视的指标，昆山、江阴更是遥遥领先。2008 年昆山的地方一般预算收入达到 115.7 亿元，而金山仅为 23.0 亿元，前者是后者的 5 倍(陆地面积大体相等)。

实际上，二元结构矛盾若长期不能解决，甚至是激化，资源集聚型的城市发展战略也难以持续实施，最终拖累现代化建设的进程。刘易斯二元结构的理论也是由此而诞生。刘易斯将发展中国家的经济组织划分为两大部门，即资本主义部门与维持生计的部门(subsistence sector)，并认为维持生计部门的劳动边际生产率很小或等于零，甚至为负数，而资本主义部门的工资决定于维持生计部门的收入。这样，借助于二元经济结构的条件，资本主义部门能够以恒定的工资获得无限供给的劳动力。资本主义部门由于把剩余再投资于创新而扩大，并吸收更多的人从维持生计的部门到资本主义部门就业。剩余越来越多，资本形成也越来越大，而且这个过程要一直继续到剩余劳动力消失为止。换言之，工业化发展的过程就是资本主义部门不断扩大，维持生计部门不断缩小的过程，相应的二元经济结构实现向一元结构的转变：

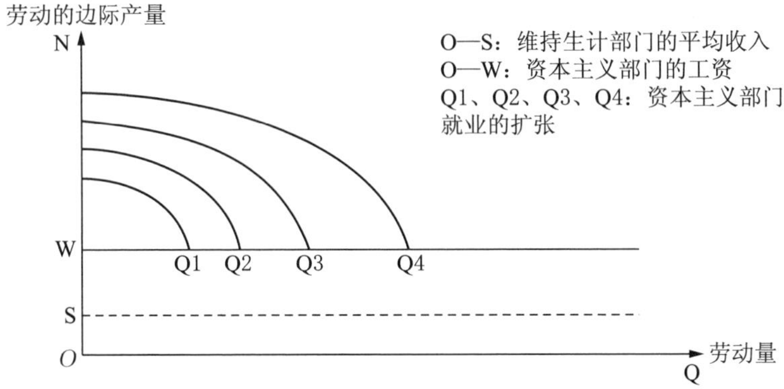


忽视农业自身的现代化尤其是技术进步固然是该理论的缺陷，

因而后来被拉尼斯、费景翰等完善，但这并未改变发展经济学中通过提高城市化水平（运用城市发展的资源），促进劳动力转移来均衡工农产业、城乡领域发展的核心价值观。

总之，古老的分配领域中出现的命题——公平与效率的矛盾，同样发生在发展中国家城市化过程之中，迫使城市发展战略摒弃单一而走向复合，即在城市效率与城乡一体化中寻找结合部与均衡点。

## 二、均衡点的动态转移：中心城—卫星城—小城镇—乡村社区

从聚焦于中心城建设转向兼顾城乡一体化的均衡点选择，这是有计划的历史过程，期间至少经历两次均衡点的界定，即卫星城①（上海目前称之为新城）和小城镇。“十二五”阶段应重点实施卫星城战略。

1. 作为均衡点选择的卫星城，其建设要素应主要定位于中心城的溢出资源。任何城市的中心城在开放的状态下，经过集聚性建设后必然产生溢出资源（有一种观点认为上海中心城集聚过度）。这种溢出资源实质上是由城市吸纳新资源而形成的挤入资源推动的。然而，若从更深层次的源头上去观察，就会发现从挤入资源到溢出资源原本是资源层次的有序转移。所谓挤入资源就是相对而言的产业高端资源，而溢出资源则是难以承受高商务成本的退而求其次的产业链资源。这样的溢出资源既为中心城产业升级腾出发展空间，又为带动郊区发展的卫星城建设注入了新资源。

溢出资源包括需要转移的制造业和服务业的中下端。20 世纪 90 年代上海开始实施“退二进三”战略，就意味着制造业从中心城转

① 卫星城或称新城，这是形象地比喻类似于卫星和行星关系的城市外延结构，即相对于中心城（母城）而言的子城。如果子城可定位为城市，就称卫星城市，若不能以城市界定，可称卫星城。由于卫星城具有新成长的特点，并作为大城市体系的成员，故通常也称为新城。总之，它是与中心城存在一定距离，拥有独立的产业和生活体系，既接受中心城的辐射，又辐射周边的区域。

移已在实践中展开，只不过“退二”是否应退到卫星城一直存在争议。周边地区管理者普遍认为上海不应再发展工业。在这一问题上，结论只能是：卫星城吸纳先进制造业（包括吸纳中心城溢出的制造业资源），逐年提升全市整体服务业比例。

同样，卫星城通过吸纳中心城中下端服务业而丰富产业形态，也是接受溢出资源的重要方式。对此，透视一下服务业结构就会更加清晰。服务业内部结构一般表现为3个层次：一是产业服务业，即服务于第一、二产业并以独立产业形态出现，如金融、商贸、保险、房地产、科技、教育、卫生等；二是为各类产业配套服务的商务服务业（划为生产性服务业），包括法律服务、会计服务、信息咨询服务、人才服务、人际关系与公共管理等等；三是为全社会服务的生活服务业（含生产性与消费性服务）。在商务服务业中，为第一、二产业服务的业态存在于服务业发展的起始阶段，随着科技尤其是信息技术的应用也在拓展新的形式，如运输从传统主要依靠人扛车拉方式转向第三方物流，全国性乃至世界性的集中配送网络相继诞生。但从总体上看，服务于金融、贸易、保险等第三产业的商务服务业（俗称专业服务业或第三产业的服务业）的迅速发展更是当下第三产业发达的标志，也是中心城服务业集聚的主要内容，而其他服务业尤其是一般类别的生产性服务业均可集聚于卫星城。

溢出资源的形成必须依托挤入资源，因而造就挤入资源就显得十分重要，或者说是资源层次转移的必备条件。挤入资源既可以是内生型，也可以是引进型。

中心城区原有制造业在溢出过程中，其存留部分体现服务化特征，即作为新型高端服务业资源存在和发展就属于内生型挤入资源的一种典型。当今制造业中的跨国公司，其业务重点开始向服务领域转移，目前GE服务业收入已占总收入三分之二。其缘故是：制造业链、制造活动、制造企业过去融为一体，随着技术应用以及服务业日益专业化、社会化，制造业的“三合一”走向了相对分离。首先，制造业链的实现形态发生了变化，制造活动可以移植异地、异国（通过外包），在全球范围内进行重新布局，体现空间分割。其次，从事制造业的企业行为也发生了分离，其中的一部分，甚至是主要业务走向了研发、营销，并且不局限于服务某一企业，形成既立足于制造业，又跨越制造业的“两栖”特点。

从引进型挤入资源看，由于国际高端服务业资源集聚具有增量流动性，通过进一步扩大开放，完全能构筑引入的通道。

目前，现代服务业高度发达的国家无一例外地均通过高端集聚区去展现，并依靠高新技术尤其是信息技术的应用影响甚至掌控着全球服务业，即不仅引领服务业产业链的发展走势，而且对实体产业发展进行制约。如美国纽约曼哈顿、英国伦敦金融商务区等，即使是发展中国家也有类似于印度班加罗尔软件服务集聚地相继诞生。应该说，从产业集聚规律看，世界范围内服务业集聚区的形成的确具有相对稳定性。一是由于在历史发展的进程中，伴随着全球产业的转移，在该领域出现了服务产业链的制高点，因而最具代表性的高端业务必然发生、集聚在此地。二是由产业高端产生的品牌效应促进优秀人才集聚，并且，人才的高素质、高投入、高消费反过来又成为高端服务产业发展的支撑条件。三是各类配套设施先进，提供其他地区一时难以具备的便捷服务，加上制度、文化软环境派生出来的效应以及创新信息集中交流等，大大降低交易成本。此外，作为“冒险家的乐园”，成为资本经营中的风险投资者云集之处，这早已在世界范围内得到认同。如长期以来，曼哈顿一直享有投资家优先考虑的地位。此次金融危机虽然几乎所有“投资高地”受到重创，但只要存在发达的资本市场运作及其巨额利润产生的可能性，冒险家们就不会轻易放弃，“转头重来”就是必然趋势。

2. 扇面型投资发展环境的营造是溢出资源与挤入资源均衡流动的保障。如果将中心城与卫星城视为两个折扇面，给人以同步起舞的形象，那么，投资发展环境的营造也必须同步推进，否则就无法产生均衡效应。

上述上海郊区与周边的江苏昆山、江阴等地之所以具有过大的落差，主要原因就在于由投资环境营造薄弱而导致的卫星城建设滞后。“上海郊区新城普遍存在开发推进乏力、功能形成缓慢、人气集聚不足的现象。从能级上看，九大新城没有一个能够称得上是‘承担疏解中心城人口和功能并集聚新产业，具有一定独立性’的‘反磁力中心’。目前，上海郊区薄弱的郊区新城发展水平已经同长三角城市群中昆山、江阴、义乌等城市的迅速崛起形成了强烈反差。总体而言，上海郊区新城存在以下八个方面的突出问题：定位不够明确、规划相对滞后、产业与功能配套度有待于进一步提高、对于本市居民和外来人口缺乏足够的吸引力、快速交通体系支持力度不够、社会事业配套不足、政策不够聚焦、体制机制需要进一步理顺。”①

推动卫星城发展，营造投资发展环境固然涉及方方面面的因素，在以上 8 个问题之后还可列出长长系列，但最基础、最核心的无非是 4 大要素：一是科学规划。笼统地提出“高起点”规划，即单一地从城市体系、现代化水平角度要求高标准，有悖于卫星城建设的宗旨，即发挥城乡一体化的枢纽功能。当然，类似于上海新城，由于在长三角建设中客观上需要合理的城市结构去承载“龙头”作用，因而将新城规划与长三角城市群建设标准相联系无可非议，但即使如此，也不能忘记城乡一体化之本，更不能以所谓的“起点低”为由，排斥城乡平衡的主功能发挥。二是基础设施。关键是形成连接中心城和卫星城的便捷交通体系，包括轨道、公路、航运等相互紧密的交通网络（通过现代化交通工具进行快速短驳而衔接），并且，人流付出交通成本低廉，撤除一切补偿性收费站设施。三是体制机制。涉及规划、产业及项目、市政、环保、户籍等等。若卫星城享有同等行政级别的城市权利（地级市、县级市等），就避免了与周边城市相比较的唯一弱项，即具有推动发展的同等动力源和灵活性（这恰恰是目前上海新城发展不足的根本原因）。四是配套政策。充分体现中心城的资源优势，在项目、资金、土地、信贷与财税、户籍等各项政策方面向卫星城聚焦倾斜，极有可能导致新一轮卫星城建设突飞猛进。在此基础上，产业兴起、人才和人气集聚、社会事业资源注入均成顺理成章之势。

不过，脱离中心城建设的任何卫星城建设设想和规划均是无法

① 周振华：《经济复苏与转型发展》，上海人民出版社 2010 年版。

兑现的空中楼阁。因为若中心城建设资源四面分散、整个城市的核心竞争力得不到强有力的支撑,扶持卫星城建设的源头也会枯竭(这也许是长期以来上海新城建设有规划而无实质性进展的主要原因,因而忽视城乡一体化及其新城建设或者脱离城市整体发展实际的高调畅想都是殊途同归地导致新城建设缓慢)。扇面型投资发展环境营造,就是从根本上寻求能体现兼顾中心城和卫星城建设的创新型发展战略——规划优先,梯度转移。

所谓梯度转移战略至少包含以下5层内涵:其一,溢出性资源。就资源转移的类型而言,它是区别于中心城所需资源的溢出资源,即任何冲击中心城发展的资源转移方式均应否定。其二,高端性凝聚。从资源源头上保持高端,使中心城在开放中形成的挤入资源始终具有内聚力并处于可持续的状态。一是通过卫星城及郊区广阔的腹地资源尤其是土地额度资源进行产业空间拓展;二是通过人口居住疏散而降低中心城房地产支出等商务成本(人口的密集度与房地产价格历来就是正相关);三是通过卫星城及郊区产业需求为中心城服务业尤其是高端专业服务业发展提供服务载体。其三,阶段性有序转移。如在形成必要配套设施的基础上,推动社会事业优质资源延伸到卫星城并构筑延伸性社会优质资源的交融、共享网络,甚至培育产生创新性资源。以上海为例,名牌大学(有的已将总部移置某个新城)、中学、小学的分校以及三甲医院分院若在总体规划下分别汇集于不同的新城,凭借名牌效应,以开放的方式集聚国内外人才(市里统一给予必要的资金支持),就能形成成长性社会事业优质资源的集聚区,这对于集聚产业和人气无疑增强巨大的吸引力。再如交通设施,目前中心城发达的交通体系已基本完成,下一步市政交通建设的重点应围绕新城建设尽快建立连接中心城的便捷、完善的交通网络,撤除一切不必要的收费障碍,千方百计地使两城交通的便捷程度接近于同城交通。其四,结构性体制放权。可对从规划到项目审批乃至市政管理进行全面清理,在不影响中心城发展的前提下,选择结构性放权体制,即有些领域考虑全市整体发展需要(如重要规划项目),选择有限而又充分放权;有些甚至认定为鼓励卫星城发展领域可彻底让其拥有地级市或县级市待遇，上海的制造业、中低端生产性服务业审批体制就可尝试。从一定意义上看，体制机制是卫星城发展的内在动力源，一旦结构性放权所带来的积极性得以焕发，其资源效应将数倍于外在各类要素。应该看到，这是目前中国大中城市卫星城建设的普遍薄弱环节，因而极有可能构成新一轮卫星城发展的最大潜力资源。其五，倾斜性政策扶持。是否存在中心城与卫星城共赢前提下而有益于卫星城和郊区发展的政策引导资源？这可从可用性政策结构中去寻找，至少有3类政策：一是全市扶持支柱产业的政策适应并落实到卫星城产业的发展（目前上海制造业发展中的9大扶持产业很多部分是与新城产业发展相联系的，关键在于将园区工业与新城产业有机结合起来）。众所周知，运用政策资源促进产业升级，这是政府服务的基本方式。其中，财税政策、土地政策、户口与人才政策等已成为政策服务的主体部分。所得税、营业税的税前抵扣和减免、增值税转型、出口退税等均是近年来政府调节产业结构的杠杆，特别是地方政府，其财力实际上决定着所得税、营业税变动幅度（即使要维持名义税率，“财政返还”同样能进行实质性操作）。土地政策中的用地指标、工业与商业用地属性界定以及地上建筑物结构、容积率等均已成为调节经济的稀有资源。户籍对于城市尤其是人口过密的特大城市、中心城市无疑是引导人才流动的重要抓手。愈是发达地区、城市，三大政策组合运用的效应就愈能显现。显然，只要将卫星城产业纳入城市产业发展总布局，扶持性产业政策资源就必然成为推动卫星城产业发展的资源。二是互利性的特殊政策，如房地产、户籍政策等。房地产和户籍特殊政策对于卫星城集聚产业、集聚人气具有特殊作用。在当前的房地产政策中，有一项控制房产价格上升的政策为：新拥有房产5年内销售必须按5%交营业税。对此，若面向卫星城而取消，购买房产而集居卫星城的态势就必然出现。再如特大或大型城市取消户籍管制从卫星城开始，也必将迅速推动卫星城人气的上升。这些举措的效应与中心城需要通过降低房价和人口密度来降低商务成本是相一致的。三是城乡一体化发展战略实施中的倾斜政策。城乡一体化、消除二元经济结构已成为现阶段国家级发展战略，工业反哺农业、城市支持农村也是“十二五”发展的必然要求。在这一过程中，中心城通过财政增量列出专项用于扶持卫星城和乡村发展，不仅必要，而且也是难以推卸的责任。此类专项可采用产业基金的形式对卫星城产业发展配套以及卫星城间产业衔接、协调起直接的推动作用。

实际上，均衡于新城的原理、政策与效应同样适用于均衡链中的小城镇和乡村社区，区别仅在于均衡主体下移并依据阶段性制约条件确定梯度转移的力度。

# 第十九章　产业升级中的系统思维

**内容提要：**改革初期，“摸着石头过河”具有历史必然性，但随着改革全面深化展开，系统思维、精密规划日益紧迫。文章依据系统论原理提炼出系统思维之精要并应用于改革发展全过程的审视，梳理中国当前经济社会发展5大系统、10个子系统中面临的挑战，并研究其内在联系，从中呈现出关键、根本问题，进而提出使改革阶段性推进及优化动力结构的策略建议。

自20世纪80年代以来，中国进入改革发展的新时期，实质上这是自觉或不自觉地展开了经济社会发展系统的巨大变革，或者说经历了史无前例的经济社会的再造过程。无论是所取得的成就，还是面临的问题，均是社会系统再造的反应。时至今日，若在系统视野下作一次“扫描”，形成系统推进的战略与策略，这对产业升级既是理性呵护，也有利于科学引领。

## 一、　系统思维之精要

系统设计、系统工程运作的前提是系统思维。历史上系统论创始人、奥地利学者贝塔朗菲从提出系统思想元素到最后发表《一般系统论的历史和现状》，实质上进入到哲学方法论状态。这期间经历了4个阶段①，将数学系统论、系统工程、系统哲学囊括其中，但更为广泛的应用还在于系统思维方法，它对于审视中国改革发展系统运行极具价值。

---

①　杨国璋、金哲等：《当代新学科手册》，上海人民出版社1985年版，第2页。

系统思维的精要主要体现在 5 个方面：

1. 系统思维首先必须着眼于两个基点，即整体及元素之间的联系。从一定意义上看，系统思维就是摆脱个体、局部思维局限的整体思维。其中，组织联系极为重要或者说是系统联系中的核心。可以认为，系统思维中的整体与元素之间联系的两个基点是通过组织联系去实现的。一般而言，整体运行或系统内联系发生严重问题总是暴露出要么处于最高层次的组织指挥、协调功能欠缺；要么处于中枢系统的组织能级不到位。因此，任何社会系统持续功能紊乱或协调性弱化根源就在于组织失效。

2. 整体不是简单地等于个体的总和，有时二者属性相反，因而从个体看，应防止“反向作为”。某一属性的系统通常由居主导地位的元素决定的，非主导元素虽非可有可无，但能改变其存在形态。在一个系统中，若处于配角地位的元素过于发挥“作用”，不断制造亮点（类似于城市化进程中的政府办公设施及广场建设），从所处于相同组织功能发挥看似乎显得突出，甚至常常得到“同行”表彰，但由于集中过多资源应用于非主导运行，从而阻碍着该系统的应有发展。因此，这种“反向作为”应视为系统建设、系统运行的羁绊，属于典型的逆系统发展行为。

3. 系统目标的实现离不开子系统的支撑，尤其应避免关键领域的“不作为”。由于关键的子系统往往决定系统的基本状态，因而其作为与否及其质量直接制约系统评价。日常生活中，人们谈及的诸如“瓶颈制约”“木桶原理”等等均与此关联。从这个意义上看，系统思维常常强调“重点思维”或“关键思维”。“抓重点”、“抓关键”“抓主要矛盾”非但不与系统思维相悖，反而是系统思维的常态要求。相反，关键领域不作为才是系统建设之大敌。实际上，社会演进过程中任一系统的真正发展均取决于关键领域的作为。

4. 子系统的价值认定依赖于系统目标实现过程中的各自功能定位及其作用发挥。通俗而言，“各尽所能”就是价值实现。系统中无论何种元素，只要真正做到了“各尽所能”，其价值存在就无可置疑。既然全部资源依据系统目标实现的需要配置于各个子系统，这样，其贡献大小必然既取决于系统目标实现的要求，也受资源配置差异的制约，因此，为了系统的有效运行，尽管需要承认贡献差异，甚至相应地认同报酬差异，也不应在价值判断上制造差异。实际上，这种贡献差异与价值平等的统一通常成为人类社会中任何系统平稳、高质量运行的基础条件。

5. 系统变革（含结构与功能演变）存在急骤与渐进两种类型，质量的持续提高更多依赖于第二种类型，中外社会变革的历史无一例外。但无论如何，决定性的关键元素变化才能产生带动效应，而要不间断地变革深化并促进系统层级提升则需要全部元素变动呼应和深度支撑。

## 二、 系统建设之设计

从事物存在与发展的客观过程看，经济社会的现实状态本来就处于系统运行之中。为了理性体现人的主观能动性，可在尊重规律的基础上优化系统内在结构，促进系统具有更高质量的发展（改革开放的意义也在于此）。这样，人们就会根据所选择的目标进行系统建设设计（类似于李冰设计都江堰）。面对 30 多年产业升级的基础及面临的瓶颈制约，系统建设设计可集中于以下 5 个大系统和 10 个子系统，并在重要的子系统中发现关键环节，从而形成有利于系统推进的战略构思。

1. 经济增长系统。这里重点涉及两类调控，即价值调控和均衡调控。

从价值的角度审视 GDP，至少涉及三重价值：经济价值、社会价值和文化价值。经济价值是指获得者直接拥有的物质福利，主要包括出资者所得、经营者和劳动者报酬、消费者盈余（市场丰富、价廉物美的商品同样意味着消费质量的提高）以及政府税收。当 GDP 的经济福利通过税收贡献于社会事业发展时，就产生了 GDP 的社会价值。这也是 GDP 价值的第二次放大，或者说是第二种含义的 GDP 价值。GDP 的文化价值主要表现为，通过税收转化的 GDP 进入文化事业发展领域对文化的硬件和软件均起支撑作用。GDP 价值调控重在多角度放大价值，减少价值损耗与扣除：同样的 GDP 经济价值，可从社会价值、文化价值层面去开掘。如在公共产品服务均等性、公平性配置上作出贡献；依托特定财力基础，在文化事业、文化影响力上促进繁荣。这些实质上均起到放大 GDP 价值作用。相反，忽视 GDP 社会价值和文化价值实现，仅仅盯住经济价值，结果是 GDP 总价值也许会不断被抵消，而这恰恰是当前 GDP 价值调控面临的突出问题①。

均衡调控的效果在于促进经济持续稳定增长。应该说自 1992 年以来，反周期的宏观调控已积累了一定的经验。

需要进一步说明的是，长期稳定的均衡包含可持续理念及其运行，而不仅仅是阶段性反周期。可持续状态的实现重在优化需求结构以及协调人与自然的关系。这里实际上存在双重含义的可持续。一是就经济运行内部而言，需要合理的需求结构支撑着可持续增长；二是受人口、资源、环境制约的可持续（对此不再赘述）。很显然，稳定而又持续增长的消费需求，才是促使中国经济可持续增长的主导力量。注重对消费行为、消费结构以及消费发展趋势的研究，采取积极措施，千方百计地培育国内消费市场，这是确保经济可持续增长的根本条件。

2. 经济结构系统。在产品结构、企业结构、产权结构、产业结构、区域结构等 5 大经济结构中，制约中国经济结构优化最为突出的两大瓶颈就是低层次的产业结构和城乡二元结构（这也是收入分配差距扩大的经济结构根源）。前者危及国民经济的国际竞争力和可持续发展，后者从产业升级的整体上严重阻滞现代化进程。

长此以往的二元结构，阻碍着农业现代化进程；制约着城市化水平提升；束缚着第三产业拓展；影响着生态环境改善，进而由于需求限制无法实现长期的稳定增长，致使国家整体现代化步伐放慢甚至陷入困境。

---

① 参见王国平：《还原对 GDP 的理性追求》，《解放日报》2008 年 4 月 13 日。

3. 经济体制系统。自改革开放以来，中国经济体制系统，包括所有制、运行机制、分配结构等均发生了前所未有的变化，从根本上促进了经济发展，或许可以认为这是改革开放最值得骄傲的地方。不过，目前依然有亟待解决的矛盾，主要集中于资源配置和收入分配两个领域。

在资源配置的两种类型，即政府配置与市场配置中，政府通过行政方式直接配置资源的比重依然过大。

收入分配系统中的问题发生（由于与百姓利益联系直接，故反应更为强烈）主要体现在调节机制滞后上。从报酬性收入分配和财产性收入分配的调节体系看，前者弱项是对行业垄断性收入及个人收入税收调节不力，后者则是在促进财产收入大众化方面存在薄弱环节（包括对股票等金融市场的调节）。不过，如果将个人或家庭收入获得作为一个流程观察，针对最终收入的个人所得税调节至关重要，只要把好了最终关口，收入差距就能基本控制，而不论其来源多么复杂。依据国际经验，良好的个人所得税调节系统必须具备以下条件：其一，完善的信用信息系统。以信用卡为主要标志的收入支付系统愈健全、现金支付愈少，能够偷逃的纳税收入量就愈小。其二，科学合理、统一规范的累进税率制度。在中国，已经到达不必依赖个人收入调节税支撑财政收入的阶段，收入税调节功能主要是通过再分配缩小过大差距，因此，作为起点税率调节必须是该调节的对象，一般工薪阶层应排除在外，而对于必需的调节对象理应有到位的累进税率，并且任何个人、地区不能例外。其三，具有严格的督查和惩处系统，堵住偷逃的基本通道。如每年进行稳定而有比例的随机抽查，发现问题彻查、曝光、重罚等（很多国家目前依此操作，效果良好）。由于中国三方面目前均未进入正常状态，因而这既反映现实调节机制的薄弱，也展示缩小收入分配差距的可调节空间。

4. 政治体制系统。政治体制系统虽然可涉及国体、政体等诸方面，但在中国政治文明发展过程中主要面临的是两大建设：民主法治建设；执政方式建设。二者的统一类似于形与魂的关系，前者为形，后者为魂。

党的十七大关于“坚定不移发展社会主义民主政治”所涉及的六个方面大量集中于民主法治建设。“人民民主是社会主义的生命”“从各个层次、各个领域扩大公民有序政治参与”“实现国家各项工作法制化”①，这些崭新命题既表明对改革方向的导航，也是对着力解决民主法治过程中面临实践问题的指向。应该承认，传统体制下，对于民主法治建设更多的是从本质上、总体上把握（尽管表述不是如此），而在具体实现方式、途径上严重滞后，甚至在较长时期走向反面。而今伴随经济全球化进程拓展，政治文明的全球竞争也相应展开。以往我们反复阐明的本质优势，必须借助于丰富的实现形式去体现，因而从一定意义上看，民主法治实现形式的借鉴与创造是当下政治体制改革极为迫切的任务。对此，谨慎感与紧迫感应同时并存。没有前者，离开国情，失去稳定的政治环境，改革的一切善良愿望均会落空。相反，若无紧迫感，丧失机遇，表面上看似乎有利于稳定，实际上在积累潜伏着的巨大风险。事实上，按照决策层深化改革的要求，即“丰富民主形式，拓宽民主渠道，依法实行民主选举、民主决策、民主管理、民主监督，保障人民的知情权、参与权、表达权、监督权”②，任务极为艰巨。

民主法治建设的背后其实是执政方式建设。十七大提出的“两个坚持”：“坚持中国特色社会主义政治发展道路，坚持党的领导、人民当家作主、依法治国有机统一”②，这是强调执政方式建设的根基与坐标。应该说，执政方式建设的形态是丰富多彩的，具有实践性，体现时代性，最重要的是通过民主法治水平提升去体现。人们熟知的关系执政水平的科学执政、民主执政、依法执政，实际上就是谈及或探索执政方式建设问题，其中，科学执政的真正检验也是民主法治建设的质量，而不在于某种技术方式。以党委、政府、人大、政协四组织运行为例，党政职责分开存在的空间始终是可控的。一般而言，在坚持党领导的前提下，党政职责分开空间愈大，发挥人大权力作用以

①② 《中国共产党第十七次全国代表大会文件汇编》，人民出版社2007年版，第28页。

② 同上书，第27页。

及人大、政协对政府的监督作用空间就愈大,进而探索民主法治的实现形式的空间也就愈大。民主执政、依法执政主要通过民主行政、依法行政去实现的,而这必须在人大、政协、舆论等广泛的民众批评监督下才能到位。若如此,党的总揽全局功能就与集中民智、依法治国功能高度统一。可见,政治体制改革说到底就是党的执政方式建设。

5. 文化理念系统。作为民族凝聚力和创造力源泉、综合国力竞争的重要因素①,文化理念愈来愈成为根基元素,影响着经济社会发展的各个领域,其中,最为突出的作用部分乃是大众文化和核心价值文化。

大众文化对改革的影响几乎无处不在,有时成为制度创新、制度建设的根本制约条件。

核心价值文化支撑着经济社会的基本制度,也是大众文化背后的内核部分,二者的一致性始终是重大课题。促进二者的结合,致力于大众文化的管理固然重要,但多元的大众文化有其内在规律,渗透、感染、引领更显必须。这里也存在核心价值文化实现形态的创造问题。近来决策层将宗旨意识与人本意识结合,并在凸显人本意识过程中体现宗旨意识,就取得了良好成效。四川汶川地震中的人本意识、人文精神也使共产党人的宗旨意识得到震撼世人心灵的反映,这不仅实证了核心价值文化与大众文化能够结合,而且预示着核心价值理念大众化的新趋势:新时期马克思主义意识形态必须更多地采用以人为本的文化形态。②

以上 5 大系统及其 10 个子系统看似相对独立,实质上紧密联系,共同构筑着中国经济社会建设的巨大系统,涵盖了经济社会发展中的全部关键问题,若按系统思维方法再作内在逻辑联系研究,关键系列问题中最根本的部分就会凸显,并成为深化改革、推进发展的战略指向。这就是:经济具有价值的持续均衡增长依存于经济结构优化尤其是产业升级;为此,经济体制进一步深化改革必不可少,即构

① 《中国共产党第十七次全国代表大会文件汇编》,人民出版社 2007 年版,第 32 页。

② 参见王国平:《强化意识形态的文化导向功能》,《解放日报》2007 年 2 月 7 日。

筑国家产业升级战略必须让市场为基础的资源配置方式真正到位，地方政府逐渐退出产业调节角色；这样的“政府退出”实质意味着以根本转变职能为重点的政治体制改革，尤其是执政方式建设的新探索，其突破口就是加大力度，促进党政职责分开。而这一切又必须有大众文化重塑作配套，核心价值理念去支撑。因此，政治体制改革中的执政方式的创建是全部改革发展推进的焦点。

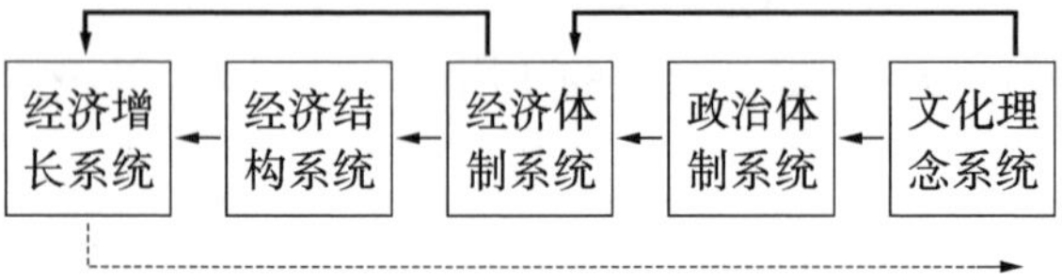


**图 19-1　中国当前经济社会发展系统运行与制约**

（注：细线：直接制约　粗线：关联制约　虚线：最终决定）

# 第二十章　产业升级中的文化功能

**内容提要：**产业升级与文化看似涉及不同领域并非直接关联的问题，在改革开放推进的过程中已不容分割地交织在一起，成为继续发展面临的重大课题。本章通过阐述产业升级中的文化与文化建设中的产业，提出产业升级和经济体制改革的深层制约往往来自文化障碍，而文化发展非健康状态也可产生特定的社会经济格局。本章认为产业升级的文化功能主要体现在三个方面，即产业文化功能、文化产业功能和文化体系的产业形态功能。

产业升级与文化建设高度融合是现代社会发展的重要特征。这种相互依赖与相互促进的共生关系成为二者各自发展的关键制约条件。单视角设计不仅延缓进程，而且无法显示应有的质量效益。中国改革开放 30 多年所取得的产业升级成绩固然令世人瞩目，但遇到的矛盾也十分尖锐，特别是进一步推进中面临着种种障碍，其中根源之一就是产业升级与文化建设未能达到充分地交融。这也为今后的新发展展示了新空间。本章提出产业升级的文化功能主要体现在三个方面，即产业文化功能、文化产业功能和文化体系的产业形态功能。

## 一、　产业文化功能

这是指任何产业存在和发展的背后都有着文化影响、制约或支撑作用，其中的文化形态主要是理念文化、制度文化和实践文化。

1. 理念文化。在中国产业升级过程中，改革开放是先驱条件和动力，而改革的突破需要思想解放、理念突破先行，这已为中共十一届三中全会以来改革的反复实践所证明。没有真理标准的大讨论，就没有“有计划商品经济”理论的提出与认同，增强企业活力，开放资本市场、转变政府管理方式以及扩大对外开放等种种促进产业升级的行为均不可能发生。同样，没有“南方谈话”，就不可能诞生“社会主义经济”的理论，改革的实践依然是放权让利，无法步入制度创新的轨道，因而谈不上根本性的产业升级。尽管股权分置改革欠完善，但在“南方谈话”之前也许是天方夜谭。有人说，当前的改革推进主要不是认识问题，而是实践问题。似乎通过反复的改革宣传，认识到位了，理念的障碍基本不存在了。其实，这种盲目认识的本身就是改革突破的直接障碍。可以认为，现阶段一系列促进产业升级的深层次改革之所以难以展开，前提依然是理念桎梏。

仅以人们普遍关注并且意见较为集中的政府职能转变迟缓为例，思想解放不够彻底依然是一大障碍。要真正做到各级地方政府改革到位，在调节经济过程中必须满足“四个退出”的条件，即：(1)退出企业生产经营领域；(2)退出消费采购者身份(政府采购通过市场组织实现)；(3)退出经营性投资主体地位；(4)退出产业调节者角色等。目前困难最大的是第四种退出，现在还未提到议事日程。这恰恰首先体现在理念障碍上。在人们看来，制定规划，着眼于产业调节，这似乎是政府发挥功能的天经地义的重要方面。加上考虑到若政府退出产业调控极易导致经济发展受到影响的后果，更是顾虑重重。实际上，一个管理幅度极为有限的地方政府如何能把握住产业发展的未来态势？若如此，又如何能发挥市场调节的决定作用？现在就连一个小小的乡镇政府也在制定并实施所谓的“十二五”规划、“十三五”规划，而且重点是产业发展规划，长此以往，政府如何能从直接控制资源尤其是土地资源，干预经济活动中淡出？

通过理念的变革推动改革的突破，进而促进产业升级，目前最为紧迫的除了上述政府转变职能之外，就是农村规模经营这一农业现代化面临的突出问题了。众所周知，离开了规模经营，就无农业现代化可言，二元经济结构状态将永久延续。现实的状态是：土地经营零碎、规模狭小；土地经营权分配脱离人口变动状况（新生、死亡与婚嫁全然不顾且数十年不变），失去公平；主动放弃者荒耕（外出打工者），盼望多耘者缺地；抛耕者不仅停止对土地投入，而且阻滞农田水利建设。因此，现实的、凝固的土地承包经营体制一定程度上已成为阻滞农业现代化、消除二元经济结构、建设社会主义新农村的土地产权经营方式。即使考虑到现阶段中国国情，不在所有权上发生根本变革，突破现有的土地产权经营制度，促进土地经营有效、合理的流动也是可取的探索。正是如此，中央已明确提出："有条件的地方可根据自愿、有偿的原则依法流转土地承包经营权，发展多种形式的适度规模经营。"①这既是方向性引导，又是考虑到在确保社会稳定条件下，从全国总体布局设定的战略，因而并不排除经济相对发达地区，特别是长期以来土地抛耕、荒耕严重的地区，合作经济组织在政府帮助下主动积极设计有偿转让机制，加快规模经营的步伐。笔者以为，适时建立土地使用权交易市场是可取之策。不在产权经营上进行力度较大的改革，中国农村就无法呈现新局面，进入产业升级新阶段。显然，在这一问题上依然存在着较大的思想解放空间。

理念的障碍不仅存在于宏观层面，微观组织的影响同样不可轻视。在"微观"发展过程中，一些组织的领导者，往往蔑视改革开放的价值，常常自以为是地判断：关键在人！生怕别人不知自己作为领导者近年来为组织发展的"辉煌"所作的贡献。即使不谈改革带来的大环境的支撑，仅就自组织可持续发展而言，离开了改革深化也将步履艰难，有些只是暂时被掩盖、问题并未爆发而已。多年来，一些名噪一时的国有企业领导人相继入狱就是一面面镜子。必须澄清的事实是：好的机制来源于好的体制，体制决定机制。单一国有制难以产生适应市场竞争的机制；终身雇佣制无法形成人员有效流动、优胜劣汰机制，这些在改革初期难以接受的事实，今天已成为普遍认同的体制机制生态。然而，更深层的原因还是产权制度。体制的裂变从何而

---

① 《中共中央关于制定国民经济和社会发展第十一个五年规划的建议》，人民出版社 2005 年版，第 9 页。

来？来源于产权结构。无论产权的归属者是谁，尤其是从母公司看，单一主体拥有制成不了真正意义上的现代企业制度，至多只能采用模拟的方式运行，其效果极其有限。这正是目前中国绝大部分国有企业成不了真正的现代公司、法人治理结构难以形成的根源。因此，企望通过浅层次改革取得深层次效果是徒劳的。从理念上突破障碍，这是提升微观组织改革力度的保证。

2. 制度文化。产业升级的基础在于真正的企业主体建立并能予以实施的一系列适应经济社会发展的制度。然而，无论是制度的建立，还是制度的实施均离不开文化的支撑。以现代企业制度为例，之所以自 1993 年提出，历经 20 余年艰苦探索，至今依然不能到位，重要原因之一就是深层的文化障碍。以公司制为典型形式的现代企业制度并非土生土长于中国，而是起源于欧美。1600 年荷兰建立的东印度公司是其最早的组织形态。出资人在外，依靠职业经理人代理经营所依托的文化只能是法治文化、公开透明文化以及诚信文化等。恰恰是这种制度文化在中国确立十分艰难。中华传统文化固然有诸多优秀、值得传承和发扬光大之处，但从建立现代企业制度的要求看，存在两大明显的文化障碍：一是熟人、亲朋、血缘文化；二是封建等级文化。

熟人、亲朋、血缘文化也可概括为关系文化。从促进社会和谐的角度看，有其优点，易融洽情感，产生感情纽带，凸显人情味，贴近以人为本的社会追求。因此，对于这一东方文化特色，不能一概斥之，全盘否定，作为资源恰当使用同样能产生推动社会发展的动力。然而，此类文化最易产生的负面效应是反理性、反规则、反法制。当事人凡遇棘手之事，首先想到的是关系，于是，关系逐渐成为一张张网，经济社会活动运行于关系网中，法网功能严重丧失。同时，人在社会关系中的地位决定了其社会地位，并借此获取、占有资源，社会失去公平与正义。在这样的社会环境中，以法律为依据、以诚信为依托的法人治理异常困难。因为，公司也是由人组成的，人又是有文化的，文化的影响力尽管是无形的，但现实、客观，并且愈来愈强烈。每年春节，数亿人口流动，交通拥挤、困难空前，人们宁可忍受不堪承载的痛苦,也要奔赴家乡团聚,这就是文化不可阻挡的影响力。看来,克服关系文化的障碍,出路只能是:一方面加强法治力度,发展法制文化,特别是通过不断提高执法力度,促进法治文化与关系文化正面融合,做到教育为本、法理无情、关怀有度。事实上中国台湾以及韩国、新加坡等国已经作出了有益的尝试。另一方面,继续、全力推进市场经济发展。这是法治文化形成的基础。并且,市场经济愈成熟、规范,交易成本就愈低,常常会出现执法成本低于关系成本的状态。这时,人们就会自然而然地选择"依法办事"。类似交警罚款,现在愈来愈多的人自愿接受,意味着当事人放弃寻找熟人的做法,主要原因之一就是熟人成本可能更高。但无论如何,目前的关系文化依然是影响制度建设的直接制约因素。

封建等级文化是法人治理貌合神离的根源。应该说,社会通常总是以组织形态出现的,即使是小学生也被分为不同的学校、班级和小组。在社会组织管理过程中,每一社会成员均处于不同的层级之中,形成不同的岗位分工、职务、级别等,这种差异性的社会等级无论何国、何地、何时均客观地存在,不足为奇。只不过有人视而淡之,有人则看得过于凝重而已。笔者近来闻得一事则属看得过重之案例。某位副省级官员在出席一次会议时发现自己的席位被放在另一人之后不妥(也许是工作人员失误),就严肃地指责:无论从哪个角度我也不应排其后!导致下属作为严重事件追查。笔者听着脱口而出:这是否看得过重?一位为官者更正:这可是一生心血啊!视排位为生命,这是否属封建等级文化的影响?相信多数人认同。然而,这并非是笔者所论及的封建等级文化的真正内涵。本书所指的封建等级文化是,将个人等级、身份(或称级别)带进决策之中,否定决策规则,事实上走向了封建家长制。诸如人们对于决策过程已经习惯了的说法——"一把手拍板"等成了这种文化的实现形态。其实,决策区别于执行。执行依靠首长负责制,强调权威与效率。决策则追求科学,需要集中群体智慧,并受权力机制制约。一人一票成为现代组织决策的通行做法。以法人治理结构中的董事长为例,人们已约定俗成地视其为"最大"、"拍板人"、"老板"等等。实际上,严格意义的董事长只是决策会议的召集人，并无决策权，甚至可以说无投票权。董事长在决策会议上的1票是以董事身份拥有的。在中国，依照《公司法》的规定，董事长的职责或称权力仅限于做3件事：一是召集并主持股东会和董事会；二是代表公司在重要文件上署名（这意味着责任）；三是督促相应机构实施董事会决议。现实中，往往是身份渗入决策，特别是以原国有企业为基础组建的股份制公司，董事长依然以最高级别的领导身份介入决策程序，以"莫须有"权力影响着董事，严重者类似于采用家长制运作，"个别征求意见""事先沟通"成为施加影响力的惯用手段，表决的过程流于形式，结果是决策组织依存于复杂的人事关系，而这种人事关系又是以董事长为核心的，董事长就由决策会议召集人成了事实上的决策人，这就是封建等级文化的缩影。

从更广阔的视角看，制度与文化本身就不可分割，制度改革与文化创新无法脱节。无论是领导体制、组织结构还是管理制度，从与文化的内在联系观察，可用三句话来表达，即基于文化、表明文化和体现文化，因而在制度构造时，必须考虑相应的文化对应和水准。基于文化意味着制度构筑于特定的文化土壤之上，不同的制度依托于不同的文化背景，对此，以上已作了重点论证，这里不再赘述。表明文化是指具有创造性的制度本身就是文化的重要成果。文化本来就内含着制度文明。无论是领导体制、组织结构，还是管理制度，其适应经济社会发展而变更或调整、完善的轨迹就是人类文明进步的过程，也是社会整体文化前进的象征。这种制度文化的进步除了在精神境界上体现之外，一个重要的方面就是领导能力和管理水平的提高。以管理为例：管理方式从经验转向科学；管理的重心由物到人；管理层次从高度集中到适度分散，扁平化；管理机构从单一刻板到弹性、综合多样；管理制度从家长制到法人治理。这一变化的过程实质上就是管理文化发展的过程。因此，从制度层面考虑文化含量，这是现代社会成熟发展的标志。体现文化强调制度的任何一个部分都能展示理念，设计制度时，必须考虑文化理念的整体配套。笔者曾发现某企业竟然制定了"尖底茶杯"的采购制度。问其缘由，答曰：促使职工喝水讲效率，因为无法摆放。稍加思考，就会明白，这是对职工不信任甚至可视为对职工人格的污辱。实际上，任何一项具体的制度都可以成为文化折射的载体。设计制度必须进行配套的文化设计。

3. 实践文化。产业升级最终要落实到实践上，而实践中的群体往往受文化的影响又制约着实践的展开。因此，塑造实践文化对于推进产业升级同样至关重要。实践文化可分为实践的价值文化和实践的操作文化两部分。

从实践的价值文化看，在中国基本上不存在缺失问题，相反，内容十分丰富。主要包括：第一，依据辩证唯物主义认识论，认为实践是认识的前提和基础，认识依赖于实践。早在 1937 年，毛泽东同志在撰写的《实践论》中，就将认识的两个阶段，即感性认识和理性认识统统植根于实践的基础，并随着实践的变动而变化。最为经典的表述是："实践、认识、再实践、再认识，这种形式，循环反复以至无穷，而实践和认识之每一循环的内容，都比较地进到了高一级的程度。"① 第二，实践是检验真理的唯一标准。除了从认识的科学性角度阐述外（《实践论》就提出："马克思主义者认为，只有人们的社会实践，才是人们对于外界认识的真理性的标准。"②），将之提升到关系国家前途与命运的高度。1978 年 12 月，邓小平在《解放思想，实事求是，团结一致向前看》一文中明确提出："目前进行的关于实践是检验真理的唯一标准问题的讨论——从争论的情况看，越看越重要。一个党，一个国家，一个民族，如果一切从本本出发，思想僵化，迷信盛行，那它就不能前进，它的生机就停止了，就要亡党亡国"，"从这个意义上说，关于真理标准问题的争论，的确是个思想路线问题，是个政治问题，是个关系到党和国家的前途和命运问题。"③第三，以实践为先导，大兴调查研究之风。"没有调查，就没有发言权"成为一代代共产党人长期以来强调调查研究重要性的名言。第四，从中央到地方在不同时期均提倡以实践为主题的求真务实的工作作风。

然而，就实践的操作文化而言，显得十分薄弱。重价值判断，轻

① 《毛泽东著作选读》，人民出版社 1986 年版，第 136 页。

② 同上书，第 122 页。

③ 《邓小平文选》，人民出版社 1983 年版，第 133 页。

操作设计实际上是国人文化中长期未能根除的顽症。早在20世纪初，一些新文化运动倡导者，就有针对过于抽象的文化现象提出“大胆假设，小心求证”的观点，其用意在于提倡避虚务实，关键在于解决问题。目前，小到大中小学学生死记硬背的意识、能力强，动手的意识和能力普遍薄弱；大到政府部门办事以开会、发文为标志，操作过程非常粗糙，甚至不了了之。常常有这样的现象：为了推动产业升级的某一领域工作如结构调整，上下结合起草文件，发扬民主、集思广益、反复推敲并在文字上字字斟酌，最后，会开了、文发了，意味着大功告成，实际操作设计、安排无人过问，不存在追究责任的对象，工作的最终结果：文山会海。有一种观点认为，操作主要是基层的事。上级着重是把握方向、提要求，中层管传达和部署、基层负责具体落实。其实不然，每一层次都有操作的职责和任务，区别仅在于操作要求的差异。上级既然提出工作的目标、任务和重点，就必须作相应的操作体系设计，如目标分解、明确任务承担的责任组织和责任人并及时进行监督，否则，必然是纸上谈兵，上下敷衍，口号文化。时下流行的“细节决定成败”的说法，不是提倡事无巨细、事必躬亲，而是强调操作具有战略意义。

总之，理念文化、制度文化、实践文化，从不同的角度展示着产业升级背后的文化制约因素，无论是政府、社会，还是企业，在共同推动产业升级过程中，必须配套设计产业文化的支撑形态，重塑与之相适应的文化结构。

## 二、 文化产业功能

以一定的文化形态形成产品，进入市场，最后参与国民生产总值构成，对于经济增长和产业升级作出贡献，这已成为世界范围内文化产业发展的基本特征和走势。

2008年，中国文化企业数量约47万家，而到2013年就达130多万家，比2012年增长近20%。一方面是文化骨干企业不断做大做强，另一方面中小文化企业如雨后春笋一般涌现。目前，中国文化企业对经济增长的贡献率已达5.5%。[①]从全球文化产业看，韩国的文化产业占国民生产总值已超过7%，日本超过10%，美国更是高达24%，并且成为出口第一产业。在美国，经济分析局对文化产品的定义是：文化产品是指那些直接表达人们的态度、观点、想法、价值观与艺术创意，能提供娱乐、信息和对历史与未来状况分析的产品。既包括受众面广泛的、批量生产的产品，也包括受众范围较窄的文化产品，如诗集、文学期刊或古典音乐唱片。[②]尽管这种比较宽泛的统计口径，也是该产业国民生产总值占比高的原因之一，但发达国家助推文化产业发展的举措并逐渐将之纳入国家发展战略（英国、新加坡是最早将文化产业纳入创意产业并加以整体规划的国家）已成为一种潮流。这其中具有符合经济发展规律的内在逻辑。实际上，文化产品化、商品化、产业化的过程是经济社会持续发展的必然取向。人们的生活需要始终是推动经济社会发展的动力源，需求导向成为铁的规律。在需求结构中，精神文化生活的需求占比愈来愈高，伴随这一过程的供给体系和状态，要求由政府公共服务支撑，要么有选择地让市场机制参与调节，并在产业化过程中形成相适应的能力。由政府包揽的结果必然是无法满足消费者日益增长的文化需求。因此，文化产业的成长、繁荣就成为经济发展趋势性的生态格局。

在中国，文化产业存在着巨大的发展空间。从文化产业运行体系的内在制约要素看，至少涉及产品、企业、市场、人才和管理5元素组成部分，其中，每一元素质量的提升及其互动能级放大都意味着整体文化产业升级，而处于起步阶段的中国文化产业体系处处存在发展中的急迫问题，也即具有持续提升的空间。问题既是挑战，也是机遇，这一愈来愈被认同的发展理念，对于中国文化产业增长更为贴切。

其一，产品。这是从精品创作到品牌打造全过程的产物，关键在于作品精品化和制作、推广品牌化。而这“两化”在中国正经历着起步和艰难发展的过程。缺乏原创性好作品正是当下文化市场繁荣制

①② 《去年文化产业对经济增长贡献率5.5%》，中国广播网2013年8月26日。

约的根基性原因。吸引青年人眼球，追求荒诞、离奇、一时放松的娱乐作品以及浅层次重叠家庭伦理之作固然是文化产品无法舍弃的部分，并且，引进国外的新潮文艺或翻版的经典之作也是必不可少的补充。然而，没有支撑民族精神并触及底层生活及人性心灵的精品力作，一国文化产品体系就缺乏支撑的核心架构，这恰恰是中国文化产品结构的现状并预示着可拓展的空间。与此同时，运用现代技术设计、包装并营销的品牌构建体系也仅在初创阶段，只是其展延的潜力正逐渐增强。

其二，市场。市场发育的过程制约于经济社会发展的过程。人们的收入水平固然是基础性制约，但由人文素养所产生的文化市场需求也具有历史的阶段性。以文化产品多形态创新或引进为例，没有相适应的文化消费群体，市场就无法真正打开。如音乐剧作品在北京、上海等大城市具有一定的现实市场购买力，而在广大中小城市至少目前还看不出有较大的票房，农村更是无人问津。不过，有人群在，就有潜在市场空间，培育市场的组织也将发挥一定的作用。培育力量在市场中诞生，反过来又催化、促进市场成长，这也是自然的历史过程。从总体上看，中国目前正在进入各类文化市场的培育阶段。

其三，企业。企业既是市场经济的主体，也是产业升级的主体，文化产业同样如此。处于初级阶段的文化产业，其背后的企业不可能成熟、发达，当前中国文化产业中的企业整体落后的状态便是验证。这其中至少有两个原因：一是民间企业产生和成长的空间过于狭窄。非公经济在国民经济整体结构中尚处于重点扶持的阶段，为此，中央先后出台了两个“36 条”，而处于更为敏感的文化产业领域，其发展规模的提速就更为艰难。二是拥有相对文化资源集中的体制内企业尤其是国有文化企业受体制机制制约，在现代企业发育、发展征程中依然步履维艰。自 1993 年以来，整体国有企业进入现代企业制度改革过程已经历了 20 余年，之所以至今没有到位，除以上谈及的文化因素制约外，未能真正构建适应现代市场经济的产权运行体系和机制则是基础性障碍。企业仍未脱离行政干预体系，从领导人任命到最终的业绩考核依然相伴浓厚的行政色彩，进而束缚着企业活力和效率，其中的文化企业受影响、制约的程度更是无法减弱。然而，从深化改革的发展趋势看，建立真正以企业为主体、平等竞争的市场经济体制已是阻挡不了的历史潮流，加上中央深化改革的顶层推动，文化企业大发展的局面势必到来。

其四，人才。无论是产品创造、市场培育，还是发展文化企业，其背后的支撑资源即人才。相对于其他产业，文化产业人才需求更显特殊，或者说其相适应的要求更高，原则地表述为：既要懂文化，又要懂产业。现实生活中，熟悉产业的人才往往对文化产品形成规律不能把握，而可进行文化创造的人才又陌生于产业经营。从文化产业所需要的人才体系看，至少包含四个方面：一是文化创作人才；二是产品经营人才；三是企业管理人才；四是产业运作人才。因此，文化产业人才群体出现，实际上表明经济社会发展进入了相对成熟的阶段。这也从一个侧面揭示了当下中国文化产业总体落后的根本性原因。令人欣喜的是，目前各级政府开始高度关注文化产业人才的吸引、培养和积聚，出台相应的政策激励文化产业的人才成长，这必将成为助推文化产业发展的外部动力，加上竞争机制的压力，从而形成文化产业需求与人才供给的互动局面。

其五，管理。区别于其他产业，严格从紧的管理往往使当下的文化产能受到限制，有序而符合国情的管理弹性能释放文化生产力，但这意味着社会整体的文明进步和管控水平的持续提升。与文明程度相适应的阶段性严格管控，其背后受制于文化产品的特殊社会价值或社会效应。一是文化产品作为满足人们精神需要的对象物，通过人的情感、认知与行为互动所产生的精神效应具有持久性、传播性和广泛性（整体性感染）。物的消费特点是消费即消失，文化产品则留下精神回味、影响和传承。自古以来，就有好的文化作品流芳百世，坏的作品遗臭万年之说。并且，其扩散性极强，通过个体传播、群体介入直至到达整体认同，这在移动互联网时代更具有放大效应。二是在其他产品消费领域，消费的功能主要体现在满足人的生理需要或阶段性的愉悦感受，但文化产品不同，其功效直接影响人的精神世界，包括人生观、价值观、世界观乃至益智、审美等，因而对人的价值取向和基本素养具有直接作用。由于经济社会发展的主体是人，人的正负能量就成为社会是否健康发展的根本制约力量。这反过来对文化产品的品质要求极其严格。三是由于上述两方面特点，即在人类社会思想和行为形成上具有影响的深度、广度和持久度，因而与意识形态关联度极高，其正负能量都会受到执政党的高度关注。尤其在中国，体现制度创新的中国特色社会主义正处在培育、成长阶段，为保护其理论形态、实践形态的健康运行，给予文化产品从严监管具有必然性。然而，从严监管不等于管死，这里存在着随主体、客体适应能力和管理水平的提升，存在着巨大的弹性空间，新型文化产业一定会在既能维护核心价值观，又能丰富人们文化生活（莫言的作品没有背离核心价值观，却登上了世界文学的顶峰）的广阔领域中持续发展。目前已呈现的发展态势表明：意识形态与文化形态融合的深度与广度正在拓展。从党的指导思想创新，如"三个代表"、核心价值观的构建（公平正义、民主法治等），到奋斗目标设定（全面建设小康社会、实现中华民族伟大复兴的中国梦）以及实施方式、路径（科学发展）的选择，均充分展示广泛吸纳了世界文明和中华历史文明。就管理而言，这已实质上为文化产业的发展扫清了过去种种"左"的障碍，无论是创作的领域，还是产业运作的空间均为前所未有，并且，随着改革进一步深化必将不断释放出创新的活力。

## 三、 文化体系的产业形态功能

若将文化与产业从综合的角度作对应、关联分析，就会发现产业的整体形态存在、变动与发展，其背后有整体的文化形态或称文化体系作支撑。主动研究两大形态发展的内在规律，尤其是自觉地构建两大形态之间的链接机制，既有益于更顺利地推动产业升级，也是文化自身丰富发展之必需。

产业整体形态包括结构（产业结构、企业结构等）、业态和商业模式。所谓经济发展，除增长内涵外，主要体现为形态演变，即结构升级、业态丰富和商业模式创新等。人类社会经济发展的不同阶段，其产业形态也具有明显差异。这些差异基本体现在结构、业态、商业模式三个方面。首先，从结构上看，由农业社会向工业社会、后工业社会转变，其产业结构的变动轨迹是：农业下降—工业上升—工业、农业下降—第三产业上升—现代服务业上升。与此同时，企业规模先是凸显大型化、集团化、财团化，而后导向于扁平化、网络化、个性化，并立足于技术含量提升和布局、经营全球化。其次，业态的发展受技术的支撑具有不断丰富的特征。以营销业态为例（业态包括研发业态、生产业态、营销业态等），由最初集市贸易发展成为百货柜台交易、自选商场交易、电子商务交易等等。而在有型的商场交易中，普遍由原来单一的买卖行为逐渐发展为商旅文一体化复合业态。最后，商业模式同样随结构、业态的变化处于不断创新之中。如支付方式，从当初的一手交钱，一手交货演变为今天广泛的信贷消费、会员卡买单、支付宝、倒按揭等等。实际上，在结构、业态、商业模式互动过程中，存在着内在的并具有层级性的决定与支配关系。一般而言，三者统一的运行体系，最深层的是经济结构变化，处于内核层的企业始终是三者变动的主体和决定力量，因而是变革的基因或称原动力。业态的丰富实质上是基于企业技术含量提升和营运方式变革的结果，也可以视为企业创新发展的实现形态。商业模式无论多么新颖、对企业盈利实现有多么重大意义，也只是业态中的表现元素，即围绕实现利润最大化目标的现代促销方式，因而归属于企业的营运行为。然而，经济结构尤其是企业行为的变革并非唯一地由技术决定，而是根源于社会变革，因此，具有土壤意义上的文化就必然成为源头之一。

制约产业形态发展的文化体系至少包含反思文化、变革文化和创新文化。

众所周知，中国改革开放 30 多年所形成的产业形态与改革开放前相比已不可同日而语，结构、业态、商业模式较之计划经济体制下的产业具有天壤之别。人们所认同的辉煌成就或称“巨变”集中体现在产业形态的“天翻地覆”上。其实，这背后的三大文化所构成的整体体系显然起着基础和先导作用。

起步时的文化发展形态表现为反思文化。如前所述，就是通过真理标准的大讨论，解放了思想，破除了“两个凡是”。特别是由于邓小平等领导人相继去美、日等发达国家考察，受到极大震撼，感悟到经济落后背后的直接原因就是产业发展程度的巨大落差。在此之前，受15年赶超英美的自我鼓舞，盲目判断本国产业为世界产业发展制高点，不仅速度快，如钢铁产量翻番，而且人民生活“芝麻开花节节高”。现在回过头来看，若没有当年以真理标准讨论为标志的反思文化，就根本不可能有中共十一届三中全会及其以后作出并坚定实施的改革开放重大决策。

不过，在改革开放推进的历程中，变革文化始终是主旋律。如果说反思文化使我们清醒地认识到产业落后，处于“社会主义初级阶段”必须以经济建设为中心，那么，变革文化则驱使我们打开国门，义无反顾地向发达国家引进资金和技术直至开放投资领域，引进先进产业。伴随着国际产业第三次转移，中国的经济结构、产业业态和商业模式同步变革以至于国家面貌焕然一新。这样，既形成了制业业中心的全球地位，又使总体实力不断增强，因而诞生了国民生产总值全球第二、进出口总额全球第一等奇迹现象。

然而，人们今天所看到的总体质量水平依然不高，如处于世界产业链中低端、整体经济活动缺乏世界品牌支撑、社会问题尤其是生态问题日益突出等等，这表明亟待第三形态文化即创新文化产生全面自主创新的影响力。以往实践表明，反思文化、变革文化虽能帮助告别夜郎自大、固步自封，选择开放、融入世界文明，从而缩短与世界进步的距离，但无法特立独行，步入全球前沿，若如此，唯有创新。近年来，全社会也在提倡创新，但要真正成为风气，攻克东方文化内生弱点并非一朝一夕。创新文化有其独特品质，至少包括：批判思维、挑战权威；特立独行、彰显个性；喜于冒险、乐于幻想；勇于探索、敢为天下先；鼓励试错、宽容失败等等，这与东方传统文化强调含蓄、低调、克己或称“温良恭俭让”等大相径庭。近代国学大师王国维要求其学生做到“六不”即“不放言高论、不攻击古人、不议论他人短长、不吹嘘、不夸渊博、不抄袭他人言论”[①]，虽从治学伦理角度看无可非议，但这里人们无法感觉到挑战权威的创新文化。实际上，正是由于东西方文化在创新上的差异，才导致今日创新高地依然处于美国。很显然，在中国，若不从小学到大学、从科技界到全社会持续倡导、培育、推行创新文化，并从体制、机制上予以支撑、保障，产业升级就无法达到世界水平，更谈不上步入前沿、引领全球。因此，当前在三大文化形态结构布局中，战略的重点应致力于创新文化的顶层设计和逐层的推进、落实，使产业升级的整体文化功能更加充分的发挥。

① 史飞翔:《王国维的“六不”》,《报刊文摘》2015 年 2 月 2 日。

**图书在版编目(CIP)数据**

产业升级论/王国平著.—上海:上海人民出版社,2015

ISBN 978-7-208-13171-2

Ⅰ.①产… Ⅱ.①王… Ⅲ.①产业结构升级-研究-中国 Ⅳ.①F121.3

中国版本图书馆 CIP 数据核字(2015)第 154558 号

责任编辑 周 峥 罗 俊

封面设计 零创意文化

**产业升级论**

王国平 著

世 纪 出 版 集 团

上海人民出版社出版

(200001 上海福建中路 193 号 www.ewen.co)

世纪出版集团发行中心发行 上海商务联西印刷有限公司印刷

开本 635×965 1/16 印张 15.5 插页 2 字数 208,000

2015 年 9 月第 1 版 2015 年 9 月第 1 次印刷

ISBN 978-7-208-13171-2/F·2312

定价 48.00 元